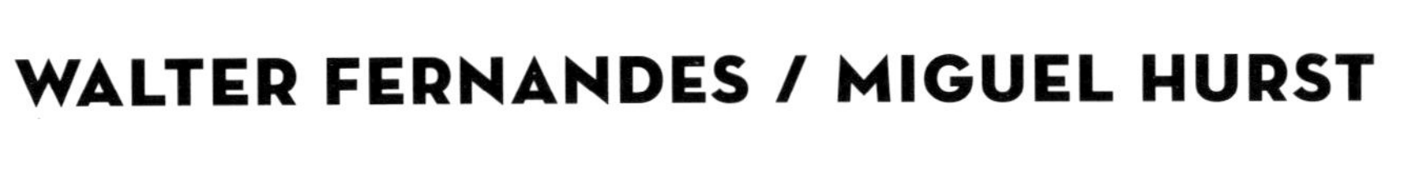

WALTER FERNANDES / MIGUEL HURST

WALTER FERNANDES / MIGUEL HURST

ANGOLA CINEMAS

Uma ficção da liberdade / A fiction of freedom

edited by Christiane Schulte, Gabriele Stiller-Kern, Miguel Hurst

Steidl / Goethe-Institut

Inhalt / Conteúdo / Contents

Warum wir dieses Buch machen

Großstädte entwickeln und verändern sich unaufhaltsam. Dies ist ein globales Phänomen, mit dem sich weltweit verschiedene Bereiche der Gesellschaft auseinandersetzen. Auch das Goethe-Institut Angola befasst sich seit geraumer Zeit mit diesem Thema, das zahlreiche Fragen aufwirft – Fragen zur Entwicklung, zum Wachstum, zur Zukunft, aber auch zur Vergangenheit, zu den Grenzen des Wachstums und zum kulturellen Erbe. Das kulturelle Erbe ist zugleich Spiegel und Gedächtnis der Menschheit. Die Sicht auf die Vergangenheit ist Ausgangspunkt für Gegenwart und Zukunft.

Mit diesem Buch möchte das Goethe-Institut Angola dem städtebaulichen Wert und der historischen Bedeutung des Kinos in Angola als einer einzigartigen Kultureinrichtung seine Anerkennung zollen. Es möchte das öffentliche Bewusstsein für einen unverwechselbaren Architekturstil wecken und zu einer Diskussion über vergangene, gegenwärtige und zukünftige Formen der Urbanität anregen. Es möchte die kulturellen Praktiken und gesellschaftlichen Gewohnheiten in Erinnerung rufen, die das Kino ermöglicht hat.

Das Kino ist eine neue, letzte Kunstform, die Kunst des 20. Jahrhunderts. Die bewegten Bilder haben sich ihr Publikum, ihren Raum, ihre soziale Bedeutung erobert und dazu die Macht, ein Vehikel der Kultur und Information zu sein.

Verschiedene Studien über diese siebte Kunst haben sich ausschließlich mit dem Film beschäftigt, der zum einzigen schöpferischen Element des Kinos geworden ist. Doch ins Kino zu gehen ist mehr, als sich einen Film anzuschauen. Es bedeutet, sich in einen Raum zu begeben, der dem Film einen Mehrwert hinzufügt. Es bedeutet, sich in einem Raum zu befinden, der dafür konzipiert wurde, die vom Film erzeugten Wirkungen zu vervielfachen. Es bedeutet, ein architektonisches Bauwerk zu betreten, das wie eine Extension der fiktionalen Seiten des Films fungiert. Der Kinosaal, der Vorraum und die Bar sind Elemente, die die Bewegungen der Filmrolle und des Films verlängern. Das Buch ist jedoch auch ein Warnruf: Diese Orte zu zerstören, bedeutet einen Bezugsrahmen des Menschen zu zerstören.

Christiane Schulte, Gabriele Stiller-Kern, Miguel Hurst

O desenvolvimento das grandes cidades e as mudanças associadas ao mesmo, são uma questão global, que tem ocupado o pensamento de variados sectores da sociedade global. O Goethe-Institut Angola tem vindo a preocupar-se com esse tema que levanta questões sobre o desenvolvimento, o crescimento, o futuro, mas também sobre o passado, sobre os limites do crescimento e sobre o património cultural. O património cultural significa espelho e memória da humanidade. A visão do passado é o ponto de partida para o presente e o futuro.

Ao produzir este livro, o Goethe-Institut Angola quer dar um reconhecimento ao valor urbano, à importância histórica de um equipamento cultural único. Quer despertar a consciência pública sobre um estilo arquitectónico singular e a intenção de estimular um discurso sobre as formas antigas e actuais de urbanidade, visando a reflexão sobre as possibilidades do futuro. Quer relembrar as práticas culturais, os costumes sociais que o cinema potencializou.

O cinema é uma arte nova, a última, a arte do século XX. As imagens em movimento conquistaram o seu público, o seu espaço, a sua importância social e o poder de ser um veículo cultural, informativo.

Vários estudos sobre a sétima arte debruçaram-se exclusivamente sobre o filme. Este tornou-se o único elemento criativo da arte do cinema. Mas ir ao cinema é mais do que ir ver um filme. É ir a um espaço que acrescenta valor ao filme. É estar num espaço pensado para potencializar os efeitos que um filme provoca. É entrar numa obra arquitectónica que funciona como uma extensão do lado fantástico do filme. A sala, os corredores e os bares são pensados como elementos que prolongam o movimento da película e do filme. É um alerta: destruir estes lugares é destruir uma referência dos homens.

Christiane Schulte, Gabriele Stiller-Kern, Miguel Hurst

The motivation for this book

The development of large cities and the changes associated with it is a global issue that has occupied the thoughts of varied sectors of global society. The Goethe-Institut Angola has come to engage itself with this theme that raises questions – about development, growth, the future, but also about the past, about the limits of growth and about cultural heritage. Cultural heritage implies the reflection and memory of humanity. The vision of the past is a point of departure for the present and the future.

In producing this book, the Goethe-Institut Angola wants to recognize the urban worth and the historical importance of a unique cultural apparatus. The Institute wishes to awaken public awareness about a singular architectural style and wishes to stimulate a discourse about old and contemporary forms of urbanism, and encourage thinking about future possibilities. It wishes to remember cultural practices and social customs that cinema made possible.

Cinema is a recent art, the latest art form, the art form of the 20th century. The moving images of cinema conquered their audience, their space, their social importance and the power of being a cultural and informative vehicle.

Various studies about the seventh art have considered film exclusively. This has become the unique creative element of the art of cinema. However, going to the cinema is more than just going to see a film. It is going to a space that adds worth to the film. It is being in a space, thinking about the possible effects that a film provokes. It is entering into an architectural work that functions as an extension of the fantastical side of film. The movie theater, the halls and the snack bar are thought of as elements that prolong the movement of the movie and of the film. It is a warning: to destroy these places is to destroy a reference of mankind.

Christiane Schulte, Gabriele Stiller-Kern, Miguel Hurst

Cinemas de Angola: Do espaço fechado ao espaço aberto

Cinemas, teatros, tertúlias, palcos de cultura, de informação, de entretenimento, espaços activos de cidadania, de contacto directo com a realidade dos tempos e com um futuro que se deseja. Os cinemas de Angola são o reflexo da história do país; neles tiveram palco os grandes espectáculos, as grandes estreias, o entretenimento e a propaganda de um regime colonial.

Os primeiros cinemas de Angola, construídos nos anos 30 do século XX, reflectem uma arquitectura típica do Estado Novo[1], consistindo em espaços fechados repletos de mensagens nacionalistas e imperiais. A arquitectura e o urbanismo foram o veículo da mensagem política e identitária, expressando o pensamento de um Estado forte e autoritário.

O período que se segue à Segunda Guerra Mundial trouxe consigo um novo compromisso para as cidades, procurando a cidade funcional, na qual as necessidades do homem deveriam ser colocadas expressas e resolvidas. Os planos urbanos libertam a terra, criam espaços verdes e espaços públicos, as densidades são verticais e os edifícios elevam-se como se "flutuassem" sobre o território, obedecendo aos preceitos do Movimento Moderno que surgiu no início do século XX.

Os ideais da cidade do Movimento Moderno, publicados em 1942 na Carta de Atenas[2], não são acolhidos na antiga metrópole, fechada, mas ganham força em Angola. Angola foi considerada um lugar de "experimentação", ou seja, um lugar com poucas edificações definitivas e onde a sociedade com poder almejava boas condições para viver. Estas condicionantes facilitaram a implementação de novas edificações de acordo com as directrizes do urbanismo moderno.

Em Portugal isso não foi possível porque já existiam conceitos de cidade e havia também um grupo muito forte apoiado pelo poder que exigia uma arquitectura sem mudanças e tipicamente portuguesa.

"É neste contexto que as colónias constituem um território disponível para a experimentação construtiva. São regiões menos pressionadas pela presença de sistemas construtivos tradicionais."[3]

Deste modo, estavam abertas as portas para novos horizontes que proporcionaram postos de trabalho a jovens munidos de saber e dispostos a revolucionar cidades a jamais serem esquecidos pela dedicação ao trabalho e às suas responsabilidades.

Vasco Vieira da Costa (Mercado do Kinaxixi, Torre Secil, Anangola) e Fernão Lopes Simões de Carvalho[4] (Capela da Ressurreição, Rádio Nacional de Angola, Unidades de Habitação do Bairro Prenda), são dois dos arquitectos que procuraram Le Corbusier para se envolverem no Movimento Moderno. Estes, juntamente com tantos outros portugueses, como José Pinto da Cunha (Rádio Nacional de Angola, Unidades de Habitação do Bairro Prenda, Edifício Cirilo), os irmãos João e Luís Garcia de Castilho (Cinemas Restauração, Miramar, Karl Marx, N'Gola), António Campino (Hotel Presidente Méridien, Comando Naval) e Francisco Castro Rodrigues (Igreja do Sumbe, Cine Flamingo no Lobito), iniciaram o processo de concretização das doutrinas do Manifesto num território tropical.

Luanda, a capital de Angola, é particularmente marcada pelo Movimento Moderno, afirmado por alguns autores como Tropical[5]. Uma cidade estruturada por zonas residenciais, verdes, de instituições, de indústria e de espaço público. Grande parte dos edifícios são de planta e fachadas livres, por vezes elevadas, criando sombreamentos, com *brise-soleils* ou grelhas, procurando que cada um seja uma unidade funcional, devidamente adaptada ao ambiente tropical. E, pouco a pouco, essa filosofia urbanística passou para as restantes províncias de Angola, proporcionando qualidade de vida para os locais mais remotos do país.

Os cinemas da década de sessenta são o reflexo do Moderno Tropical, são estruturas de betão armado, leves e abertas que se interligam com o espaço público, os espaços verdes e a paisagem. Os novos cinemas reflectem a importância da adequação da cidade às necessidades do homem. Assim, produziram-se edificações que privilegiavam a melhor ventilação e a menor insolação. Contudo, na escolha da melhor ventilação, as fachadas continuaram a merecer protecção; para tal, fizeram-se elementos leves em betão armado e não só, para possibilitar uma melhor protecção como o avanço das fachadas nos andares superiores, proporcionando sombreamentos nos andares inferiores e vãos largos. Em relação à altura dos edifícios, foram estudados os movimentos dos ventos e criaram-se edifícios de diferentes alturas de acordo com a ventilação, para possibilitar que a brisa marítima avançasse para a cidade, isto no caso concreto das cidades com baías.

Como no passado, os cinemas da década de sessenta reflectem o pensamento e a identidade da sociedade. Muitos dos que viviam e chegavam a Angola gritavam silenciosamente pela independência das colónias, mas tal só foi possível no final da década de setenta, após uma luta de constantes dificuldades.[6]

Em Angola surgiram diversas "salas de cinema" e "cine-esplanadas". Até à independência, em 1975, contavam-se mais de meia centena, distribuídas por todo o país: de Cabinda ao Namibe, passando por grande parte das capitais provinciais. Podem destacar-se, na província de Benguela, o Cine Flamingo e o Kalunga; na Huíla, o Sagres e o Arco-Íris; em Luanda, o Cinema Restauração, o Atlântico, o São Paulo, o Tivoli e o Miramar; no Namibe, o Cinema Estúdio e o Impala Cine. Estas estruturas são provas dignas de realce do progresso alcançado ao longo dos anos.

Foram criados cinemas para "brancos" e "pretos": o Cine-Teatro Nacional, em Luanda, que foi edificado para os primeiros, e o Cinema Colonial para os segundos. Foram estes os cinemas da mudança. Importa referir que, em Luanda, o Cinema Restauração (actual Assembleia Nacional), o Império (actual Cine Atlântico), o Miramar e o Avis (actual Cinema Karl Marx) eram espaços elegantes com materiais nobres e arte de baixo e alto-relevo, que se destinavam à alta sociedade. O Cine-Bar Tropical era uma estrutura mais informal e destinada a um público de classe média. Por sua vez, o Cine Colonial, ou "Clô Clô"[7], no Bairro de São Paulo, era destinado ao povo e, quando esgotava a sua lotação, as pessoas traziam as cadeiras de casa. Nas restantes cidades acontecia a mesma hierarquização que, por si só, e pelo custo do acesso aos cinemas, determinava o tipo de público que podia ou não frequentar essas salas.

A maior sala de cinema é o Cine Miramar, em Luanda, com capacidade para 1.622 pessoas e, logo a seguir, o Cinema Atlântico, com capacidade para 1.489 pessoas. A nível das restantes cidades seguem-se-lhes o Cine-Teatro Monumental em Benguela com capacidade para 1.194 pessoas. As salas de cinema com menor capacidade em Angola são para 300 pessoas e são as salas de cinema de Calulo na Província do Kuanza Sul e do Tômbwa na província do Namibe.

A partir de 1913 iniciou-se a produção cinematográfica em Angola, pelo cineasta Artur Pereira, com o filme o "Caminho de Ferro de Benguela". Nos documentários produzidos manifestava-se o gosto pelo conhecimento do país nas suas vertentes históricas e culturais comparadas aos feitos portugueses. Era uma forma de manifestação do desenvolvimento e da acção do colonialismo, mostrando a "evolução" entre o exótico e o natural existente, e as novas cidades, à semelhança da cidade europeia. Foi nos anos 40 que surgiu a primeira longa-metragem com o filme "O Feitiço do Império" de António Lopes Ribeiro, o primeiro filme de ficção.

Nos anos 70 é que surge outro tipo de filmes baseados nas obras de escritores angolanos como "Monangambê" (1971) e "Sambizanga" (1972) de Sarah Mal-doror, inspirados nas obras do escritor Luandino Vieira, ou "Esplendor Selvagem" (1972) de António Sousa, que espelhavam a realidade que se vivia em Angola. O filme "Monangambê" mostrava os contratados e as dificuldades por que passavam os homens para conseguir algum dinheiro para melhorar as suas vidas.

Havia uma censura que determinava os filmes que as pessoas podiam ver, mas a partir de 1961[8] os cidadãos eram, de uma maneira geral, respeitados. Num período anterior, os angolanos não podiam ver todos os filmes.

Devidamente organizados, definiam-se as idades e os horários adequados para cada um poder frequentar o cinema. Muitas meninas tinham que calçar sapatos de saltos altos, e maquilhar-se para parecerem mais velhas, ou mesmo levar consigo o bilhete de identidade para poderem assistir a certos filmes[9].

Os preços praticados variavam, já nos anos 70, entre os 10 e os 25 escudos, o que para os menos abastados era considerado um valor elevado. Em anos remotos os valores eram mais baixos, mas a qualidade dos filmes e das salas de cinema eram inferiores. Contudo, era o meio que as pessoas encontravam para a diversão, para namorar, para rever amigos e se mostrarem presentes, e uma forma de provar que se era assimilado, para garantir um espaço melhor na sociedade.

Era costume ir-se ao cinema diariamente, mas os menos abastados iam frequentemente ao domingo, e vestia-se sempre o melhor traje para se estar apresentável no cinema. De uma forma geral, os horários mais comuns para as sessões eram: às 15:00, horário para as crianças, às 20:00 para maiores de 18 anos e às 22:00 para maiores de 21 anos.

Os cinemas localizados em bairros mais humildes eram compostos apenas pela sala de cinema e, no exterior, na entrada principal, era o local onde se adquiriam as guloseimas, entre as quais eram mais comuns o pirolito, o estica, o baleizão, e eram comercializados por populares devidamente autorizados e com cartão de sanidade; dentro dos cinemas dos bairros mais nobres havia um Snack-bar com refrigerantes como a Coca Cola, a Pepsi Cola, a Dussol, a Mission-maçã, a Coco-pina e a Quicky. Também havia as pipocas e guloseimas, café e outros produtos frequentes nos cafés da actualidade.

Os cinemas de Angola são espaços abertos, são intervenções nas quais diversas artes, como as artes cénicas e as artes plásticas, se interligam com a arquitectura, cada vez mais identitária e independente. A "experimentação" duma arquitectura nova e moderna em Angola possibilitou ambientes diferentes e interessantes.

Nos intervalos dos filmes assistia-se a grupos de música e dança, que aproveitavam o momento para as suas exibições, uma maneira de se tornarem conhecidos. Por vezes, organizavam-se exposições de pintura, fotografia ou escultura, que eram visitadas antes ou depois de se ver os filmes. Por isso os cinemas eram considerados espaços para a divulgação da cultura. Foi no Cinema Avis, em Luanda, que se realizou o concurso Miss Angola onde a Riquita, uma filha do Namibe, foi eleita Miss, a primeira Miss Angola que não era branca nem nascida em Portugal. Realizaram-se também no Cinema Avis espectáculos de Amália Rodrigues, Charles Aznavour, Roberto Carlos, Percy Sledge, Ray Charles, e dos Boney M[10].

Apesar de não ser muito frequente, faziam-se algumas festas nas salas de cinema. Em algumas localidades, eram apresentadas festas de fim de ano de várias escolas ou realizadas por madres católicas e pela comunidade. Cada pai levava o seu filho ao espectáculo, pagava a entrada, e os valores serviam para ajudar famílias mais desfavorecidas. Isso acontecia nas localidades mais pequenas, como vilas no interior de Angola. Nas grandes cidades como Luanda, Benguela, Malange, Nova Lisboa (Huambo), Novo Redondo (Sumbe), Marechal Carmona (Uíge), Sá da Bandeira (Huíla) e Moçâmedes (Namibe) realizavam-se espectáculos musicais e teatrais com profissionais angolanos, portugueses e brasileiros.

O caso mais evidente na promoção de artistas angolanos foi, sem dúvida, a prestação de Luís Montez, que foi um homem que se notabilizou na promoção de novos talentos ao nível da música angolana. Escolheu o Cine N'Gola, em Luanda, para promover a música angolana, procurando novos talentos, como os cantores Luís Visconde e Urbano de Castro[11]. O grande objectivo era também proporcionar divertimento para as massas e trazer a Angola figuras de destaque, como o moçambicano Gabriel Estêvão Monjane, o homem mais alto do mundo daquela época.[12]

Havia uma consciência em relação à arquitectura, porque os cinemas eram considerados locais agradáveis, espaçosos e belos. Todos voltavam, não só pelo filme, como também pelo convívio que o espaço proporcionava.

Os filmes da época mais vistos foram "Paragem de Autocarro", o primeiro filme nos anos 70 no acto inaugural do Cinema São Paulo, em Luanda; "Ben Hur" (1959), um filme para maiores de 21 anos que passou no Cinema Restauração; "A Ponte do Rio Kwai" (1957), um filme que foi exibido no Cinema Miramar. Os filmes "Trinity", "007", "My Fair Lady", "Sansão e Dalila", "Os Três Mosqueteiros", "Os Malucos no Supermercado", "Robin Hood", "Casablanca", "Zorba o Grego",

"Chica da Silva", "Não Sou Digno de Ti" e tantos outros, chegavam a Angola e encantavam o público. Foram exibidos sobretudo filmes de Hollywood, portugueses e brasileiros. Os filmes de Hollywood eram os mais famosos e os que tinham melhores resultados de vendas nas bilheteiras.

O cinema português também marcou presença com filmes como "As Pupilas do Senhor Reitor", "Amor de Perdição", "Aldeia da Roupa Branca", "Pátio das Cantigas", "O Leão da Estrela", "O Costa do Castelo", "A Canção de Lisboa", com actores famosos como Beatriz Costa, Vasco Santana, António Silva e Maria Matos.

A música esteve sempre patente nos filmes, sendo um complemento importante. O cinema era entendido como um acto cultural alargado. As salas de cinema, ou os cine-esplanadas, foram palcos de espectáculo e divertimento e a maioria deles funcionou ainda depois da independência, pelo menos até à década de noventa. O conflito armado levou ao abandono dos cinemas, visto que uma boa parte dos técnicos deixou o país.

O contexto nacional, agora independente, associava-se a novas realidades e a novos contextos. Estabeleceram-se fortes relações com regimes de génese socialista como Cuba, União Soviética, República Democrática Alemã, Jugoslávia, Polónia e Checoslováquia. Esta nova dinâmica trouxe consigo outro conhecimento, novos modelos de vivência e de apropriação do espaço da cidade e das suas instituições singulares.

Os cinemas passaram a ser frequentados por todos, sem qualquer distinção, mas os filmes eram comercializados pelos países com os quais Angola tinha relações. Antes de cada filme ser exibido havia a censura, ou seja, um grupo de técnicos idóneos, funcionários do Estado, indicavam quais as idades adequadas para assistir a determinado filme. Em alguns filmes existia alguém que pertencia à censura e que dava uma explicação sobre o filme, para facilitar uma melhor compreensão antes da sua exibição.

Pode-se afirmar que as salas de cinema passaram a ter um público mais simples e modesto, e muitos dos que frequentavam os cinemas antes da independência deixaram de os frequentar, porque consideravam que os filmes de Hollywood tinham melhor qualidade e que outrora existiam outras condições no atendimento. Havia mais rigor: nenhuma criança ia ao cinema sem um acompanhante mais velho e existia um fiscal que controlava o comportamento de todos.

À medida que o tempo foi passando, notou-se que os filmes eram quase sempre os mesmos, que as salas de cinema foram ficando degradadas e que demorava muito tempo até as "reformas" chegarem; aos poucos as salas de cinema perderam a sua frequência.

Hoje, muitos deles encontram-se encerrados e apenas reabrem para eventos culturais de música, teatro, dança e celebrações religiosas. É notória a degradação contínua das estruturas, de um património vanguardista e singular. Destacam-se as intervenções feitas no Cine Atlântico, que lentamente lhe devolvem a dignidade de uma casa de cinema e de espectáculos.

Actualmente, as salas de cinema que surgem pelo país são modelos fechados, modelos importados de um qualquer território, que nada têm a ver com a identidade angolana. O conceito passou de casa de espectáculos diversos, aberta e integrada no espaço público, a um espaço fechado, focado no cinema e no consumo massificado.

"Pelo seu lado as arquitecturas modernas projectaram edifícios que, para além de belos, foram pensados para modos de vida, clima e tecnologias locais criando espaços públicos e privados úteis e confortáveis."[13]

Há preocupação e reconhecimento da importância social e política dos velhos cinemas, e há também vontade, mas para além disso tem de haver um plano claro de reabilitação e revitalização destes espaços singulares que foram palco de alguns dos maiores momentos do país.

Maria Alice Correia e F. João Guimarães

1 Regime autoritário imposto em Portugal no período de 1933 a 1974, designado também como Segunda República.

2 A Carta de Atenas é um manifesto de urbanismo que foi redigido no IV Congresso Internacional de Arquitectura Moderna, em 1933, e publicado por Le Corbusier em 1942.

3 "É neste contexto que as colónias constituem um território disponível para a experimentação construtiva. São regiões menos pressionadas pela presença de sistemas construtivos tradicionais" in Ana Vaz Milheiro, *Nos Trópicos Sem Le Corbusier*, Relógio d'Água, Lisboa 2012, p. 64-65.

4 Vasco Vieira da Costa estagiou com Le Corbusier nos anos 40 e Simões de Carvalho com André Wogenscky (colaborador de Le Corbusier) nos anos 50.

5 Ver por exemplo: Ana Magalhães, *Moderno Tropical. Arquitectura em Angola e Moçambique, 1948-1975*, Lisboa, Tinta da China, 2009.

6 Os movimentos para a libertação em Angola iniciaram-se em 4 de Fevereiro de 1961, mas a independência do país só foi estabelecida a 11 de Novembro de 1975.

7 Cinema já demolido e que se situava no Bairro de São Paulo em Luanda, ao lado do famoso Hotel Majestic e da Gráfica Edições de Angola, sob a gestão do Sr. Carlos.

8 1961: ano em que foi promulgado o Decreto 43897, de 6 de Setembro, proposta de lei de assimilação: orientação seguida pelo Decreto-Lei 39666, Estatuto dos Indígenas Portugueses das Províncias da Guiné, Angola e Moçambique, aprovado por Decreto-Lei de 20 de Maio de 1954, e que era uma lei que visava a "assimilação" dos indígenas na cultura colonial (ocidental).

9 Conversa com a Sra. Maria dos Prazeres, que vive em Luanda desde os anos 1960.

10 Conversa com a Sra. Ana Antónia da Silva, que diz não ter perdido um Show em Luanda.

11 Memórias de Dionísio Rocha, num programa de TV.

12 Conversa com a Sra. Ana Antónia da Silva, que diz não ter perdido um Show em Luanda.

13 Roberto Goycoolea Prado, *la modernidad ignorada: arquitectura moderna de luanda*, Universidade de Alcalá, Alcalá 2011.

Cinemas of Angola: From the closed to the open space

Cinemas, theaters, assembly rooms, stages for culture, information and entertainment, spaces for civic action, in direct contact with the realities of their time and with its dreams for the future, the cinemas of Angola are a reflection of the country's history; and in them were staged the great shows, the major premieres, the entertainment and propaganda of the colonial regime.

Angola's first cinemas in the 1930s, reflect the architecture of the Estado Novo (New State)[1], consisting of enclosed spaces, replete with nationalist and imperial messages. Architecture and urbanism were the vehicles for a political and identity-affirming message, expressing the thinking of a strong and authoritarian State.

The period after the Second World War brought with it a new commitment to cities, and a quest for the functional city, in which people's needs would be identified and resolved. The urban plans freed up the ground, created green areas and public space, the densities were vertical and the buildings elevated so that they "floated" over the land, in accordance with the precepts of the Modern Movement that emerged at the beginning of the 20th century.

The ideas of the Modern Movement, published in 1942 in the Athens Charter[2], were not welcomed in the old, closed metropolis, but in Angola they gained strength. Angola was considered a place of "experimentation", that is, a place with few definitive buildings and where the society in power could aspire to a good quality of life. These conditions enabled the new buildings to be implemented in accordance with the axioms of modern urbanism.

In Portugal this was impossible because of the existence of preconceived concepts of the city, as well as a very powerful group, supported by the ruling powers, which demanded an immutable and typically Portuguese architecture.

"It is in this context that the colonies constituted a land open to constructional experimentation. They were regions less constricted by the presence of traditional constructional systems."[3]

Thus, the doors were opened onto new horizons that provided a workplace for a young generation, armed with knowledge and ready to revolutionize cities, who should never be forgotten for their dedication to their work and their responsibilities.

Vasco Vieira da Costa (Kinaxixi Market, Secil Tower, Anangola) and Fernão Lopes Simões de Carvalho[4] (Chapel of the Resurrection, Angolan National Radio, and Bairro Prenda housing units), were two of the architects who sought, through Le Corbusier, to become involved in the Modern Movement. These, together with many other Portuguese architects, such as José Pinto da Cunha (Angolan National Radio, Bairro Prenda housing units, and Cirilo Building), the brothers João and Luís Garcia de Castilho (the Restauração, Miramar, Karl Marx, and N'Gola cinemas), António Campino (Hotel Presidente Méridien, and the Naval Command Center) and Francisco Castro Rodrigues (Sumbe Church, and the Cine Flamingo in Lobito), began the process of putting into practice the doctrines of the manifesto in a tropical country.

Luanda, the Angolan capital, was particularly marked by the Modern Movement, claimed by some authors to be Tropical[5]. A city organized into residential, green and service zones, and zones for industry and public space. A large number of the buildings had open plans or facades, sometimes elevated, creating shadows, with *brise-soleils* or louvers, aiming for each one to be a functional unit, suitably adapted to the tropical environment. And little by little, this philosophy for building cities spread to the other provinces of Angola, bringing quality of life to the more remote locations of the country.

The cinemas of the nineteen sixties were a reflection of this Tropical Modern. They were structures in reinforced concrete, light and open, which interconnected with public space, green space and the landscape. The new cinemas reflected the importance of adapting the city to people's needs. Thus, new buildings were produced that favored better ventilation and reduced exposure to the sun. However, in the choice of better ventilation, the facades still needed protection, and for this, lightweight elements were made in reinforced concrete and other materials, to enable better protection by extending the facades of the upper floors to provide shading for the lower floors and the wide openings. With regard to the height of buildings, wind movement was studied and buildings of different heights were created according to their ventilation needs, enabling the sea breeze to enter the city, in the specific cases of cities on bays.

As in the past, the cinemas of the nineteen sixties reflected the thinking and identity of their society. Many who lived in and came to Angola, cried out in silence for the independence of the colonies, but this was only possible at the end of the nineteen seventies, after a fight of unremitting difficulty.[6]

In Angola, numerous *cine-esplanadas* (open-air movie theaters) appeared.

Until Independence in 1975, they numbered more than fifty, and were distributed throughout the country, from Cabinda to Namibe, and throughout the greater part of the provincial capitals. Notable amongst these are; in the province of Benguela, the Cine Flamingo and the Kalunga, in Huíla, the Infantes Sagres and the Arco-Íris; in Luanda, the Cinema Restauração, the Atlântico, the São Paulo, the Tivoli and the Miramar; in Namibe, the Cinema Estúdio and the Cine Impala. These structures are worthy examples of the extent of progress achieved along the years.

Cinemas were created for "whites" and "blacks": The Cine-Teatro Nacional, in Luanda, was built for the former, and the Cine Colonial for the latter. These were cinemas of change. It should be mentioned that, in Luanda, the Cinema Restauração (currently the National Assembly), the Império (currently the Cine Atlântico), the Miramar and the Avis (currently Karl Marx) were elegant spaces built with rich materials and with high and bas-relief artwork, which were intended for high society. The Cine-Bar Tropical was a more informal building intended for a middle class audience. For its part, the Cine Colonial, or "Clô Clô"[7], in the São Paulo neighborhood, was intended for the common people, and when it was full, people brought their own chairs from home. In the other cities, the same hierarchy occurred, which in itself, together with the cost of entering the cinemas, determined the kind of public that could, or could not frequent them.

The biggest movie theater was the Cine Miramar, in Luanda, with capacity for 1,622 people and, close behind, the Cine Atlântico, with capacity for 1,489 people. With respect to the other cities, the next largest was the Cine-Teatro Monumental in Benguela, with capacity for 1,194 people. The movie theaters in Angola with the smallest capacity of 300 people, were the movie theaters of Calulo in the province of Kuanza Sul and of Tômbwa in the province of Namibe.

In 1913, cinema production was begun in Angola by the filmmaker Artur Pereira with the film "Caminho de Ferro de Benguela" (Benguela Railroad). In the documentaries produced, there was an evident preference for seeing the historical and cultural aspects of the country, in comparison with Portuguese achievements. They were a form of demonstration of colonial development and action, showing the "evolution" from the existing natural and exotic to the new European-style cities. It was in the 1940s that the first full-length film appeared with "O Feitiço do Império" (The Enchantment of the Empire) by António Lopes Ribeiro, the first fictional film.

It was in the 1970s that another kind of film appeared, based on the works of Angolan writers like "Monangambê" (1971) and "Sambizanga" (1972) by Sarah Maldoror, inspired by the works of the writer Luandino Vieira, or "Esplendor Selvagem" (Savage Splendor) (1972) by António Sousa, that reflected the reality of living in Angola. The film "Monangambê" showed contracted workers and the difficulties that these men underwent to make a little money to improve their lives.

There was censorship, and generally speaking, films destined for the public were for citizens at large only after 1961[8]. In the period prior to this, Angolan born citizens could not see all the films.

Duly organized, appropriate times were defined at which the different age groups were able to visit the cinema. Many girls wore high-heeled shoes and makeup to appear older, or even carry their identity cards with them, in order to get into certain films.[9]

In the 1970s, the prices already varied between 10 and 25 escudos, which for the less well off, was considered a lot of money. In years gone by the prices were lower, but the quality of the films and the movie theaters was inferior.

However, this was the way people found for having fun, for dating, for seeing friends and being seen, and was a form of showing that you were assimilated, in order to ensure yourself a better place in society.

It was customary to go to the cinema every day, but the less well-off frequently went on Sundays and always wore their best clothes so as to appear presentable in the cinema. In general, the most common times for the sessions were: at 3:00 pm for children, at 8:00 pm for those over 18, and at 10:00 pm for those over 21.

Cinemas located in humbler neighborhoods, were comprised of only the cinema auditorium while, outside the main entrance was the place where people bought candy. The most common of these were *pirolito*, *estica*, and *baleizão*, sold by duly authorized street vendors with public health permits. In the cinemas of the finer neighborhoods, there would be a snack bar inside, where amongst the beverages would be Coca Cola, Pepsi Cola, Dussol, Mission-maçã, Cocopina, and Quicky. There would also be popcorn and candy, coffee and other products common in the cafes of the time.

The cinemas of Angola were open spaces, they were interventions in which various arts (the dramatic arts and the visual arts such as architecture) were interconnected, and they were increasingly identity-forming and independent. "Experimentation" with a new and modern architecture in Angola made different and interesting environments possible.

During the films' intervals, people watched music and dance groups who took advantage of the break to put on their shows and thus become better known. Sometimes painting, photography or sculpture exhibitions were organized, which were visited before or after seeing the films. For this reason they were considered spaces of cultural dissemination. It was in the Cinema Avis, in Luanda, that the Miss Angola competition was organized in which Riquita, a girl from Namibe, became the first Miss Angola who was neither white nor born in Portugal. In the Cinema Avis, shows were also given by Amália Rodrigues, Charles Aznavour, Roberto Carlos, Percy Sledge, Ray Charles, and Boney M[10].

Although not very frequent, parties were sometimes held in the movie theaters. In some locations, end of year festivals were put on by various schools or held by Catholic mothers groups and by the community. Every parent brought their child to the show, paid the entrance, and the money raised was used to help families in need. These activities occurred in the smallest of places, such as towns in the interior of Angola. In the big cities, such as Luanda, Benguela, Malange, Nova Lisboa (Huambo), Novo Redondo (Sumbe), Marechal Carmona (Uíge), Sá da Bandeira (Huíla) and Moçâmedes (Namibe), musical and theatrical shows were put on with professional Angolan, Portuguese and Brazilian performers.

The most prominent example of promoting Angolan artists was undoubtedly that of Luís Montez, a man whose exploits became well known for promoting new talent in Angolan music. He chose the Cine N'Gola, in Luanda, to promote Angolan music, and sought out new talents, such as the singers Luís Visconde and Urbano de Castro[11]. His great objective was also to provide entertainment for the masses and bring notable performers, such as the Mozambican Gabriel Estêvão Monjane, the tallest man in the world at that time.[12]

There was also an awareness of the architecture, because the local cinemas were considered pleasant, spacious and beautiful. Everyone came back to them, not just for the film but also because of the social life that the spaces provided.

The most seen films of that time were "Bus Stop", the first film in the 1970s at the inauguration of the Cine São Paulo cinema in Luanda; "Ben Hur" (1959), a film for those over 21, shown at the Cinema Restauração; "Bridge Over the River Kwai" (1957) – a film that was shown at the Cine Miramar. The films "Trinity", "007", "My Fair Lady", "Samson and Delilah", "The Three Musketeers", "Les Charlots. Le Grande Bazar", "Robin Hood", "Casablanca", "Zorba the Greek", "Chica da Silva", "No Son Degno Di Te" and many others, came to Angola and delighted the audiences. Overwhelmingly, the films shown were from Hollywood, Portugal or Brazil. The Hollywood films were the most famous and those that generated the biggest box office takings.

Portuguese cinema was also present with films such as "As pupilas do senhor reitor", "Amor de Perdição", "Aldeia da Roupa Branca", "Pátio das Cantigas", "Leão da Estrela", "O Costa do Castelo", "A Canção de Lisboa", with famous actors such as Beatriz Costa, Vasco Santana, António Silva and Maria de Matos.

Music was always prominent in these films, and was an important complement. Cinema was understood as an extended cultural act. The movie theaters and *cine-esplanadas* were stages for shows and entertainment, and the majority of them were still in operation after independence, until at least the 1990s. The armed conflict led to the abandonment of the cinemas, given that a good part of the technicians left the country.

The context of the country, now independent, became associated with new realities and new contexts. Strong relationships rooted in socialism, were established with Cuba, the Soviet Union, East Germany, Yugoslavia, Poland and Czechoslovakia. This new dynamic brought with it other know-how, new ways of life and appropriation of the city space and its distinctive public buildings.

The cinemas came to be frequented by everyone, without any distinction, but the films were those commercialized by the countries with which Angola had relations. Before each film was shown, the censors appeared, i.e., a group of qualified officials who were State employees and who indicated which age group was appropriate to see a particular film. For some films, one of the censors would appear before its screening, to give an explanation of the film, in order for it to be better understood.

It could be said that the movie theaters began to have a simpler, more modest audience, and many of those who visited the cinemas before independence stopped doing so, because they considered that the Hollywood films were better quality and that the level of service had been better before. There was stricter control: no child could go to the cinema without an older companion, and there was an inspector who controlled everybody's behavior.

As time passed, there was a realization that the films were nearly always the same, that the movie theaters were becoming dilapidated and that it was taking a long time for renovations to occur; and little by little, the movie theaters lost their audiences.

Today, many of them are closed and only reopen for cultural events of music, theater, dance or religious celebrations. The continuing degradation of these buildings, and of a unique and pioneering heritage, is sadly well known. In marked contrast, is the work being done on the Cine Atlântico, which is slowly restoring the dignity to this home of cinema and performance.

Currently, the movie theaters that now are appearing throughout the country are closed models, models imported from nowhere in particular, that have nothing to do with the Angolan identity. The concept has passed from that of a home for various types of show, which is open and integrated in public space, to a closed space, focused on the cinema and on mass consumption.

"For their part, modern architecture designed buildings that, as well as being beautiful, were conceived so that ways of life, climate and local technologies could become something more, and created public and private spaces that were useful and comfortable."[13]

There is concern, there is recognition of the social and political importance of the old cinemas, and there is willingness, but there needs to be a clear plan for the rehabilitation and the revitalization of these unique spaces that were the stage for some of the country's greatest moments.

Maria Alice Correia and F. João Guimarães

1 Authoritarian regime imposed on Portugal from 1933 to 1974, also known as the Second Republic.

2 The Athens Charter is an urban manifest that was drafted at the 4th International Congress of Modern Architecture in 1933, and published by Le Corbusier in 1942.

3 "It is in this context that the colonies constituted a land open to constructional experimentation. They were regions less constricted by the traditional systems of construction", Ana Vaz Milheiro, Nos Trópicos Sem Le Corbusier, Relógio d'Água, Lisbon 2012, pp. 64-65.

4 Vasco Vieira da Costa apprenticed with Le Corbusier in the 1940s, and Simões de Carvalho with André Wogenscky (an associate of Le Corbusier) in the 1950s.

5 For example: Ana Magalhães, *Moderno Tropical. Arquitectura em Angola e Moçambique, 1948-1975*, Tinta da China, Lisbon 2009.

6 The liberation movements in Angola began on February 4, 1961, but the independence of the country was only established on November 11, 1975.

7 A cinema, now demolished, which was sited in the São Paulo neighborhood of Luanda, alongside the famous Hotel Majestic and Gráfica Edições of Angola, under the management of a man called Carlos.

8 1961: The year in which Decree 43897 of September 6, was enacted, the draft assimilation law: guidelines followed by Decree Law 39666, the Statute of Indigenous Portuguese in the Provinces of Guinea, Angola and Mozambique, approved by the Decree Law of May 20, 1954; a law which envisaged the "assimilation" of indigenous peoples into colonial (Western) culture.

9 Conversation with Maria dos Prazeres, who has lived in Luanda since the 1960s.

10 Conversation with Ana Antónia da Silva, who claims to have never missed a show in Luanda.

11 Memoirs of Dionísio Rocha, on a TV program.

12 Conversation with Ana Antónia da Silva, who claims to have never missed a show in Luanda.

13 Roberto Goycoolea Prado, *la modernidad ignorada: arquitectura moderna de luanda*, University of Alcalá, Alcalá 2011.

Herança paterna, riqueza

"Mas com o tempo a cidade cresce sobre si mesma; adquire consciência e memória de si própria. Na sua construção permanecem os motivos originários, mas ao mesmo tempo a cidade esclarece e motiva os do seu próprio desenvolvimento."[1]

Aldo Rossi

Os espaços retratados ao longo deste livro – as salas de cinema – são o testemunho de um período determinado na nossa história, assim como de uma geração de arquitectos locais e não só, que contribuiram para a construção da imagem das nossas cidades. Se por um lado, o olhar mais técnico repara os pormenores, os materiais, e a espectacularidade da arquitectura, por outro, permite também imaginar a vida que ali foi vivida, sonhada. Em alguns casos, poder-se-ia falar de um ideal de sociedade ou estilo de vida que hoje já não serve – por exemplo nos casos das cine-esplanadas: construções singulares, cujo desenho e construção partem de uma cultura, geografia e climas locais, e que não se encontram em nenhuma outra parte do mundo. Outras, mais modestas, reflectem a interpretação de ideais da arquitectura internacional no contexto local.

Mais do que do esplendor da arquitectura, falamos de edifícios públicos inseridos em contextos onde podem adquirir uma função mais social – trazer outras culturas para os seus usuários, até mesmo a memória do que foram espaços. O cinema enquanto arte trás em si a simbologia de uma sociedade que tem urgência em ser moderna. Paradoxalmente, deparamo-nos actualmente com uma corrida em direcção a esta modernidade, deixando para trás um legado importante.

Restaurá-los não significa só a recuperação das formas arquitectónicas, mas igualmente funcional[2]: é importante o estabelecimento de uma dialéctica entre o futuro e o passado, entre os novos usuários, (re)criando vivências e memórias e estabelecendo laços entre as comunidades e os edifícios desenhados para as servirem.

Num contexto cada vez mais global, as identidades tornam-se mais distintas e singulares. Com os avanços tecnológicos, o encurtar das distâncias entre os países e culturas, é patente a busca cada vez mais por referências que nos ajudem a perceber os caminhos percorridos até chegarmos onde estamos e traçar o futuro. A transitoriedade da sociedade actual revela a nossa fragilidade e efemeridade enquanto sujeitos históricos e traz à luz a busca de elementos que transmitam a sensação de continuidade e perpetuação – os processos de preservação abrangem não só a questão física e formal mas também e acima de tudo a preservação de uma identidade, da acção e da memória de diferentes grupos sociais, tornando-se um elemento primordial para a promoção do bem-estar social, da cidadania e do crescimento sustentado.

Em Angola a legislação que estabelece bases políticas sobre a conservação do património está em vigor desde Outubro de 2005[3], tendo sido criada para dotar o Estado de instrumentos e bases jurídicas para a classificação e protecção dos bens integrantes do Património Cultural.

O decreto abrange não só obras consideradas importantes no passado (igrejas e fortalezas), mas define como "património" todos os bens de interesse cultural relevante, tais como as línguas nacionais, testemunhos históricos, arqueológicos, arquitectónicos, artísticos, etnográficos, documentos fotográficos, discográficos, entre outros, que reflictam a singularidade, a memória local, autenticidade, e que pela sua natureza, mereçam a protecção do Estado.

O que torna as nossas cidades singulares é precisamente este património que traduz os hábitos das suas gentes, mas também os espaços e edifícios construídos ao longo dos séculos, o acumulo de referências de outras épocas, de outras vivências. É também aquilo que dá unidade às comunidades – unidade esta que é sempre fruto de diferenças (regionais, étnicas, sociais, ideológicas, religiosas, etc.), mas que deve ser assumida na sua pluralidade. Conhecer o nosso passado e preservar a memória e a cultura deve ser requisito para as acções no presente. É sabendo sobre como procederam aqueles que nos antecederam, nas mais diferentes situações, que agimos criticamente, espelhando-nos ou não em suas acções. Reflectir sobre a memória é valorizar o passado e seus legados, é ser sujeito da construção da história, e isso é um pressuposto básico para o exercício da cidadania.

Reflectir sobre a importância da conservação do património histórico, significa pensar sobre conceitos relacionados com o desenvolvimento da Modernidade. Embora com raízes mais antigas, é no século XVIII que se começam a definir metodologias para a conservação e restauração de edifícios históricos, originando as primeiras legislações sobre o tema. Em 1965 é criado o ICOMOS (International Council on Monuments and Sites) para regulamentar esta actividade.

A elaboração destes documentos foi importante, entre outros aspectos, na definição técnica do termo Património Histórico – bens tangíveis e intangíveis, naturais ou edificados que possuam valor para qualquer sociedade, e por este motivo sejam dignos de ser preservados. O seu significado simbólico abrange todos os produtos do "sentir e do fazer humanos", ou seja, todos os sustentáculos de uma cultura e identidade próprias e que nos diferenciam uns dos outros.

Ainda assim, é peremptório afirmar que a implementação das políticas e dos procedimentos de conservação carece de afinação, de educação e sensibilização a vários níveis. Numa sociedade jovem, saída de uma guerra onde muitas estruturas foram destruídas ou semidestruídas, a reflexão sobre o património, sobre o que deverá ser restaurado e demolido, deve fazer parte do processo de construção da identidade nacional.

Paula Nascimento

1 Aldo Rossi, A Arquitectura da Cidade, Edições Cosmos 2001, p. 31.

2 Refiro-me não só a restaurá-los na sua antiga função, mas também à restauração das estruturas com novos usos, que não danifiquem a memória dos espaços: museus, bibliotecas, casas-museus, escolas, etc.

3 Decreto Executivo Nº 94/05 – Lei Nº 14/05 de 7 de Outubro 2005, Arquivo Nacional, Luanda.

Heritage, Wealth

"With time, the city grows upon itself; acquires its own consciousness and memory. In the course of its construction, its original themes persist, but at the same time the city modifies and renders these themes of its own development more specific."[1]
Aldo Rossi

The spaces portrayed throughout this book – the movie theaters - are testament to a particular period of our history, as well as to a generation of architects, local and other, who contributed to constructing the image of our cities. If on the one hand, the more technical observer notices the details, the materials and the spectacular nature of the architecture, on the other hand, they also allow us to imagine the life that was lived and dreamt of there. In some cases, one could talk of an ideal for a society or style of life that no longer works - for example the case of the *cine-esplanades*: distinctive structures, whose design and construction arose from local culture, geography and climate, and are not found in any other part of the world. Others, in a more modest way, reflect an interpretation of the ideas of international architecture in the local context.

More than the splendor of the architecture, we are talking about public buildings inserted in contexts where they can acquire a more social purpose – to bring other cultures to their users, even the very memory of what spaces were. As art, the cinema itself brings the symbolism of a society that is eager to be modern. Paradoxically, we are currently faced with a race towards this modernity, leaving behind an important legacy.

Restoring them means not only recovering their architectural forms, but equally their functional forms[2]: It is important to establish a dialectic between the future and the past among their new users, (re)creating experiences and memories and establishing links between the communities and the buildings designed to serve them.

In an increasingly global context, identities become more distinctive and singular. With advances in technology and the shortening of distances between countries and cultures, there has been a conspicuous and ever-increasing search for references that help us to understand the path that has been traveled thus far, and to plot the future. The transitory nature of contemporary society reveals our fragile and ephemeral nature as historical subjects and brings to light the search for elements that transmit the sensation of continuity and perpetuation – the processes of preservation comprise not just the physical and formal question, but also, and above all, the preservation of an identity, of the activity and memory of different social groups, turning it into a primordial element for promoting social well being, citizenship and sustained growth.

In Angola the legislation that establishes the political basis for heritage conservation has been in effect since October 2005[3], having been created to provide the State with instruments and the legal basis for the classification and protection of all the assets incorporated in Cultural Heritage.

The decree covers not only works considered important in the past (churches and castles), but defines as heritage all assets of significant cultural interest, such as national languages, historical, archeological, architectural, artistic and ethnographic documentary evidence, and photographic and audio recordings, amongst others, which reflect uniqueness, local memory and authenticity, and by their nature, deserve the protection of the State.

What makes our cities distinctive is precisely this heritage that translates the customs of their peoples, but also the spaces and buildings constructed along the centuries, the accumulation of references from other epochs and other lives. It is also that which unifies communities – a unity which is always the product of differences (regional, ethnic, social, ideological, religious, etc.), but which should be accepted in its plurality. To know our past and preserve its memory and culture should be a prerequisite for actions in the present. And it is by knowing how those who preceded us behaved, in the most varied situations that we can act critically, whether or not we copy them in our actions. To reflect on memory is to cherish the past and its legacies, it is to be subject to the construction of history, and this is a basic prerequisite for exercising citizenship.

To reflect on the importance of the conservation of historical heritage, means thinking about the concepts related to the development of Modernity. Although rooted in earlier times, it was in the 18th century that methodologies began to be devised for the conservation and restoration of historic buildings, giving rise to the first laws on the subject. In 1965 ICOMOS (International Council on Monuments and Sites) was created to regulate this activity.

The drawing up of these documents was important, among other aspects, for the technical definition of Heritage - tangible or intangible assets, natural or cultural, that hold value for any society, and for this reason are worthy of being preserved. Its symbolic significance encompasses all the products of human "thinking and making", that is, all that which sustains a specific culture and identity, and which differentiates us from one another.

Even so, it is essential to state that the implementation of the policies and procedures of conservation needs improvement and more education and awareness, at various levels. In a young society, coming out of a war in which many structures were wholly or partially destroyed, reflecting on heritage, on what should be restored and demolished, must be part of the process of building a national identity.

Paula Nascimento

1 Aldo Rossi, The Architecture of the City, Cambridge 1982, page 31.

2 Here I am referring not only to restoring them to their previous purpose, but also the restoration of the structures with new uses, which do not damage the memory of the spaces: Museums, libraries, house -museums, schools, etc.

3 Executive Decree No. 94/05, Law No. 14/05 of October 7, 2005, National Archive, Luanda.

"Os cine-esplanadas, parcialmente cobertas ou totalmente ao ar livre, são uma tipologia única, determinada apenas pelas particulares condições climáticas. [...] Nestas zonas climáticas, as construções deverão assumir-se como estruturas sombreadas, que estimulem francamente os movimentos de ar. Os espaços simplesmente cobertos, não completamente encerrados, são de grande funcionalidade e adquirem características espaciais singulares, visto que são sistemas cuja viabilidade está restringida às regiões tropicais. As tipologias edificatórias adaptam-se frequentemente ao meio climático, encontrando a sua identidade no confronto com a natureza."

"Cine-esplanada, a partially roofed or open-air movie theater, is a unique typology specifically conditioned by the climate. [...] In these climatic zones, constructions should be shaded structures openly stimulating air circulation. Spaces that are merely roofed, and not entirely enclosed, are extremely functional and acquire unique spatial features, since they are systems whose viability is restricted to tropical regions. These building typologies are often adapted to their climatic environment, finding their identity in confronting nature."

Margarida Quintã

Arquitectura e Clima, Geografia de um Lugar:
Luanda e a obra de Vasco Vieira da Costa, FAUP, Porto 2007, p. 70-74

Cine-Teatro Nacional, Luanda, Província / Province Luanda

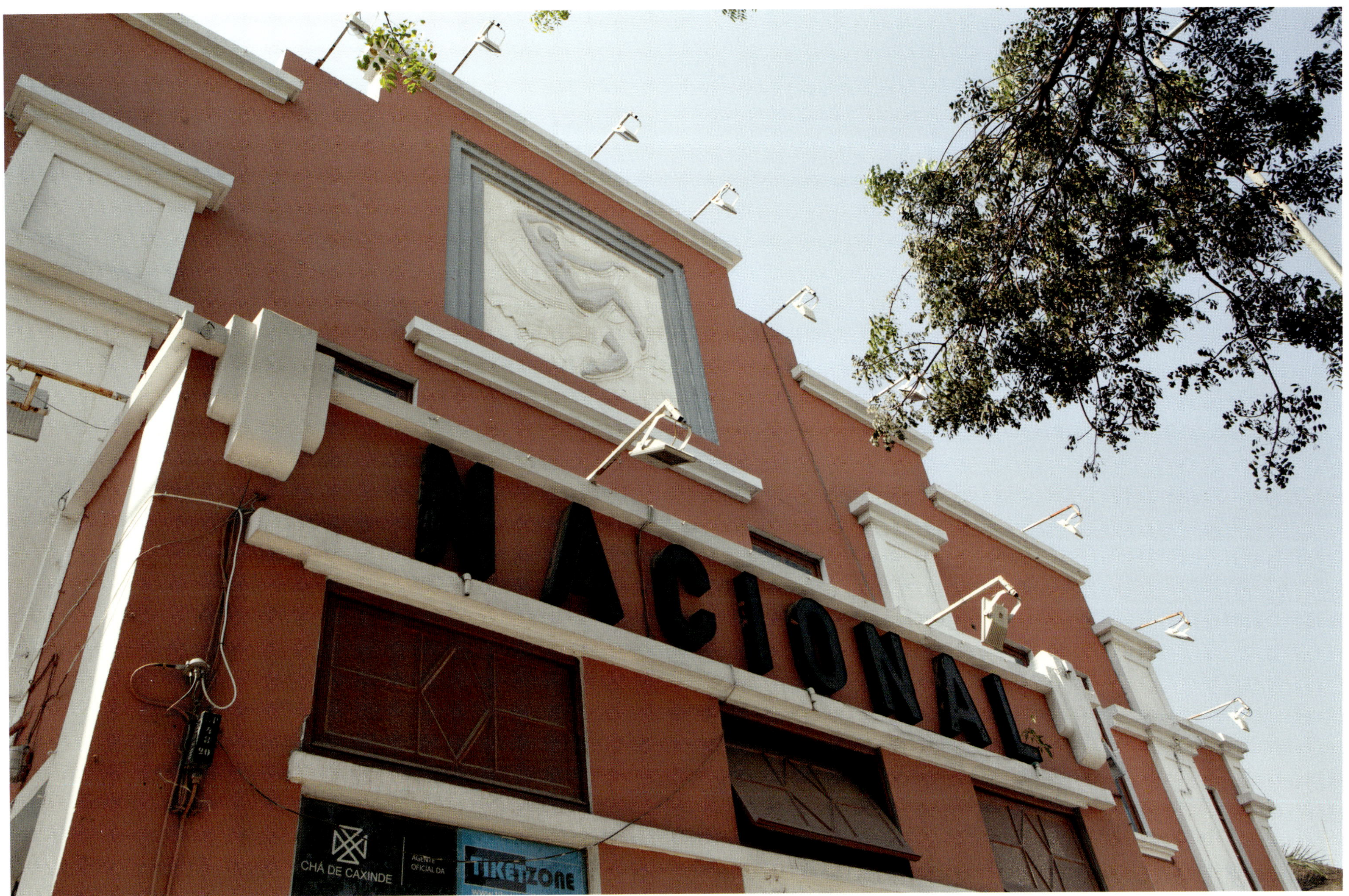
NACIONAL
CHÁ DE CAXINDE
AGENTE OFICIAL DA
TIKETZONE

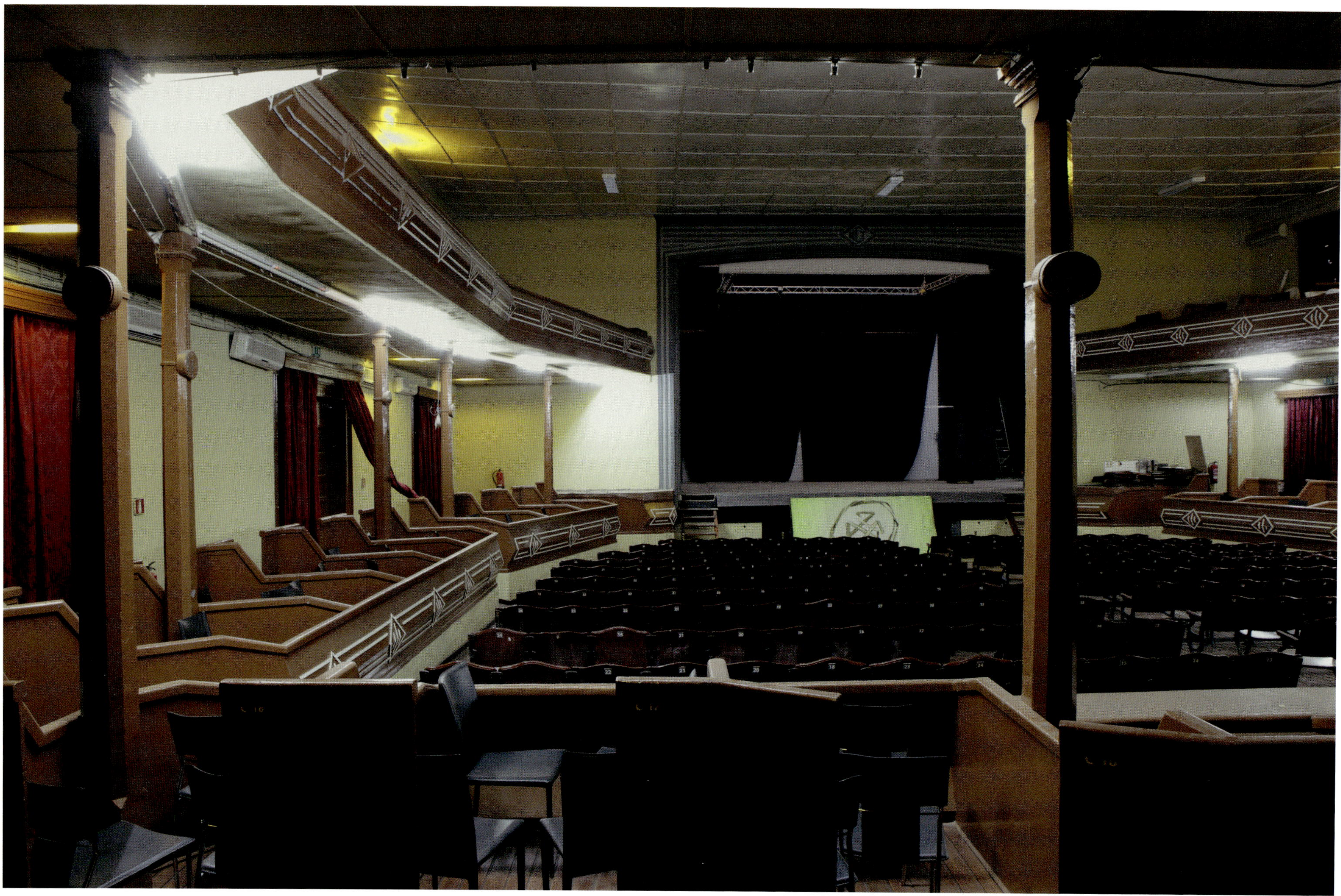

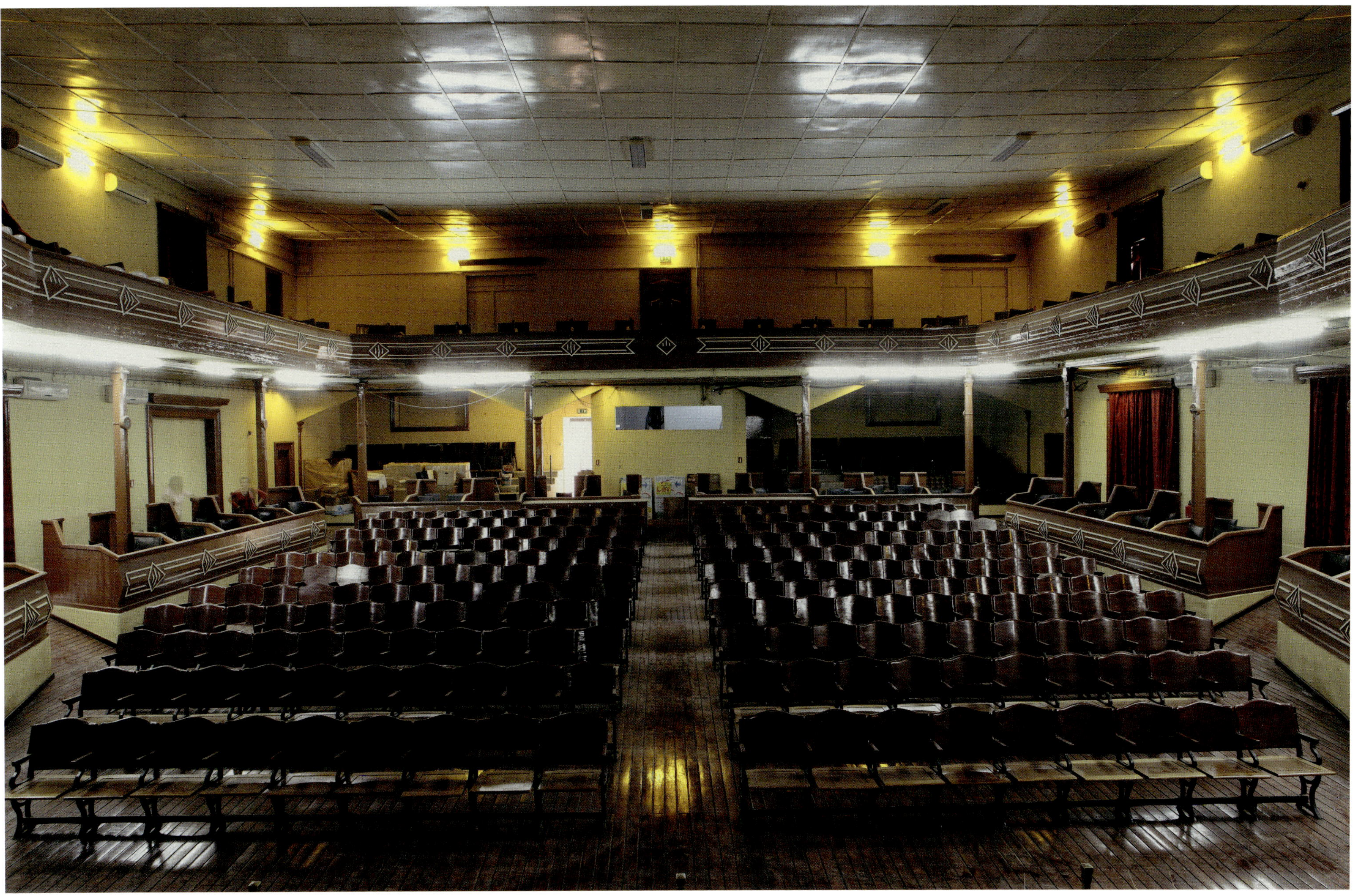

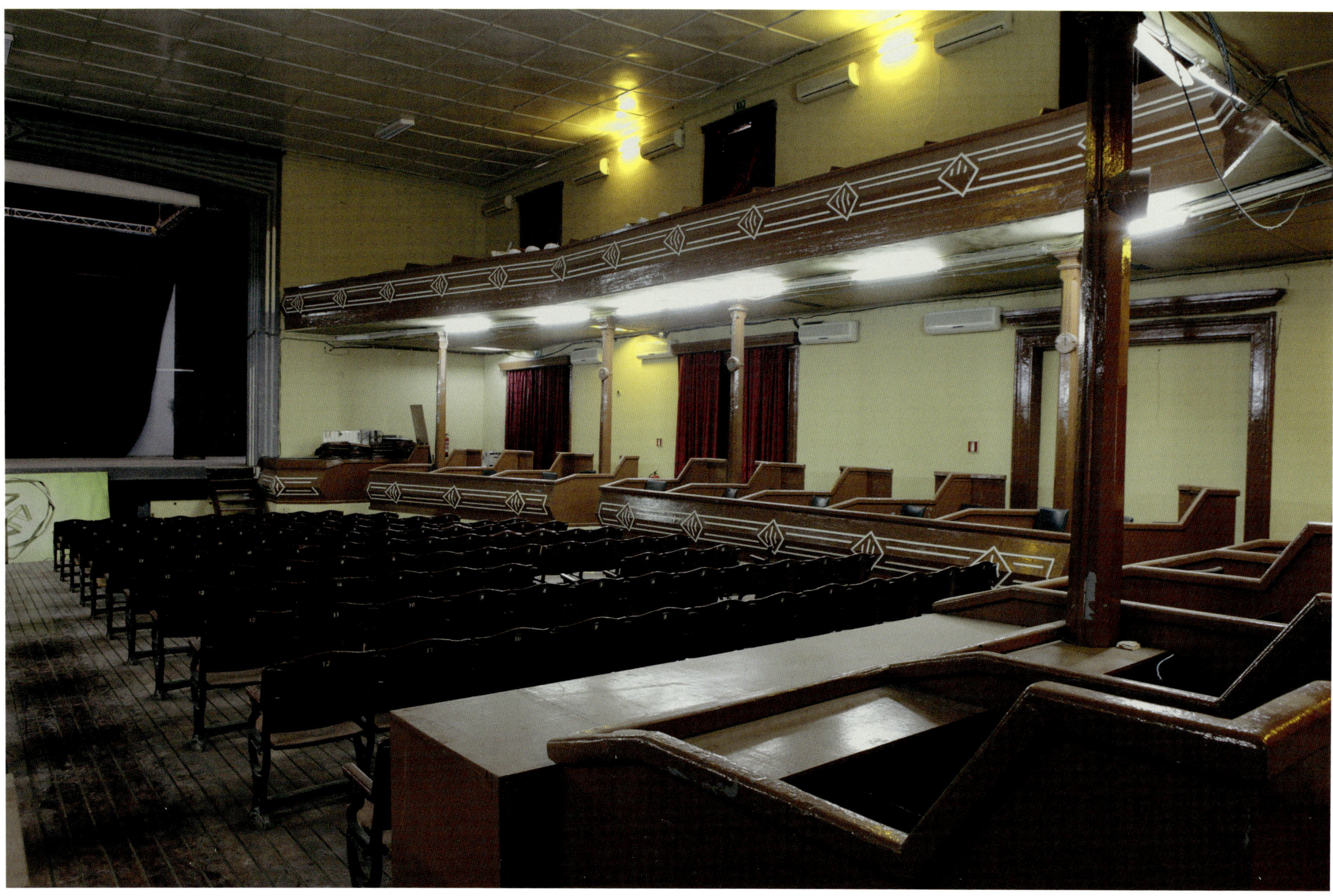

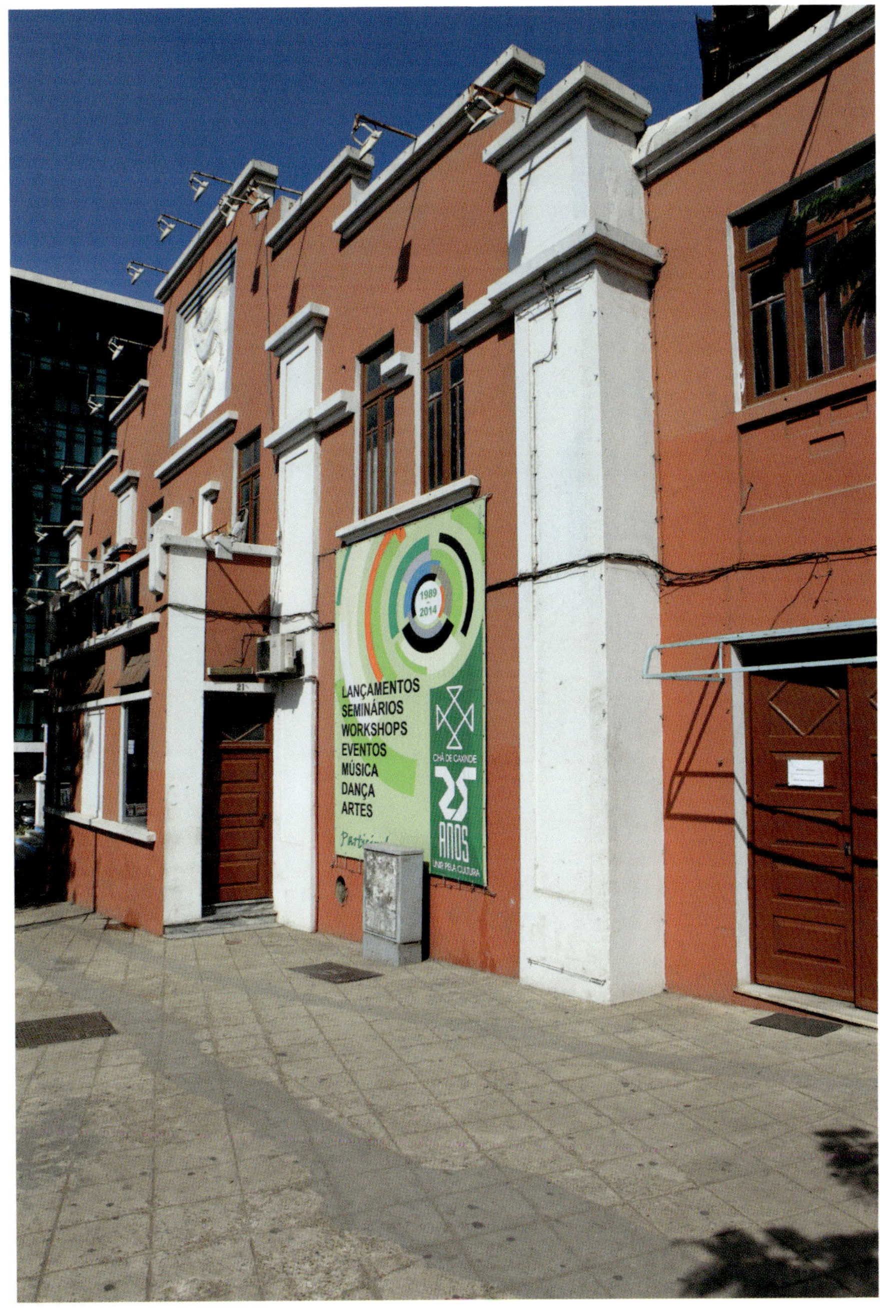

1989
2014
LANÇAMENTOS
SEMINÁRIOS
WORKSHOPS
EVENTOS
MÚSICA
DANÇA
ARTES
CHÁ DE CAXNDE
25
ANOS

Cine-Teatro Tômbwa, Tômbwa, Província / Province Namibe

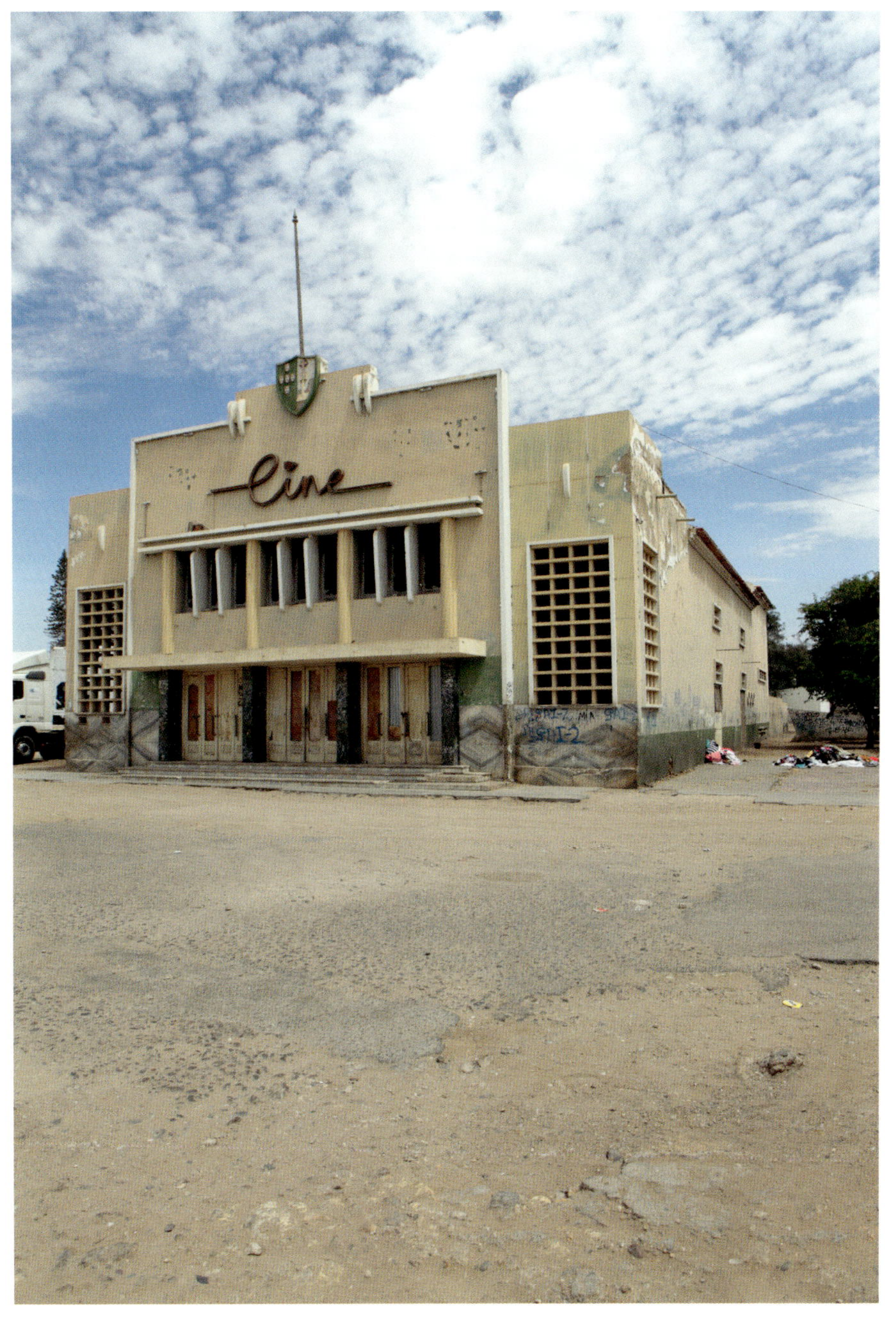

Cine

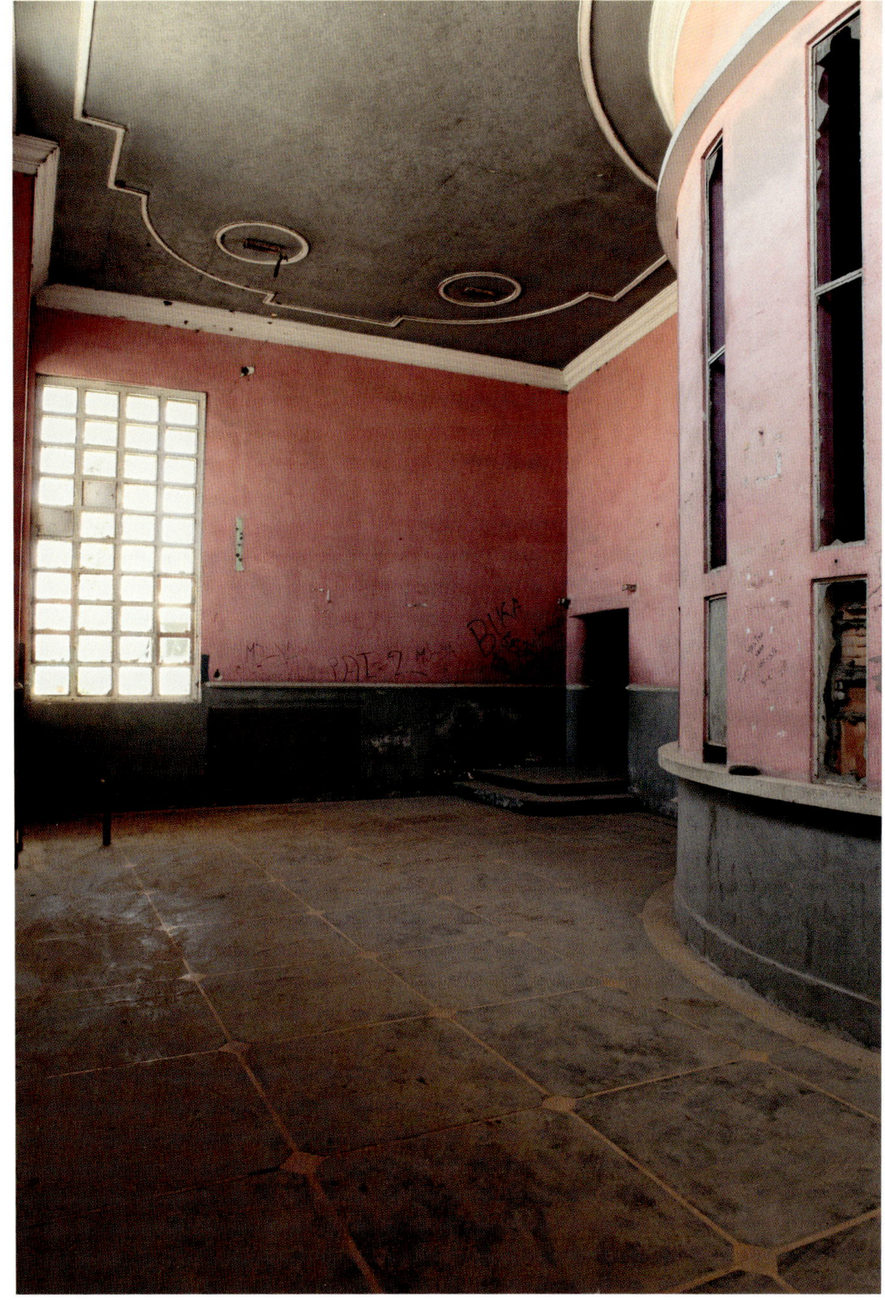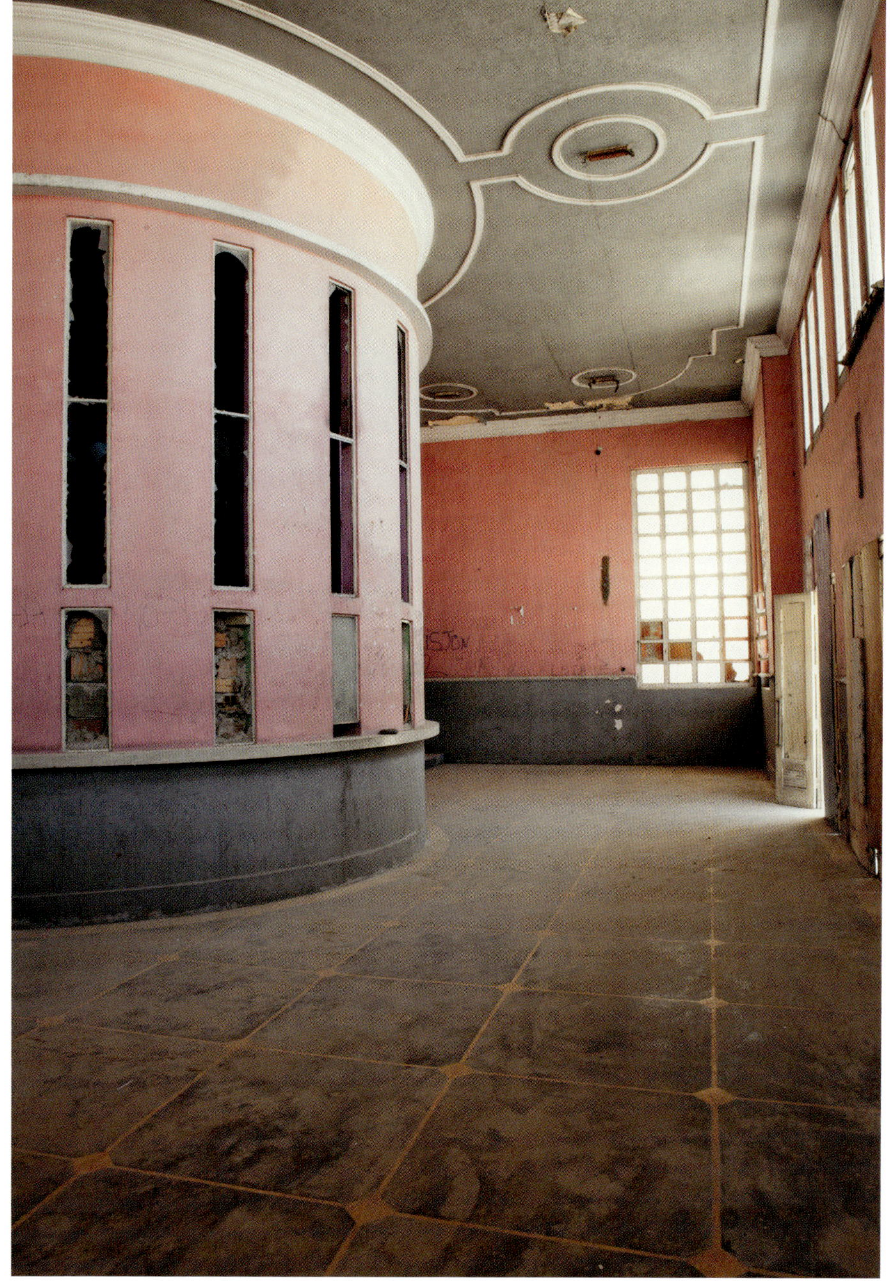

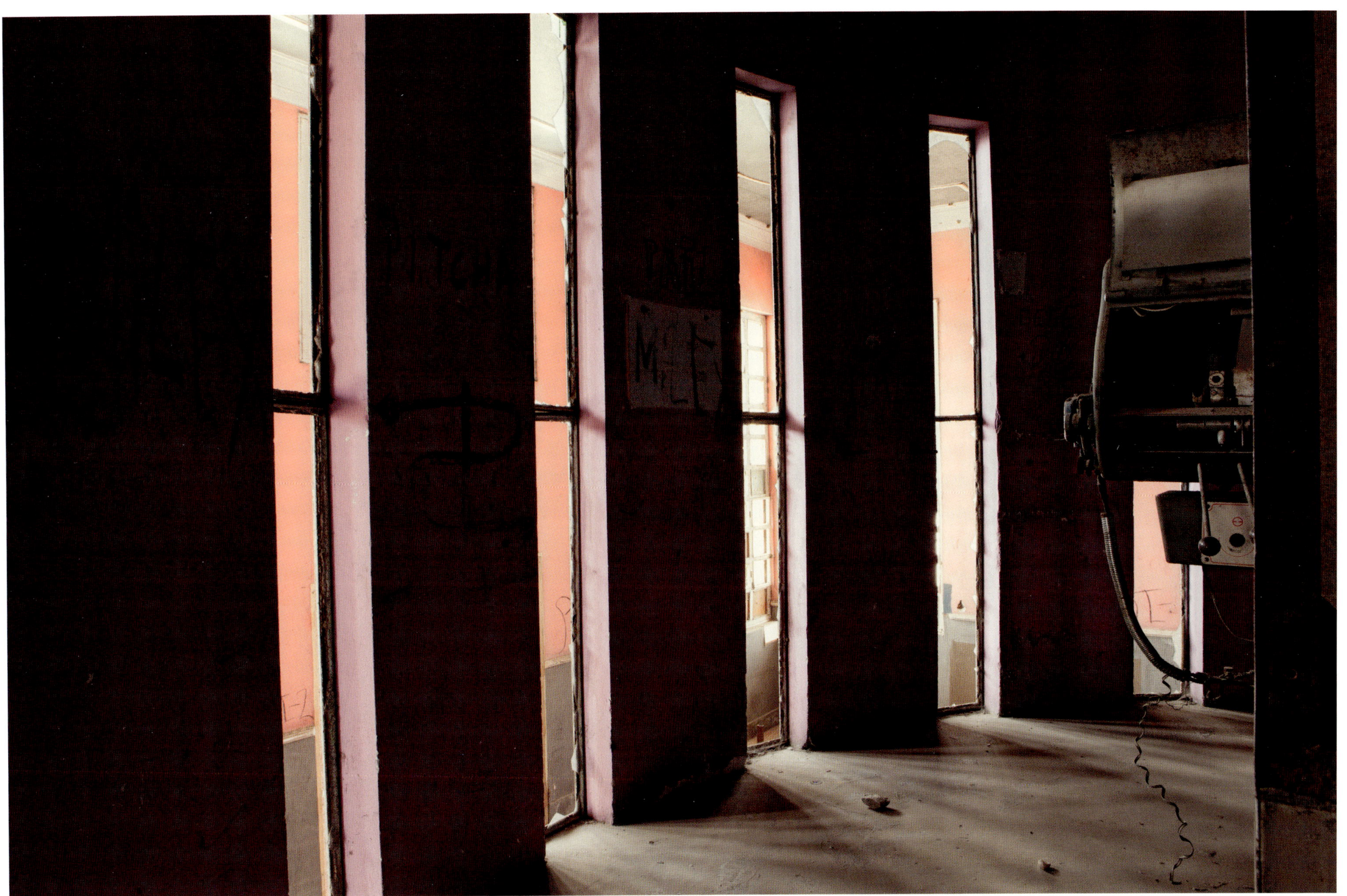

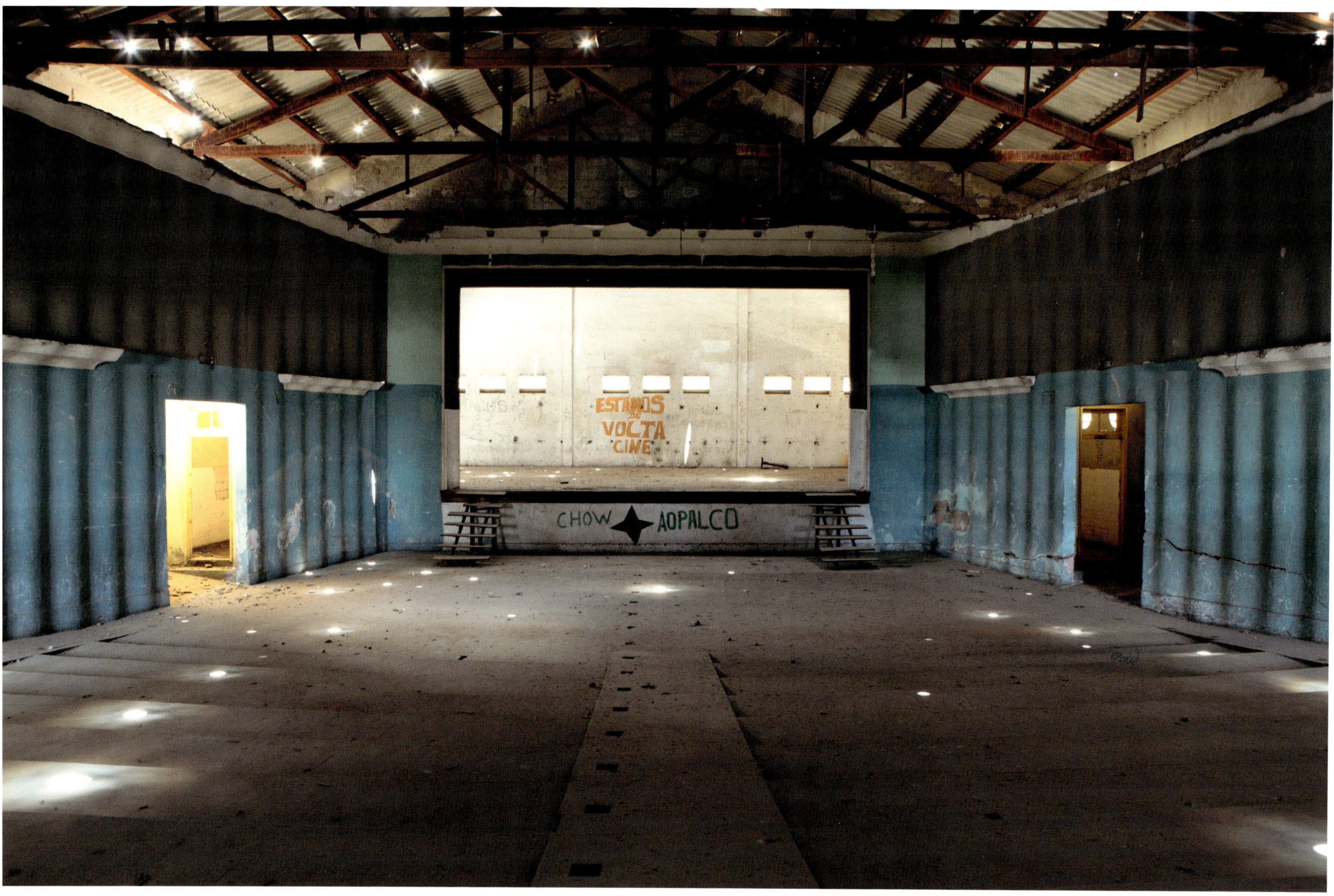

ESTAMOS
DE VOLTA
CINE
CHOW AOPALCO

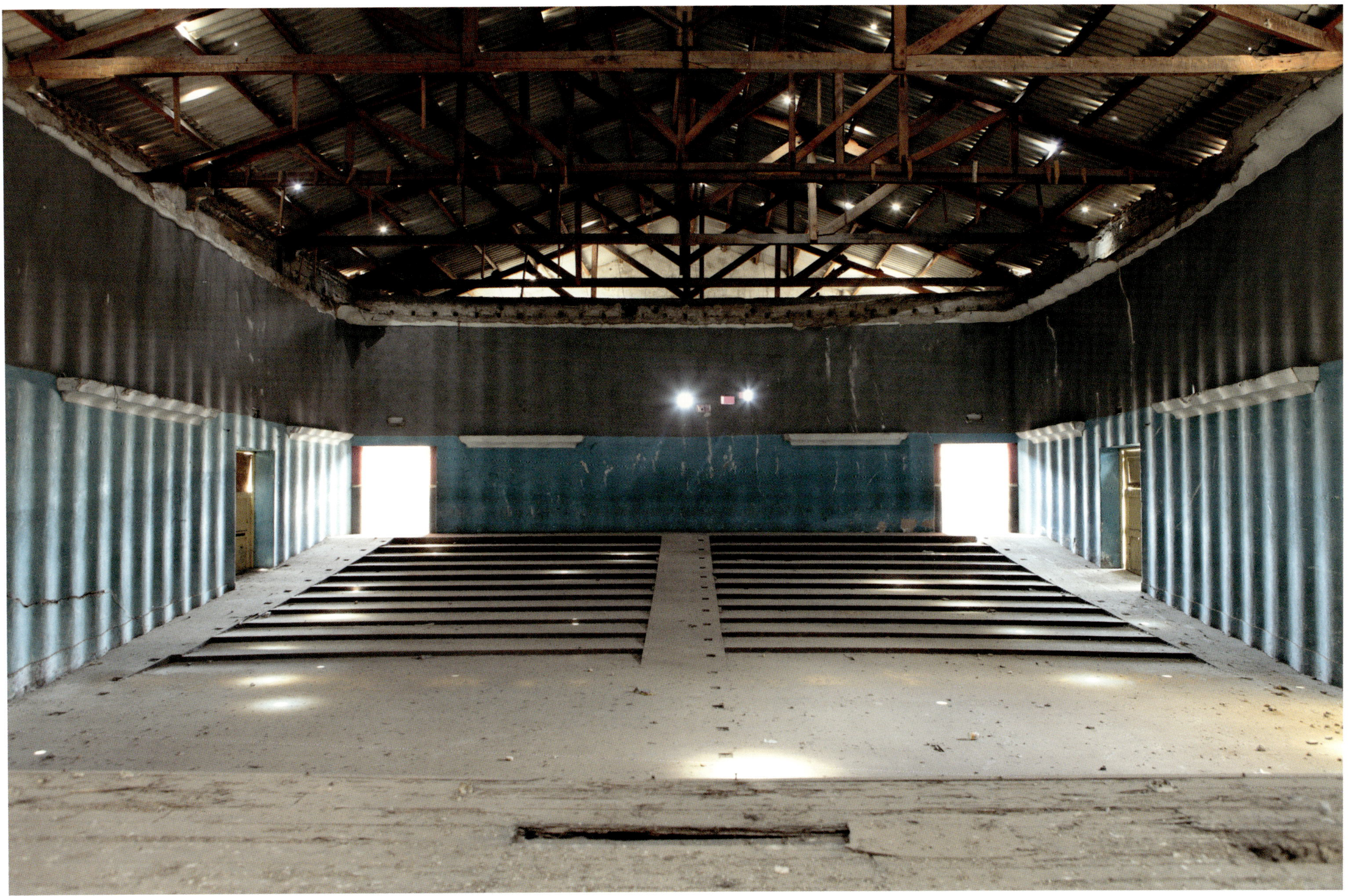

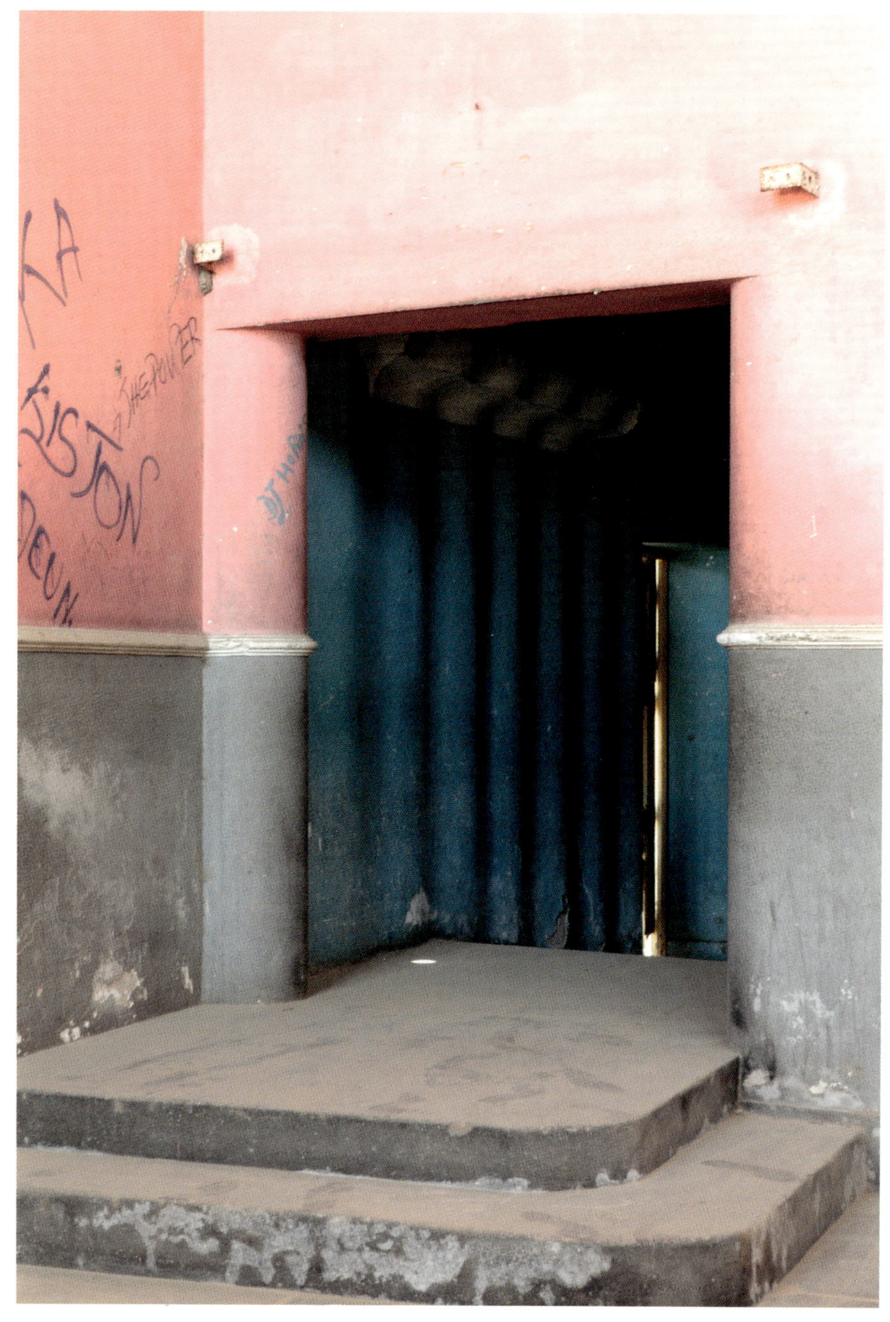
KA
FISTON
DEUN
THE POWER

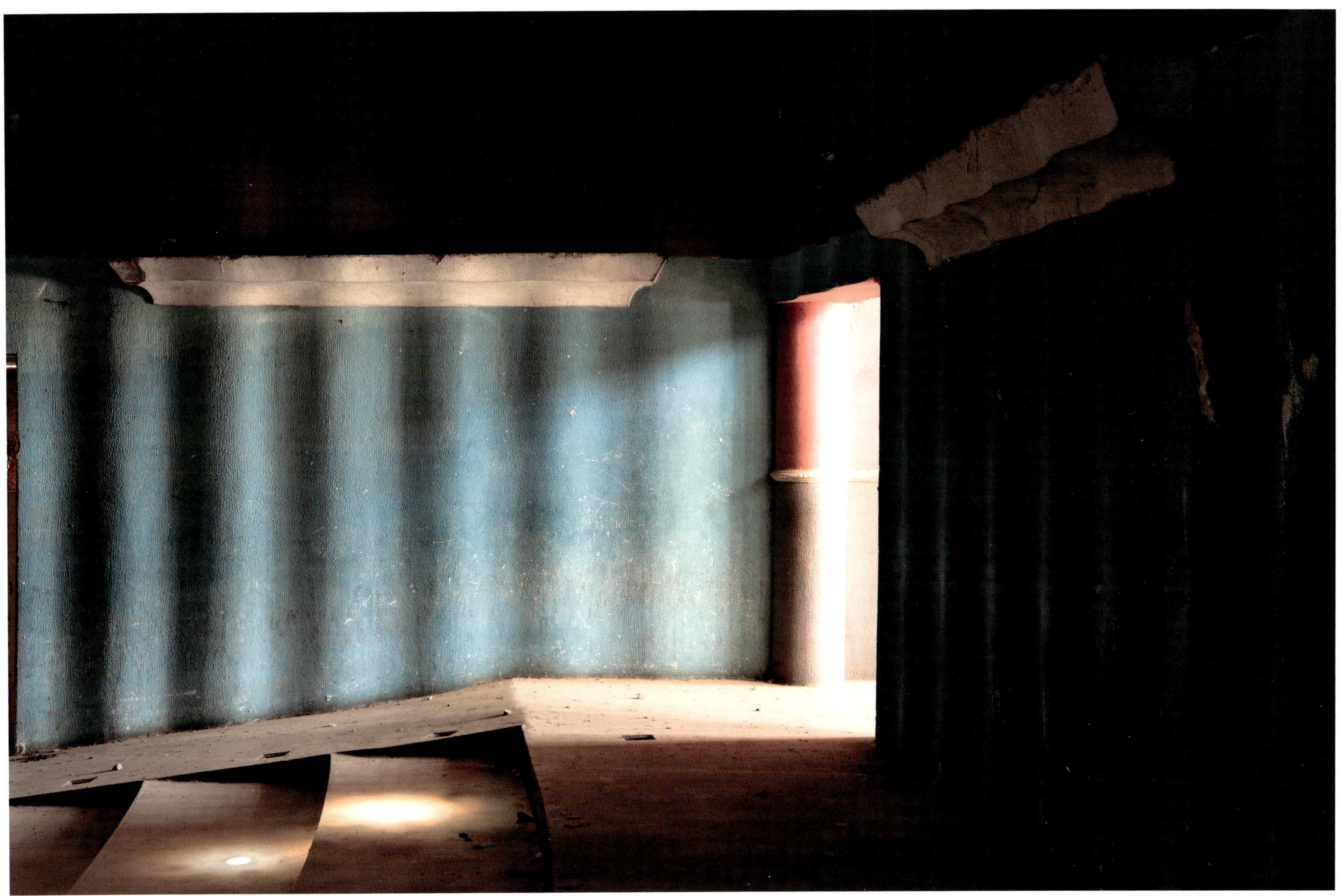

Cine-Teatro Odeon, Lubango, Província / Province Huíla

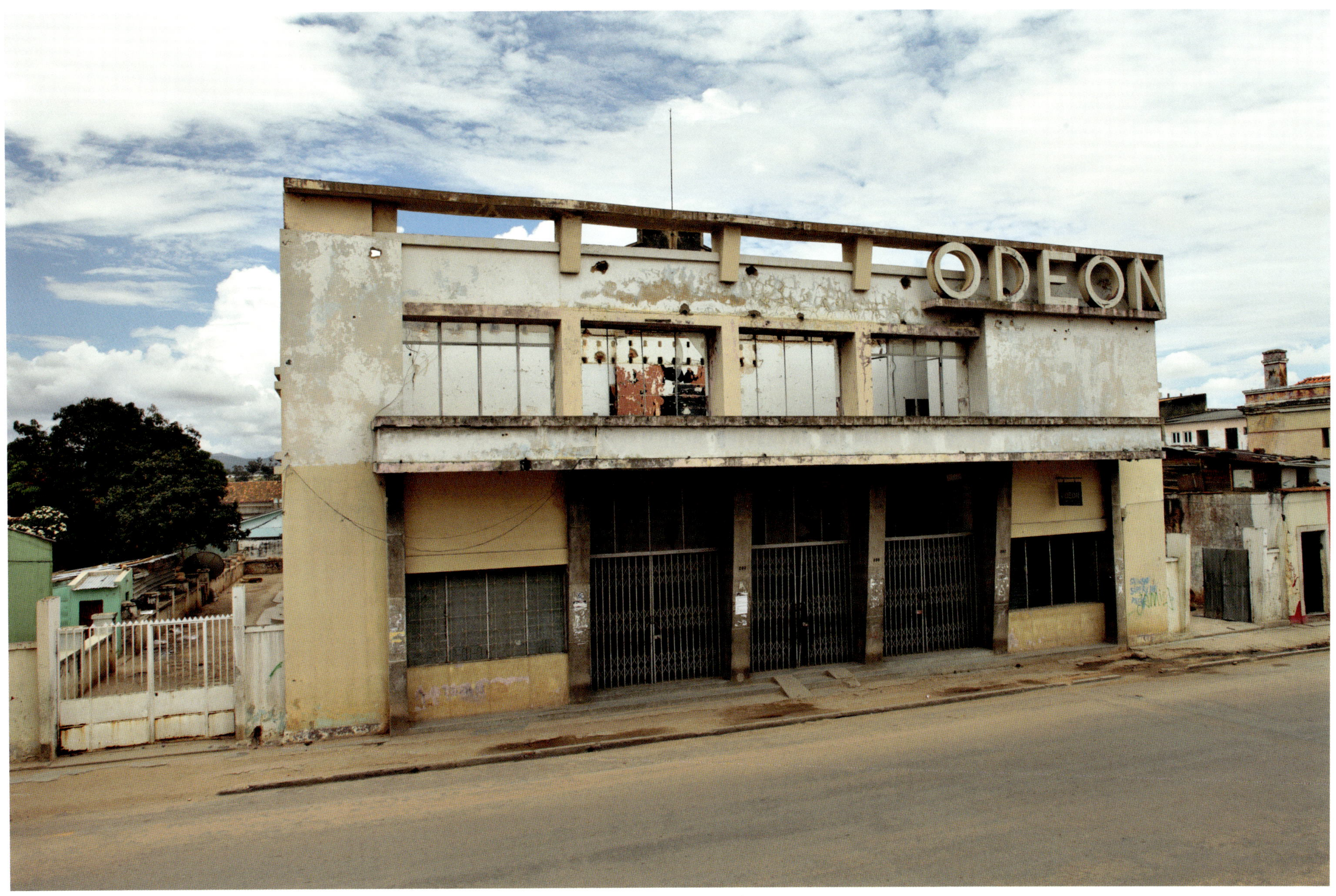
ODEON

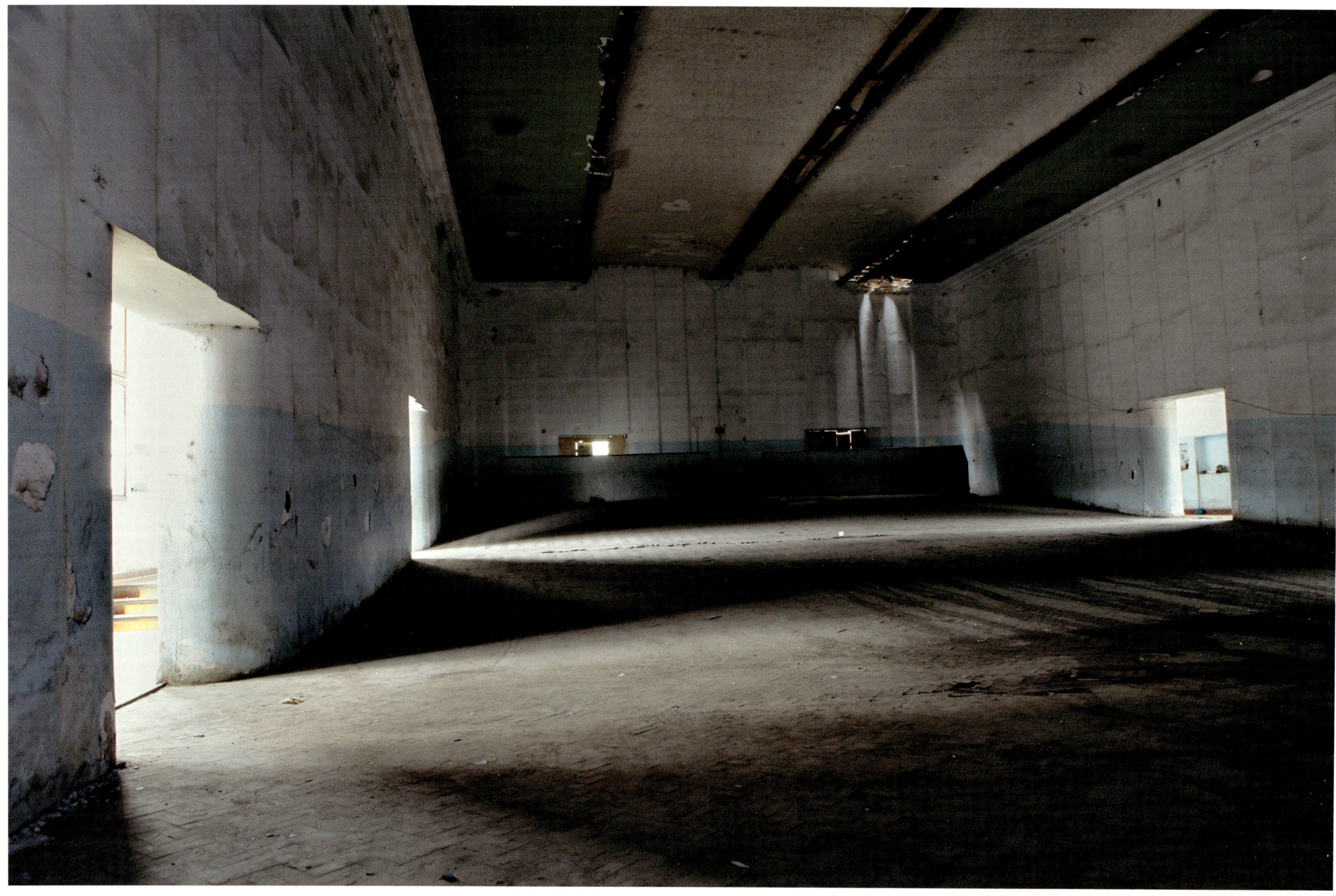

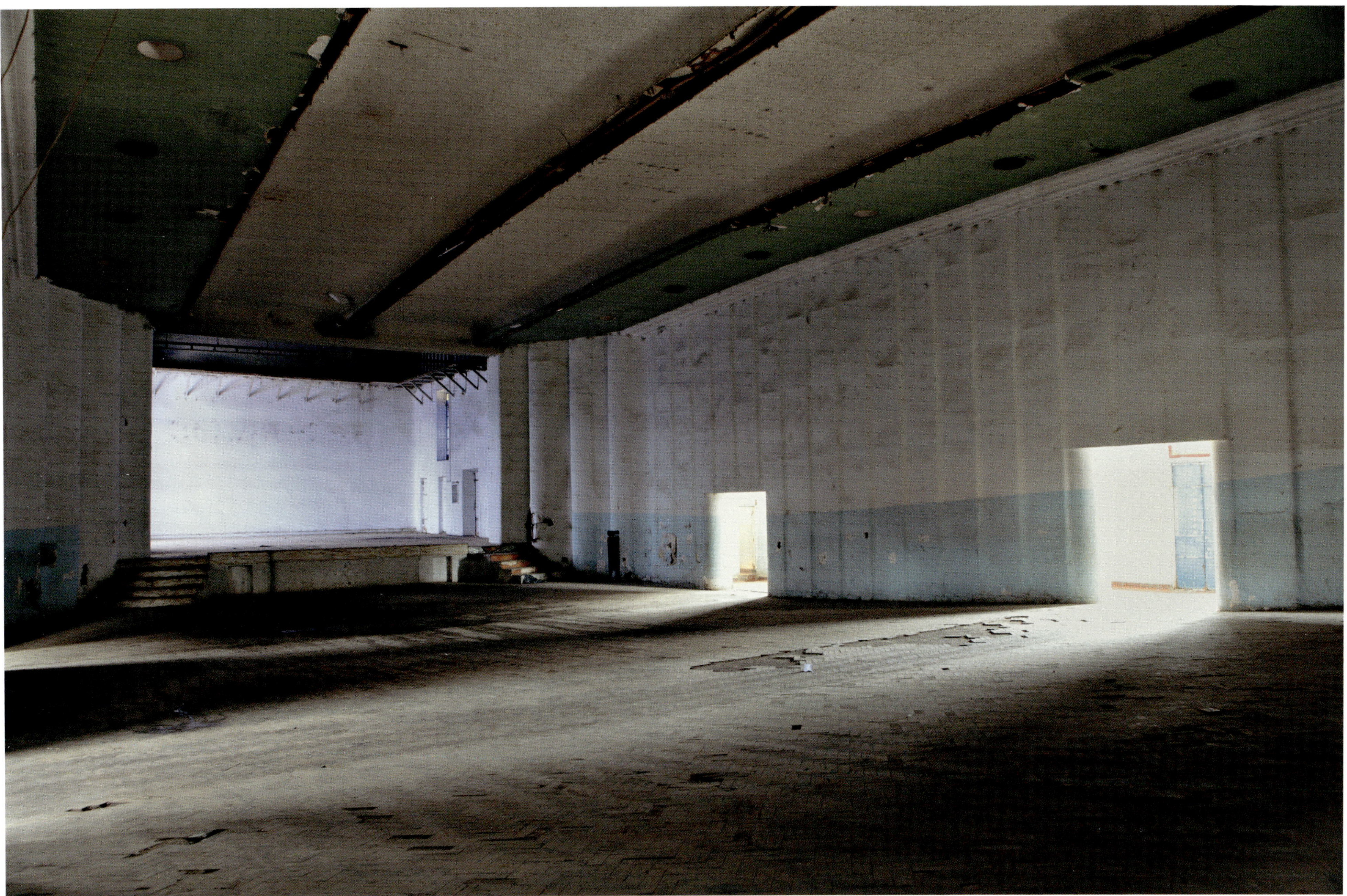

Cine Ginásio, Uíge, Província / Province Uíge

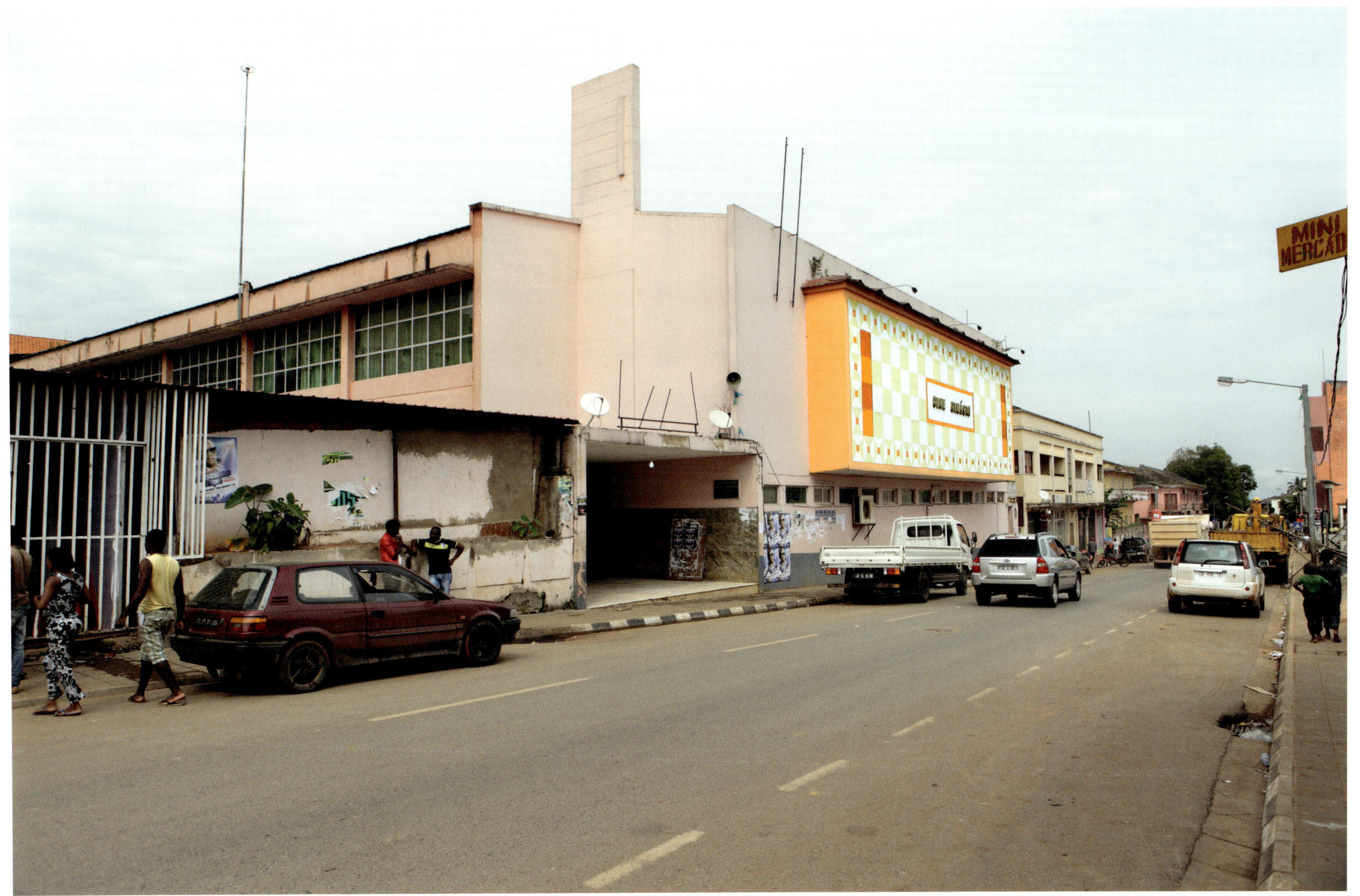

MINI
MERCAD
CINE IMPÉRIO

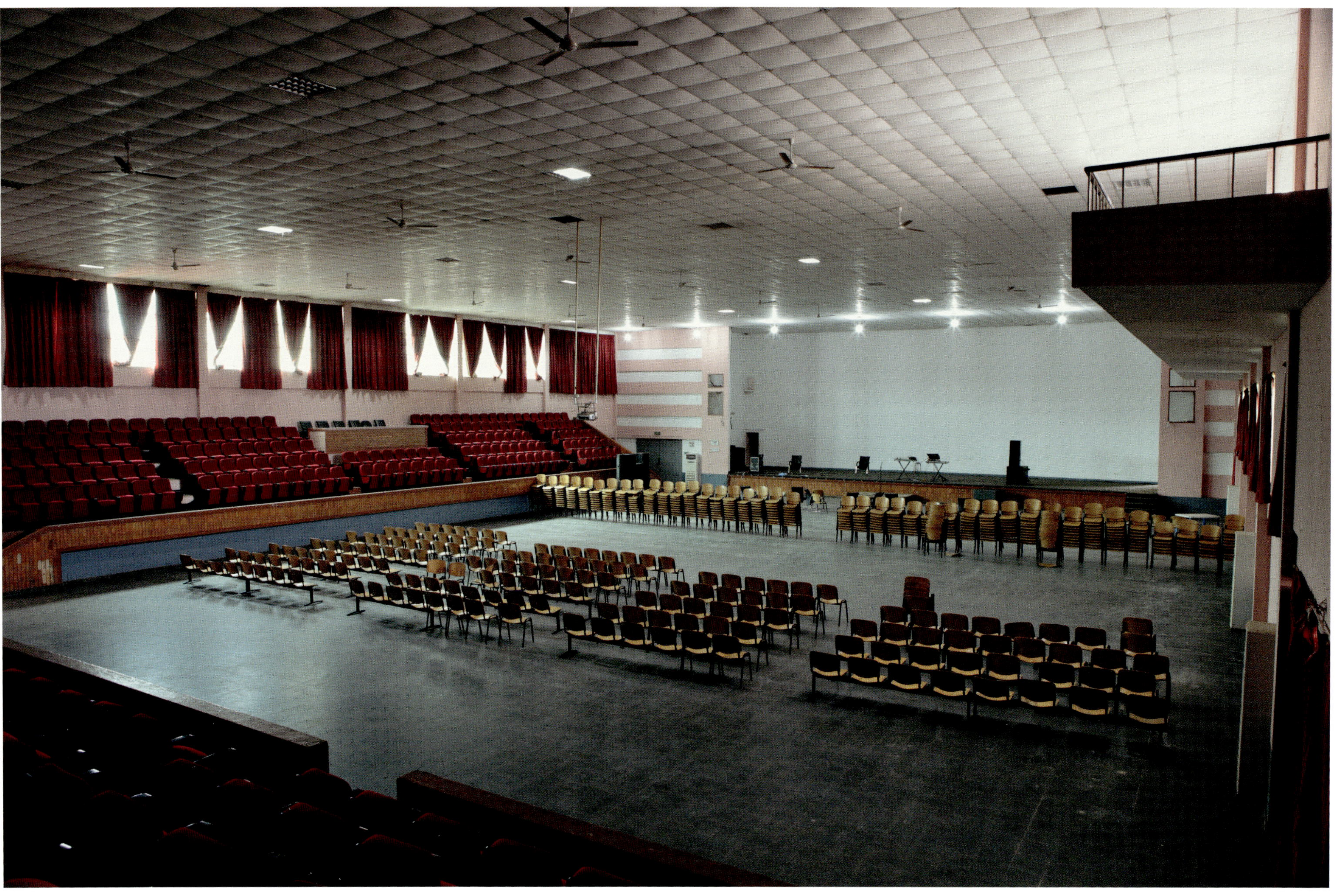

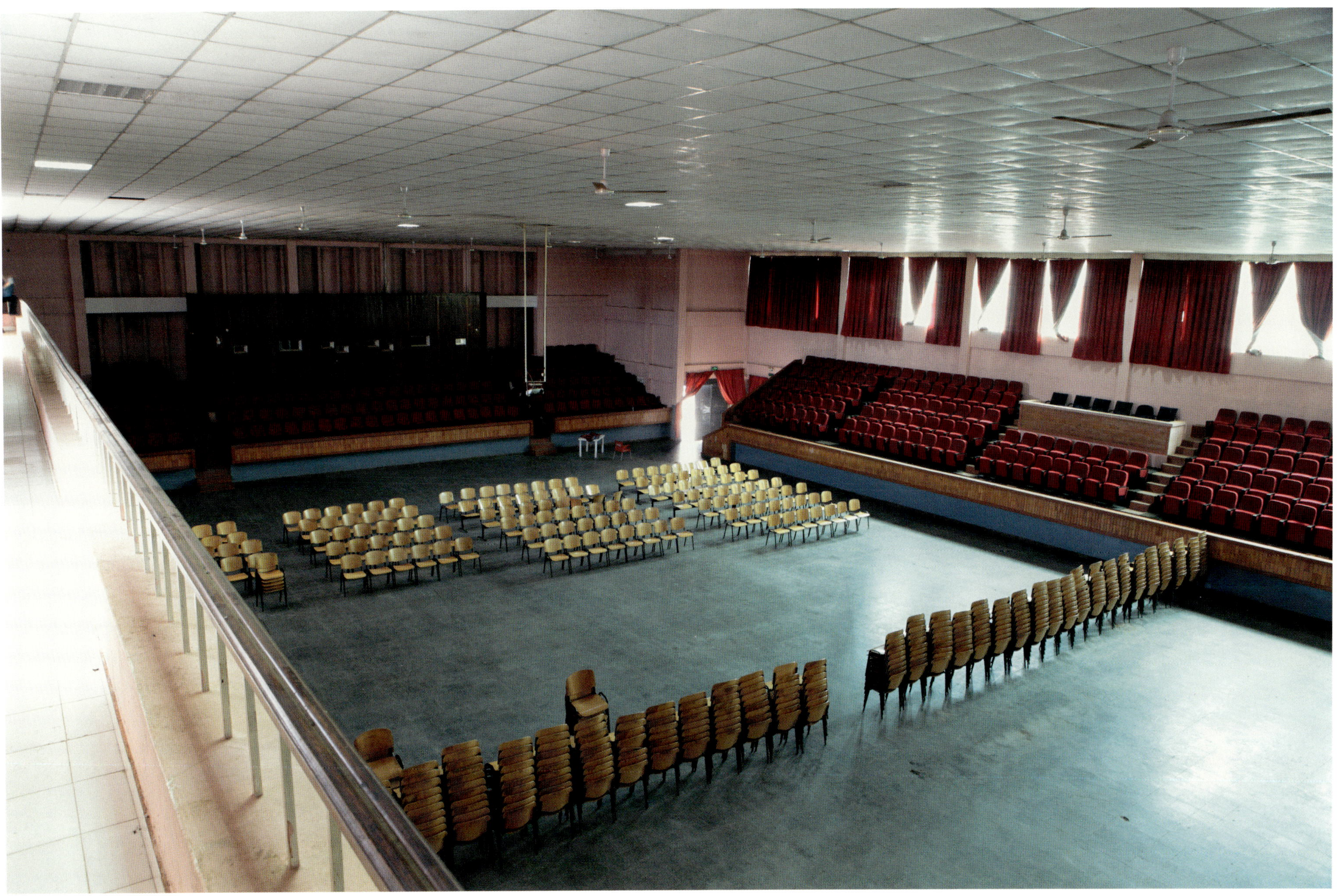

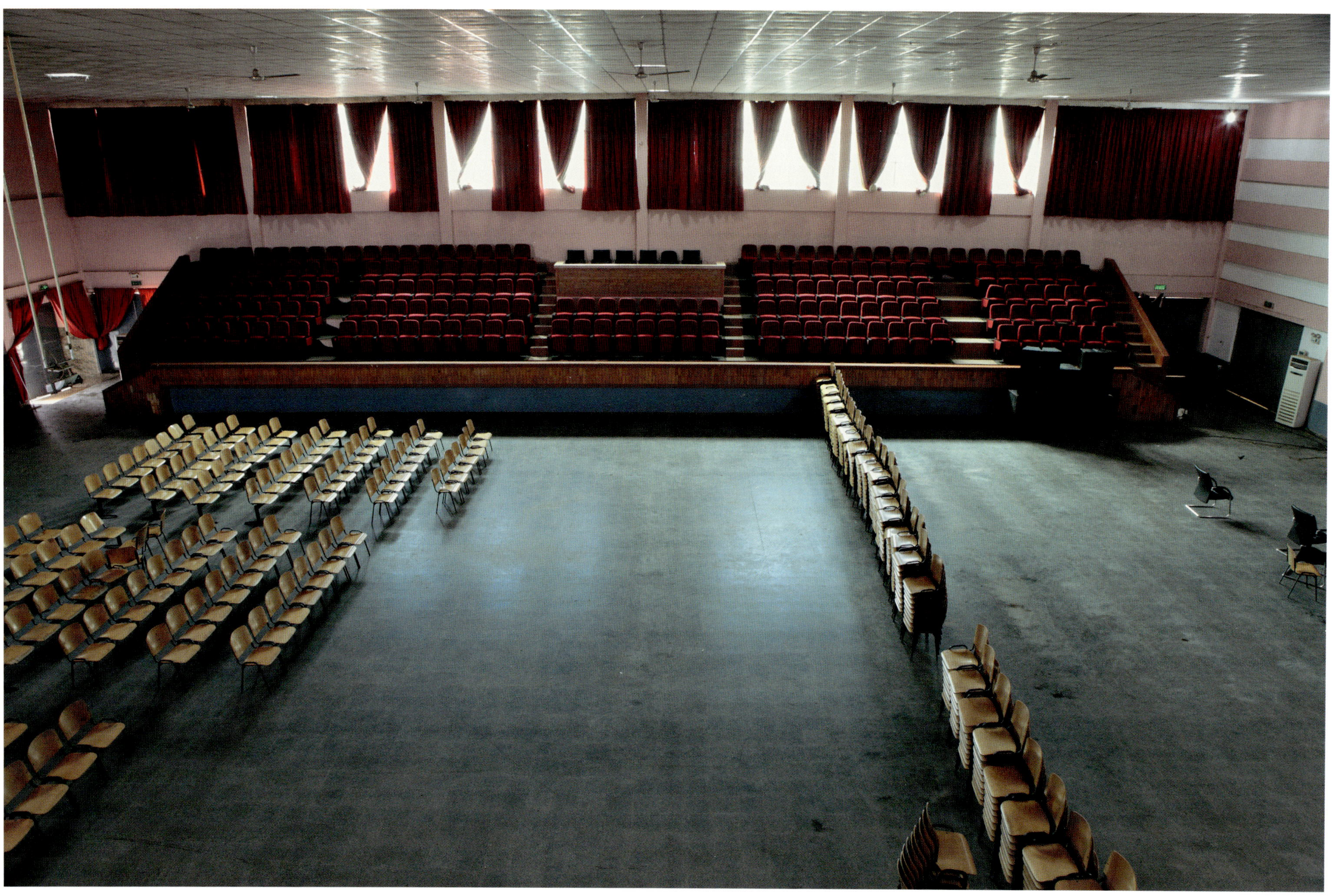

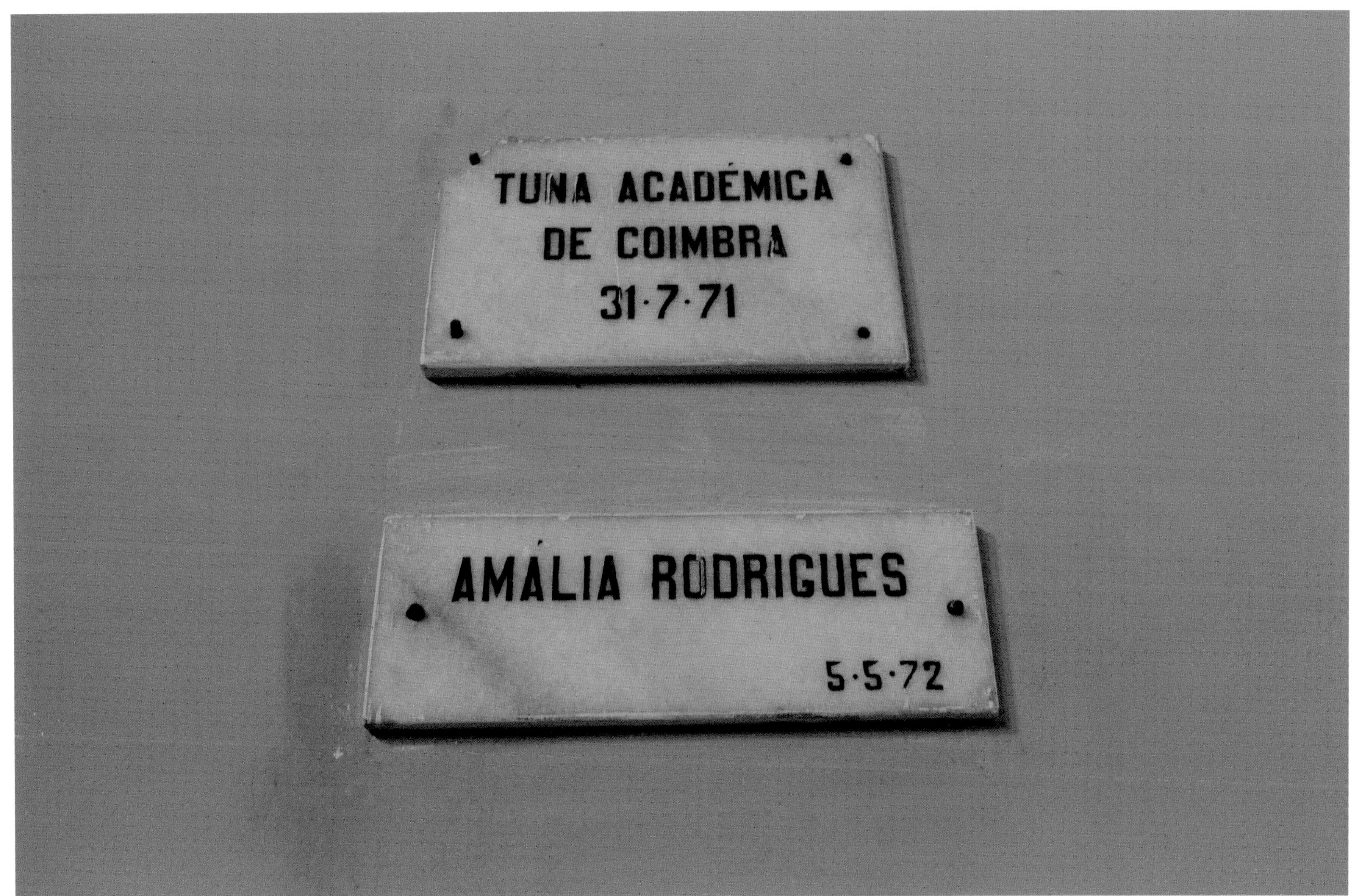

TUNA ACADÉMICA
DE COIMBRA
31·7·71
AMÁLIA RODRIGUES
5·5·72

Cine Luiana, Menongue, Província / Province Kuando Kubango

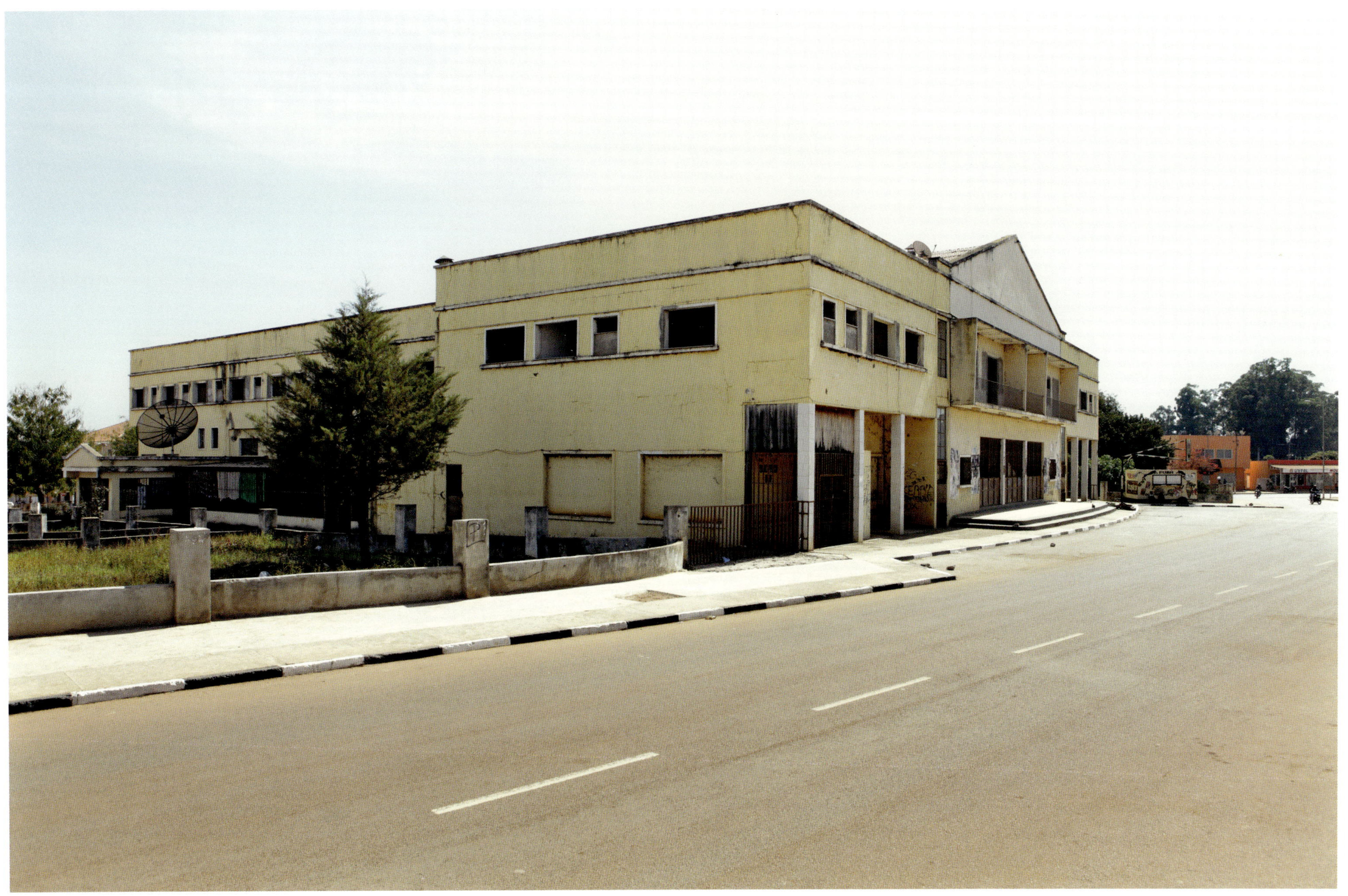

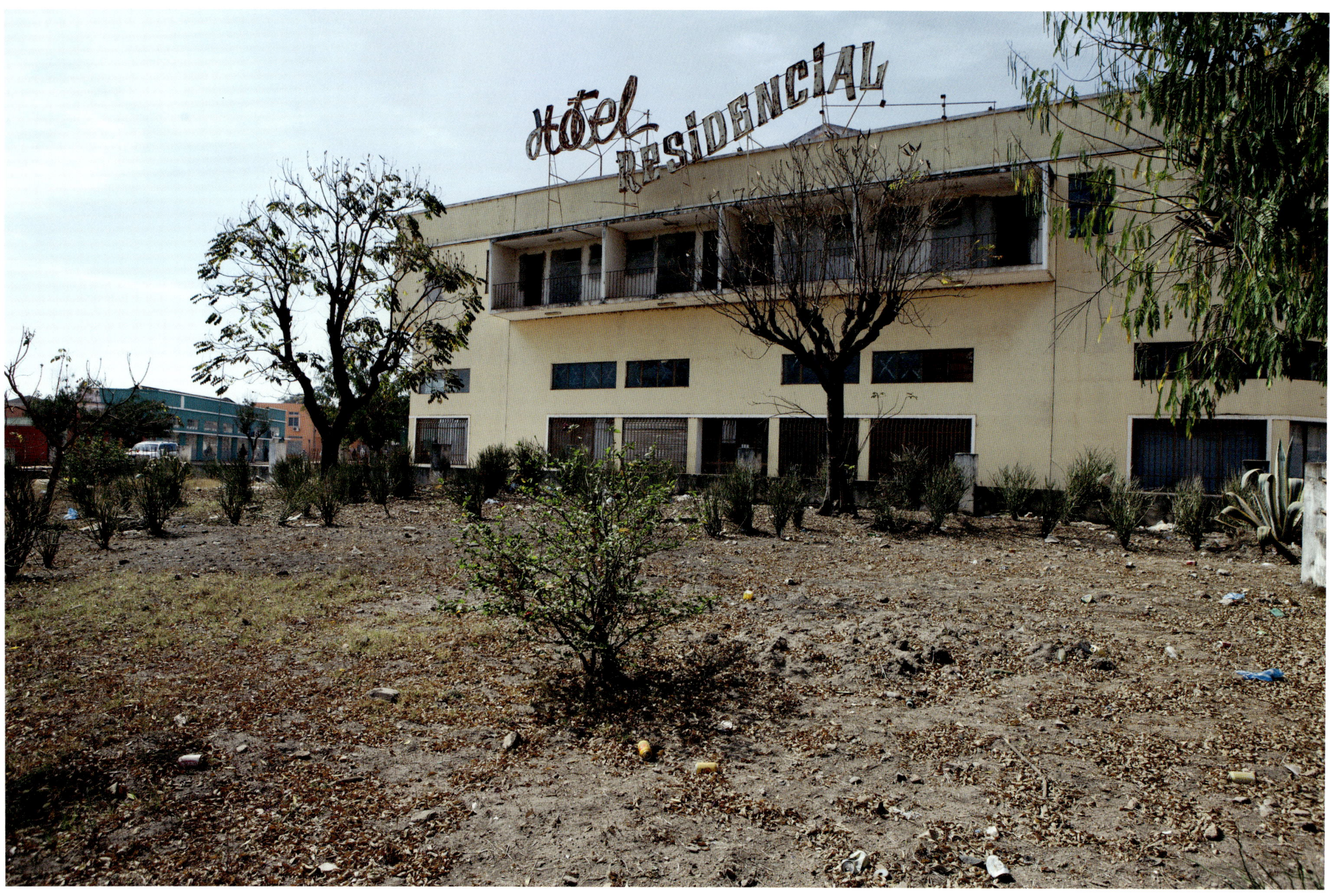

Hotel
RESIDENCIAL

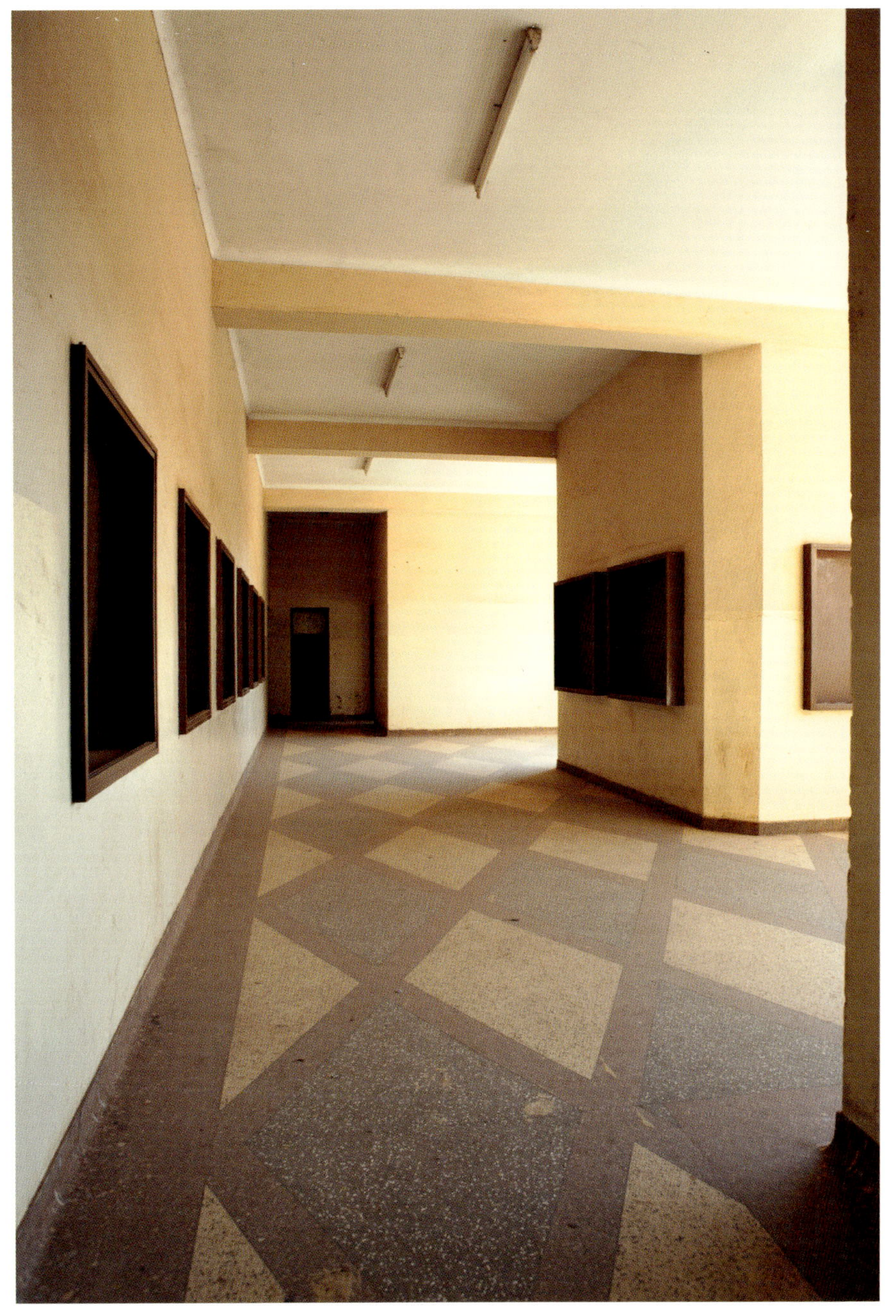

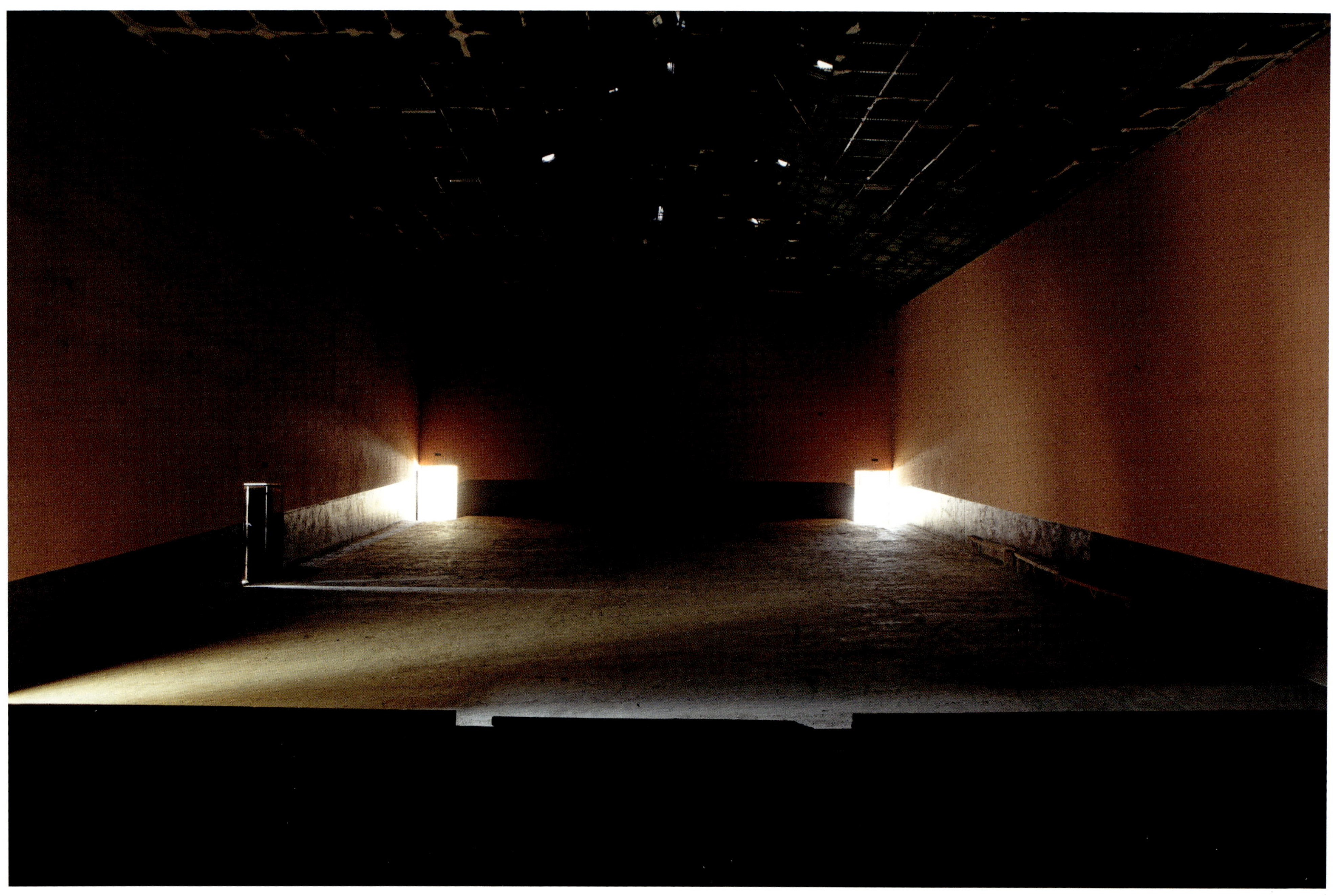

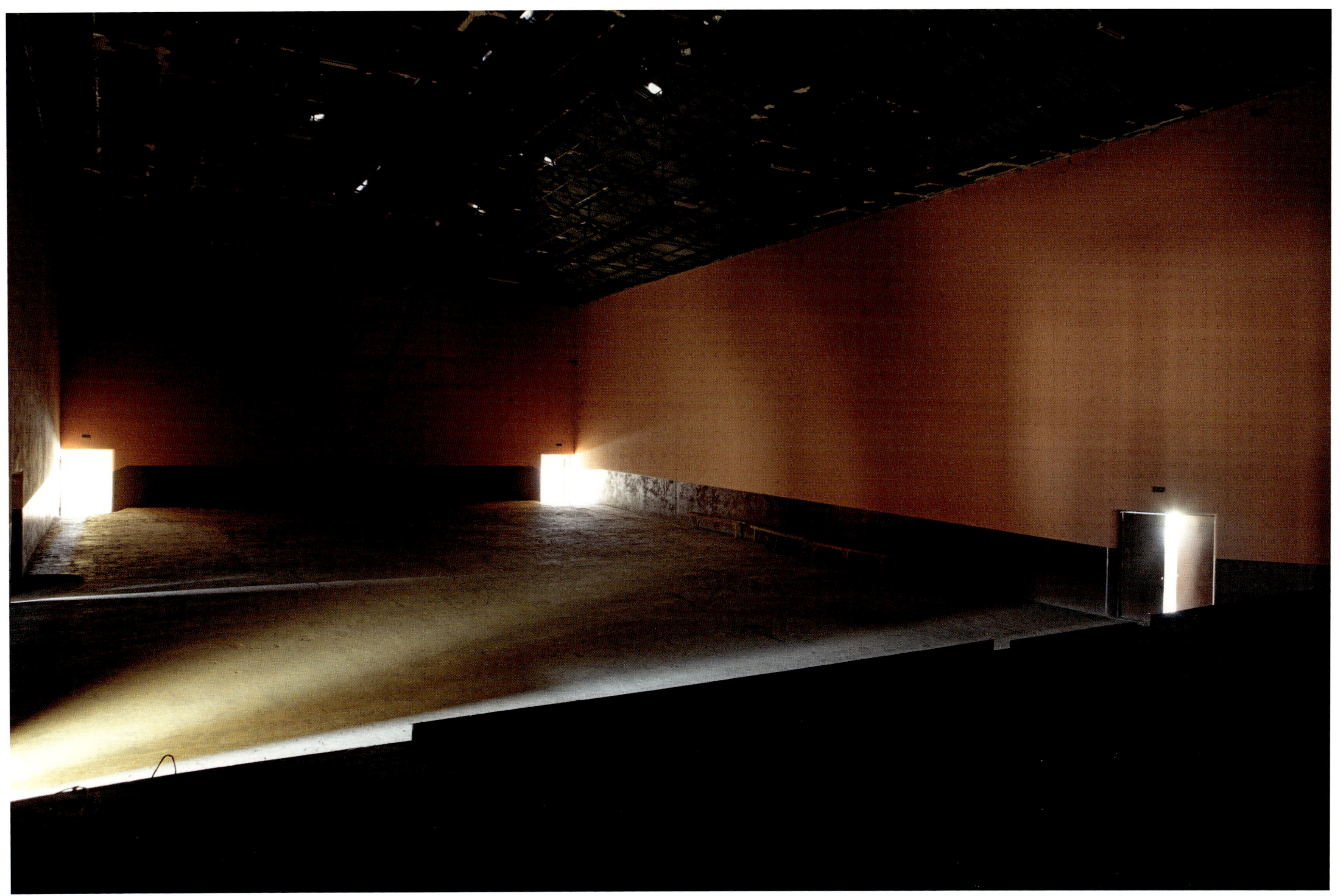

Cine Estúdio 404, Huambo, Província / Province Huambo

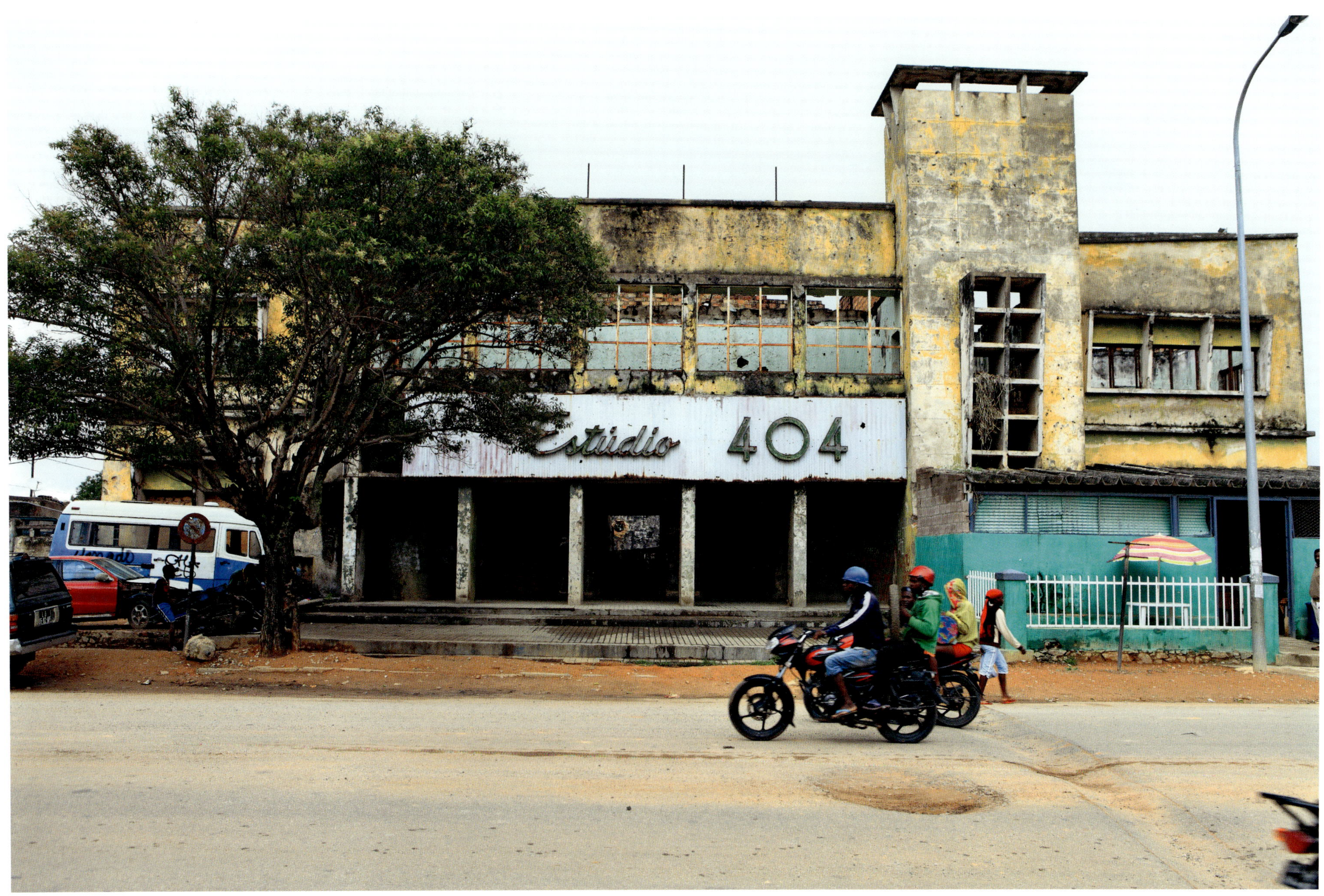
Estúdio 404

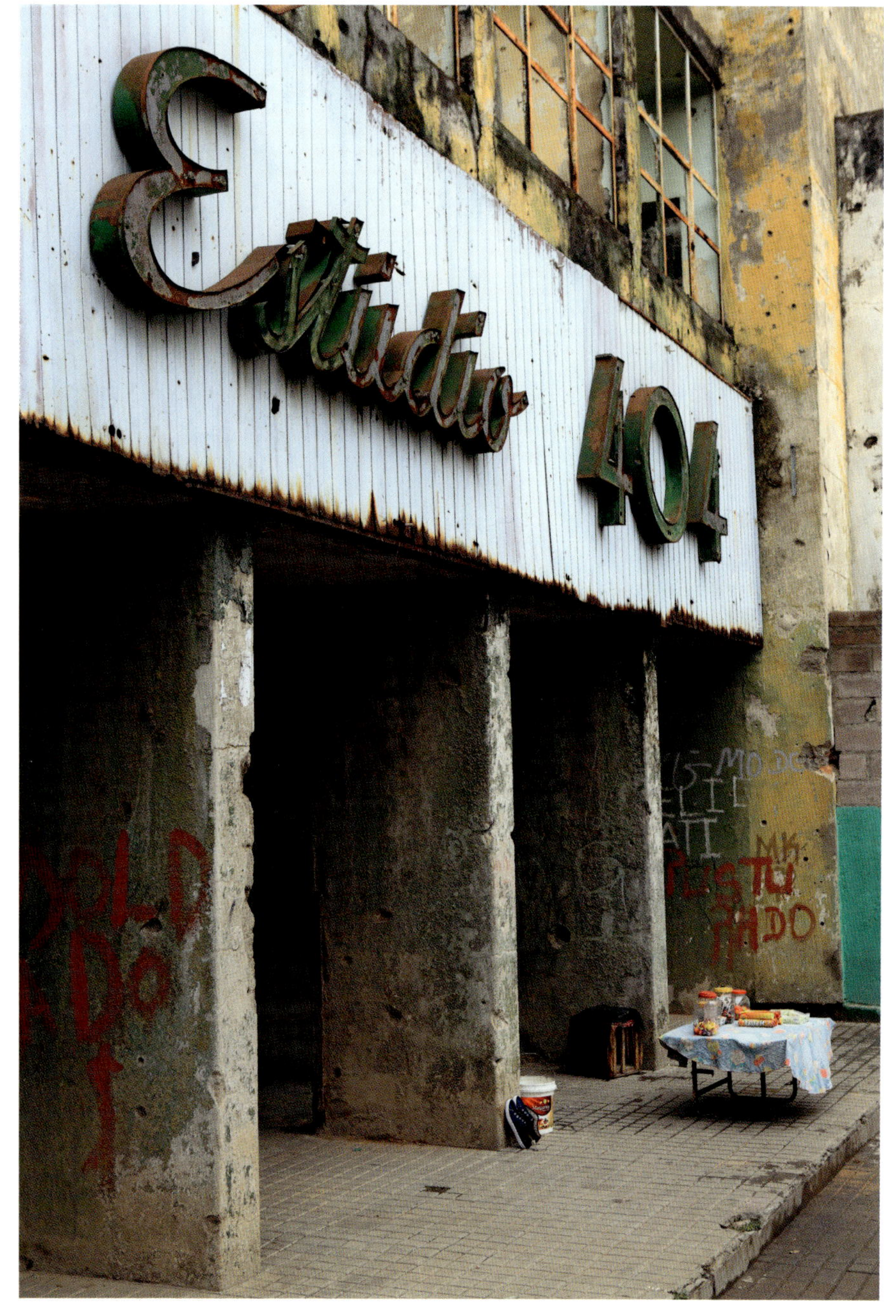

Estudio 404

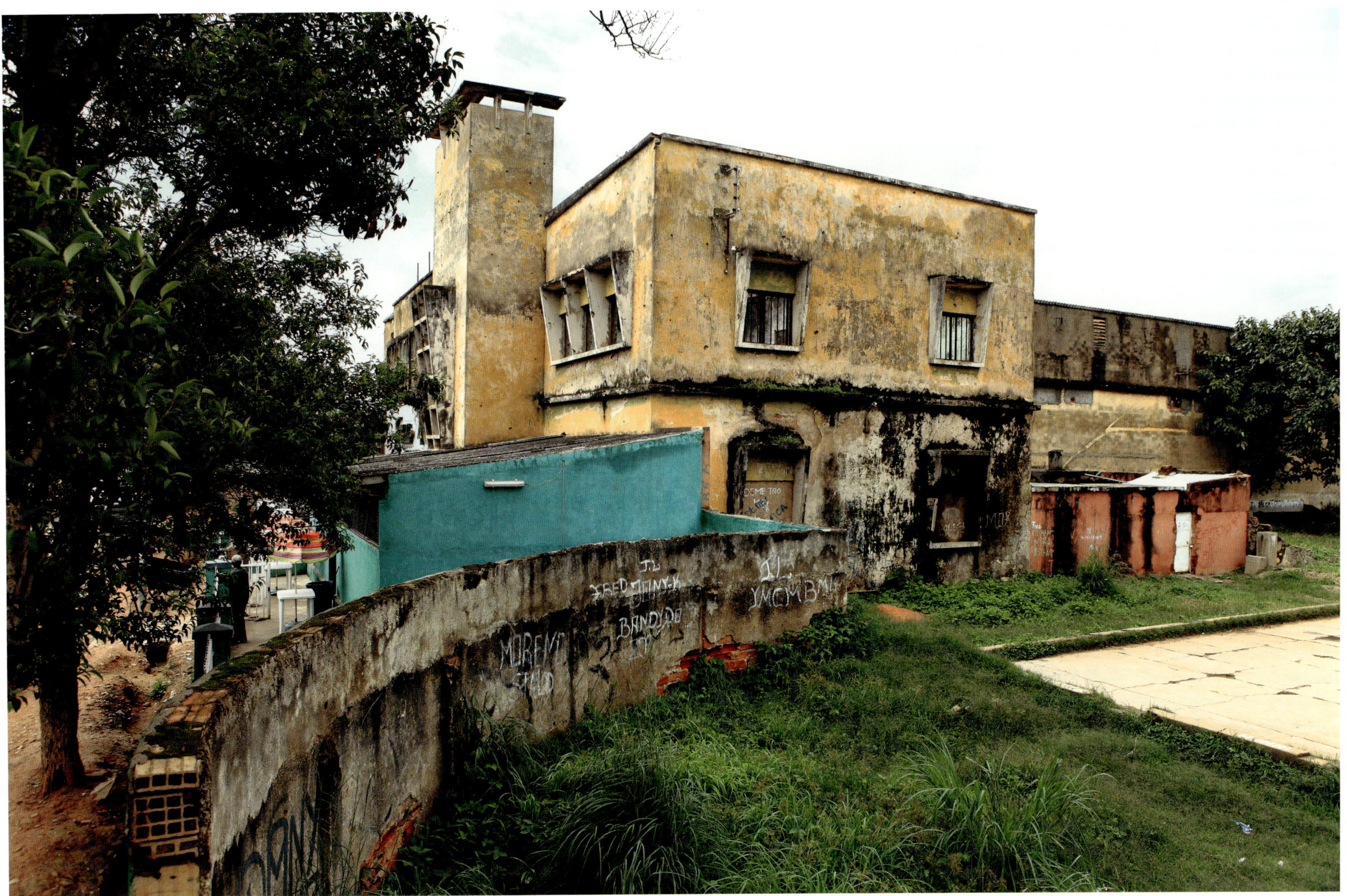

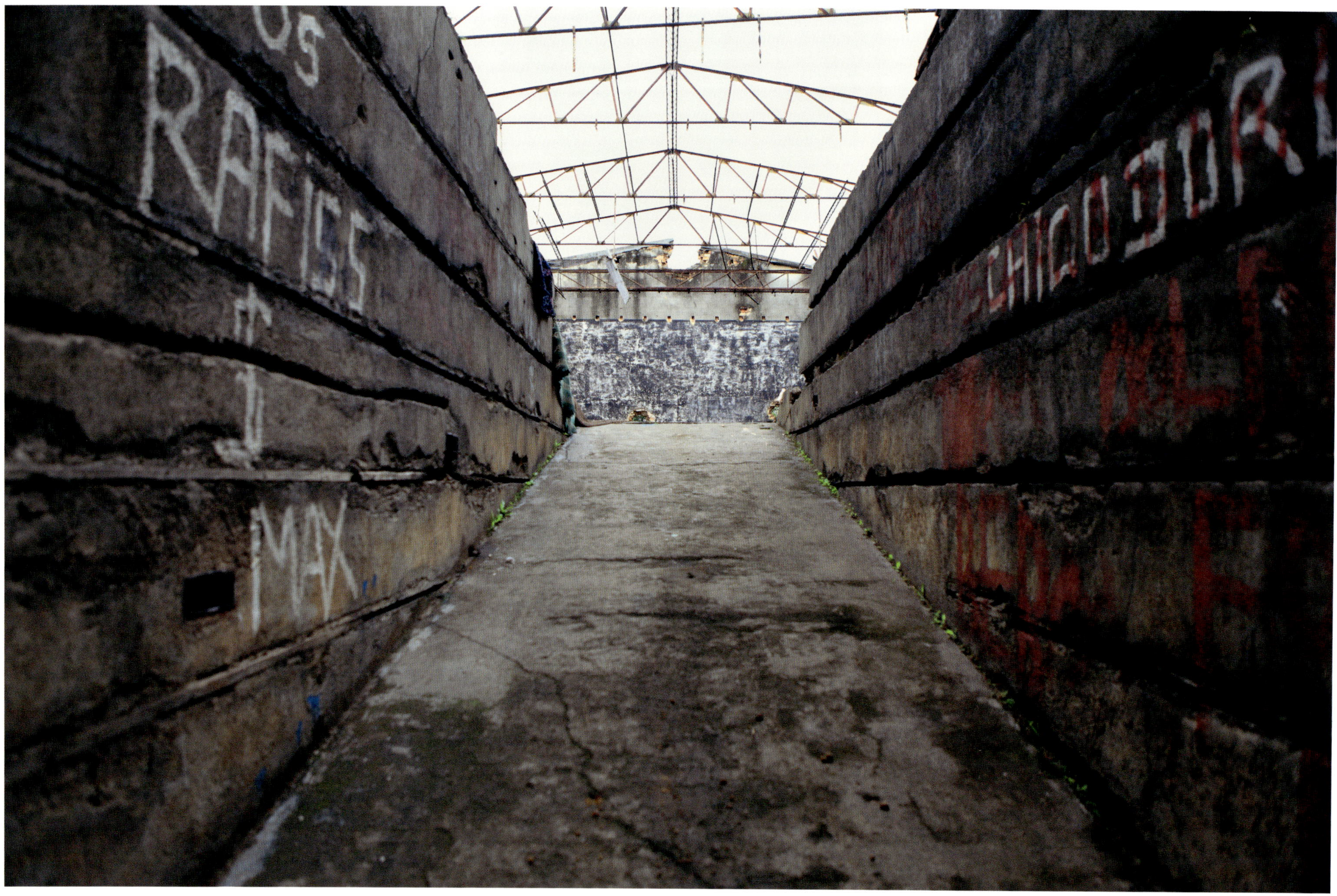

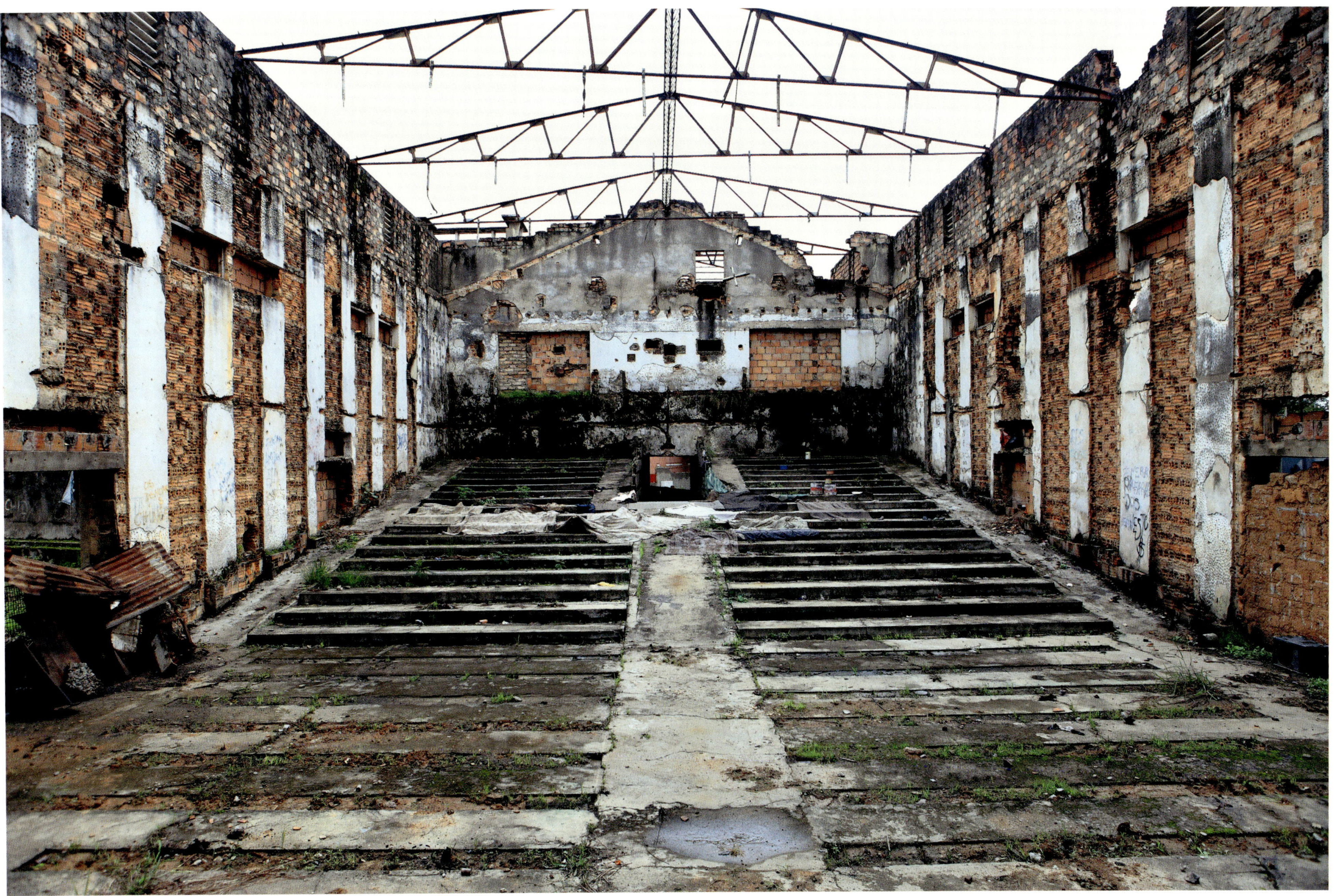

Cine Ferrovia, Huambo, Província / Province Huambo

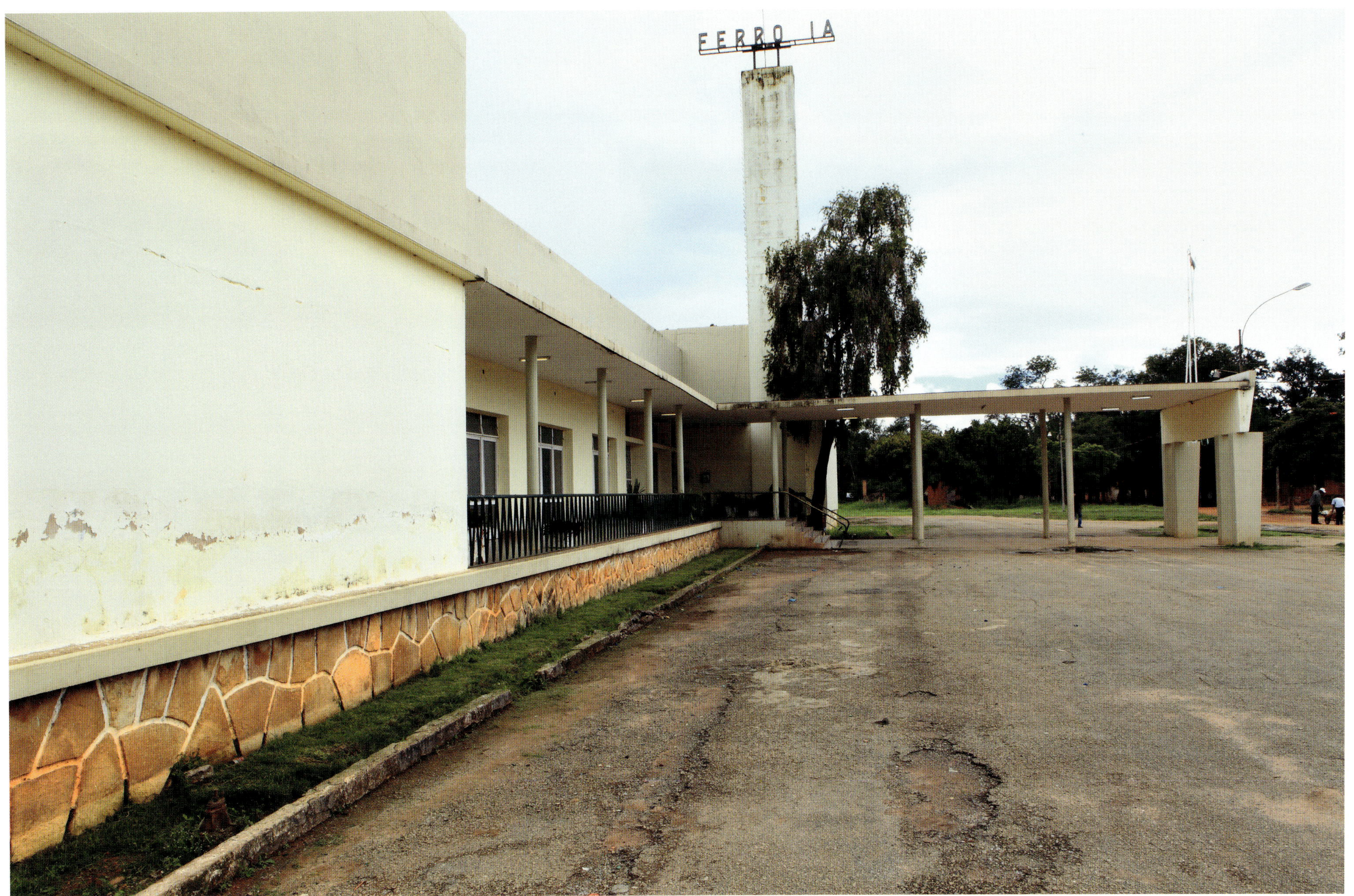

FERRO IA

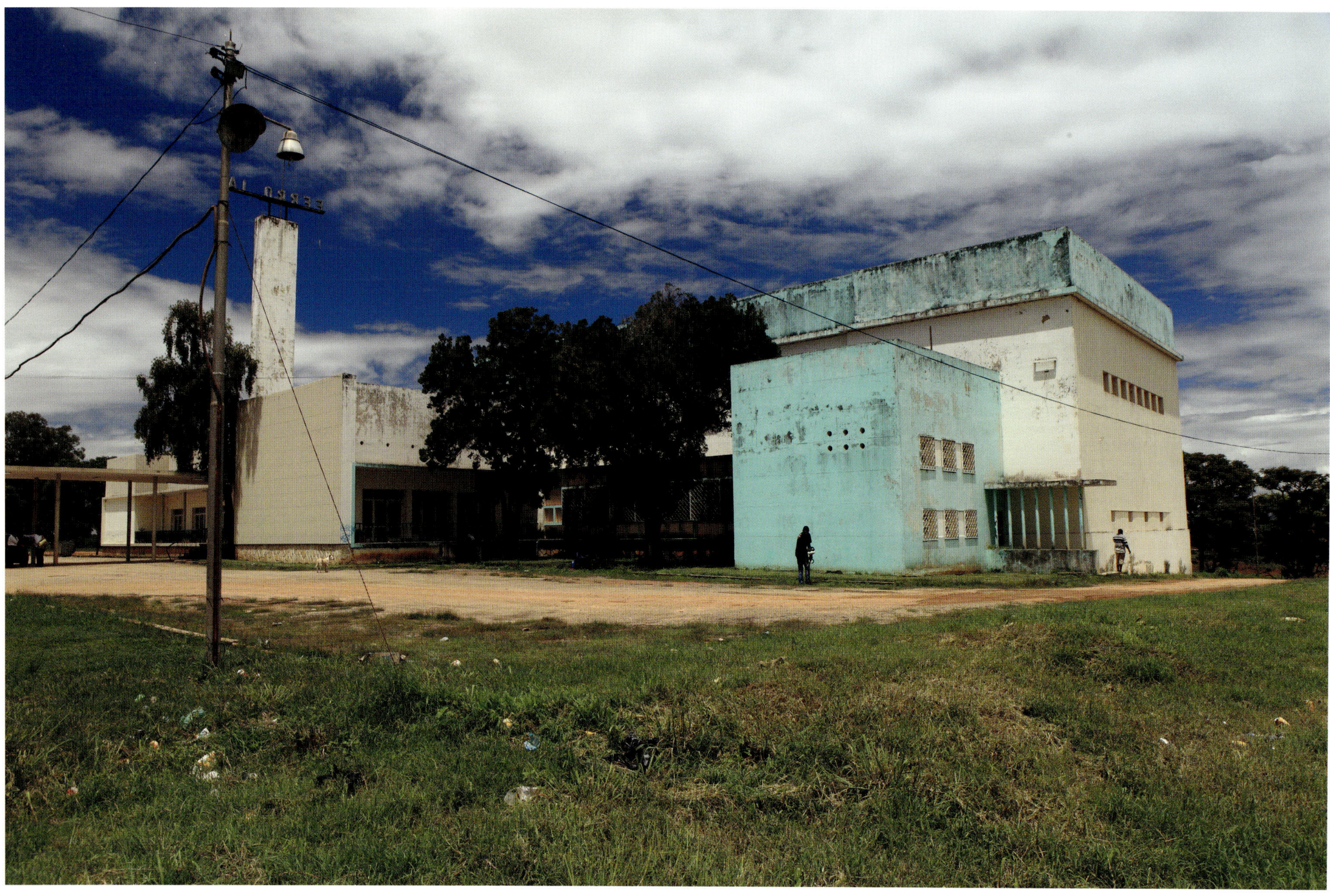

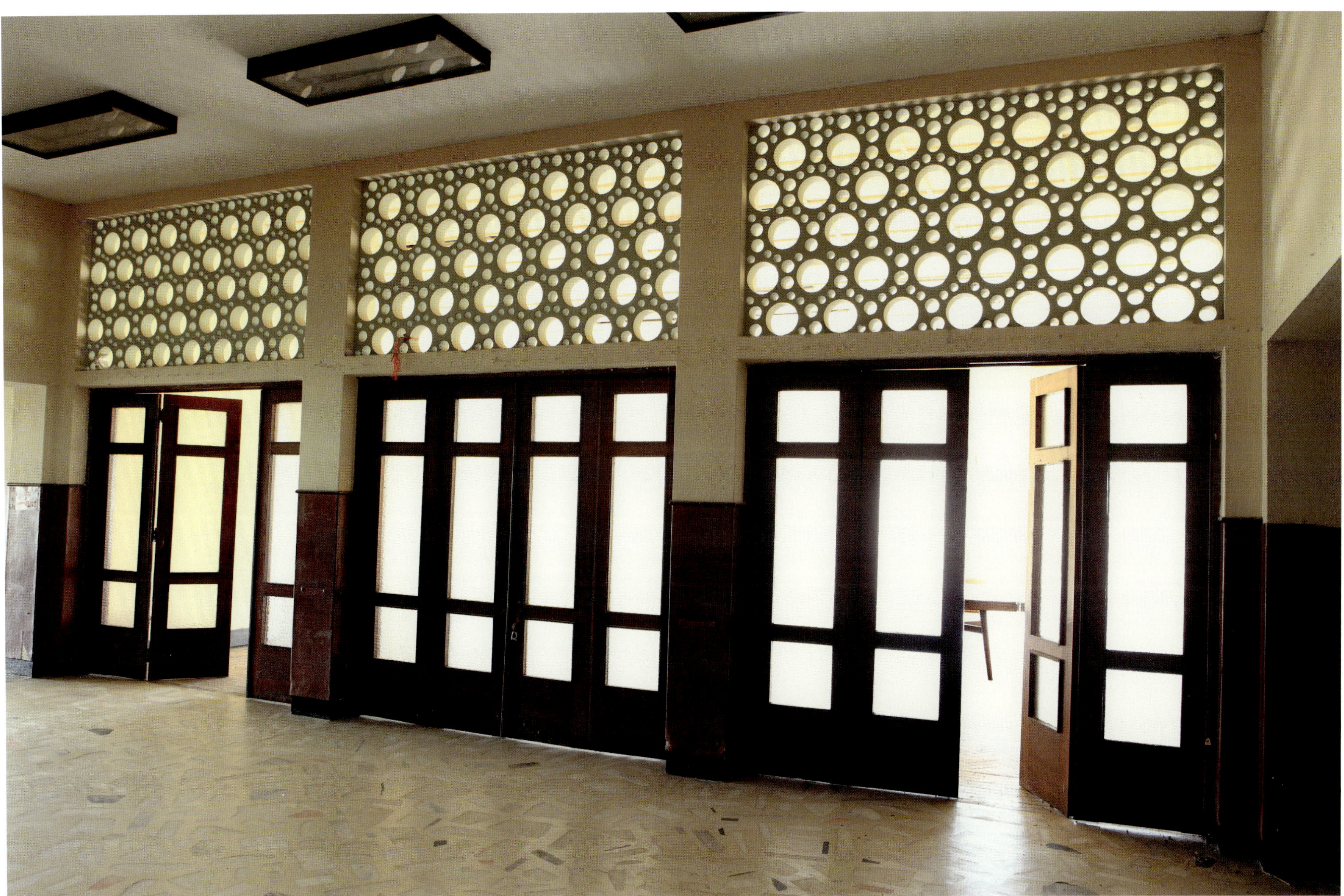

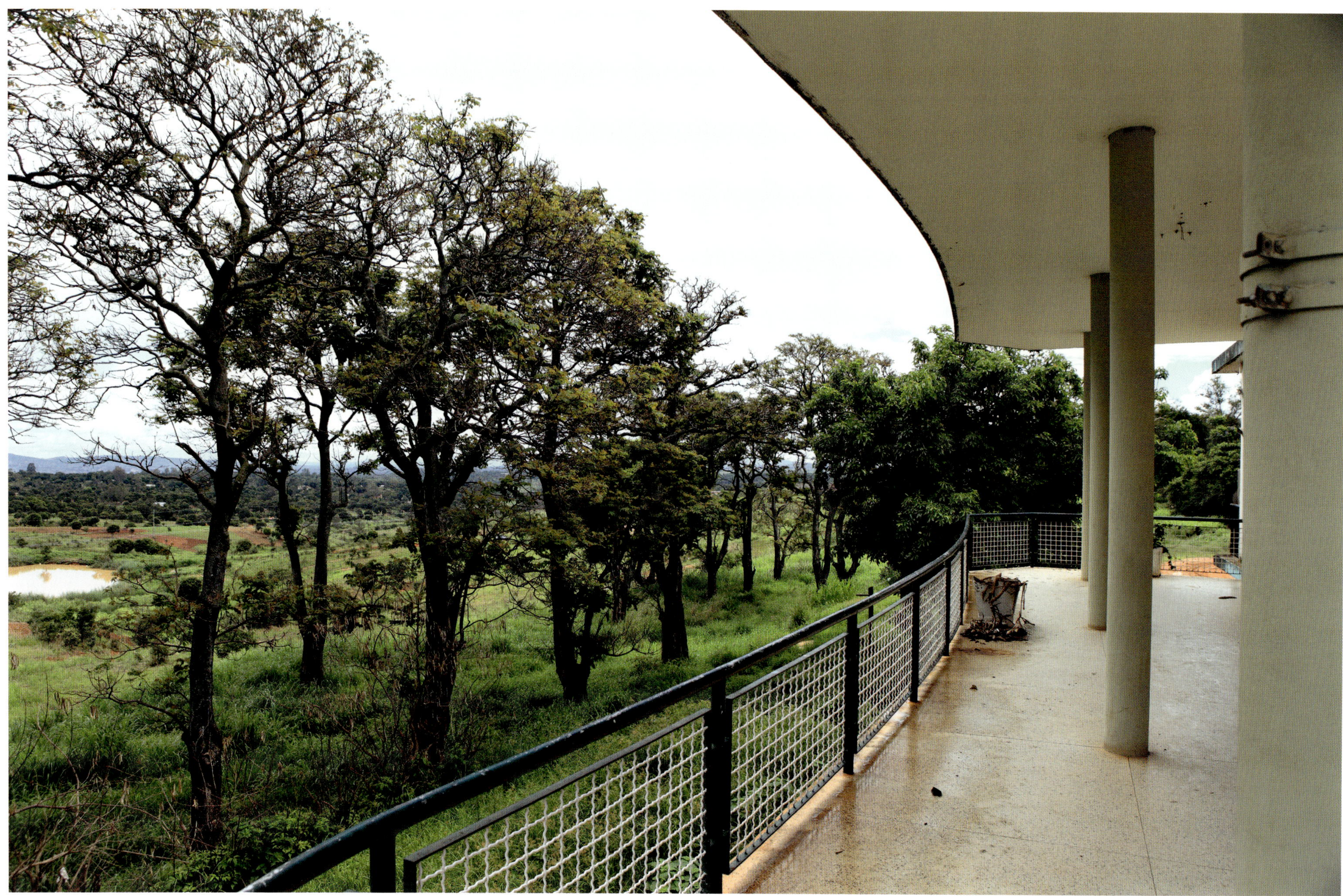

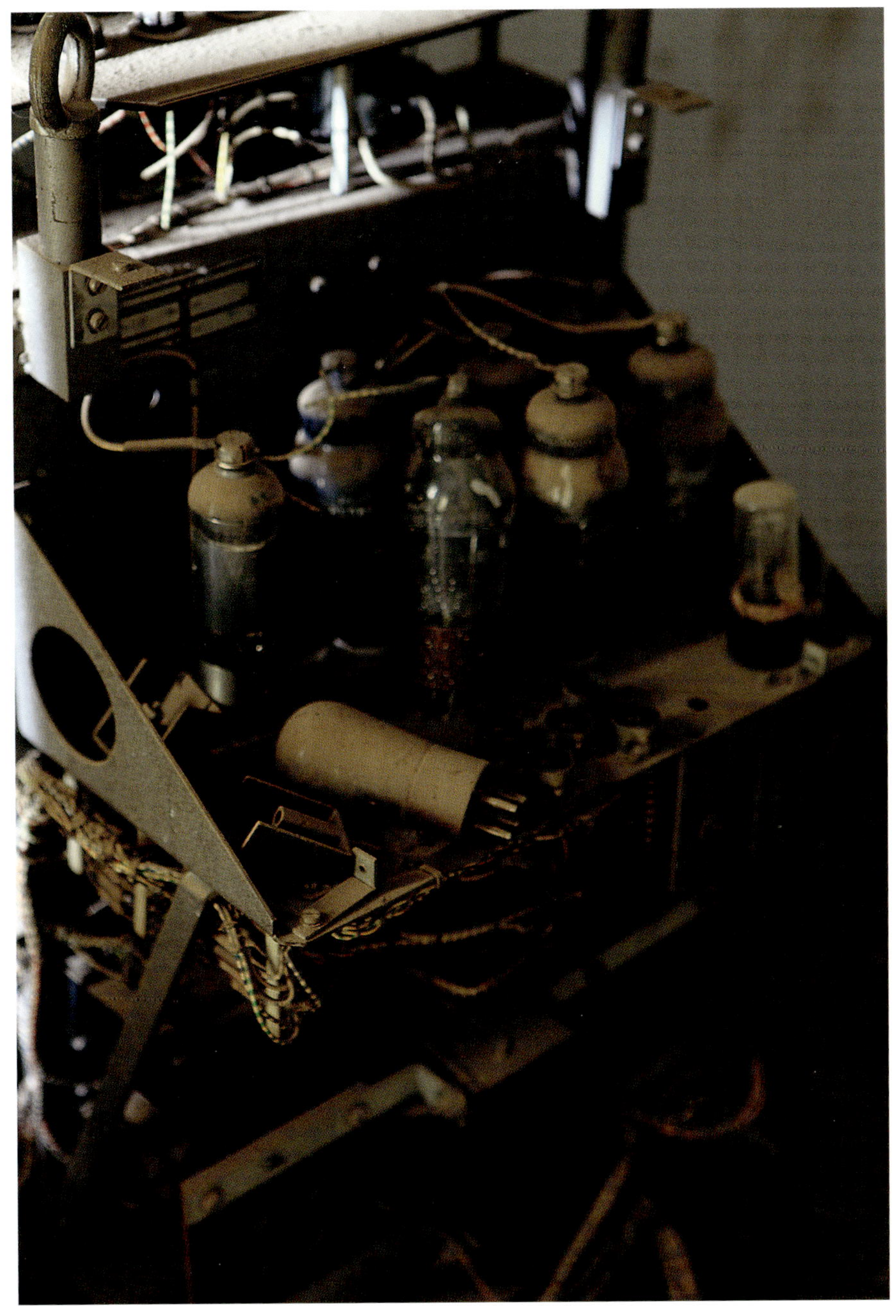
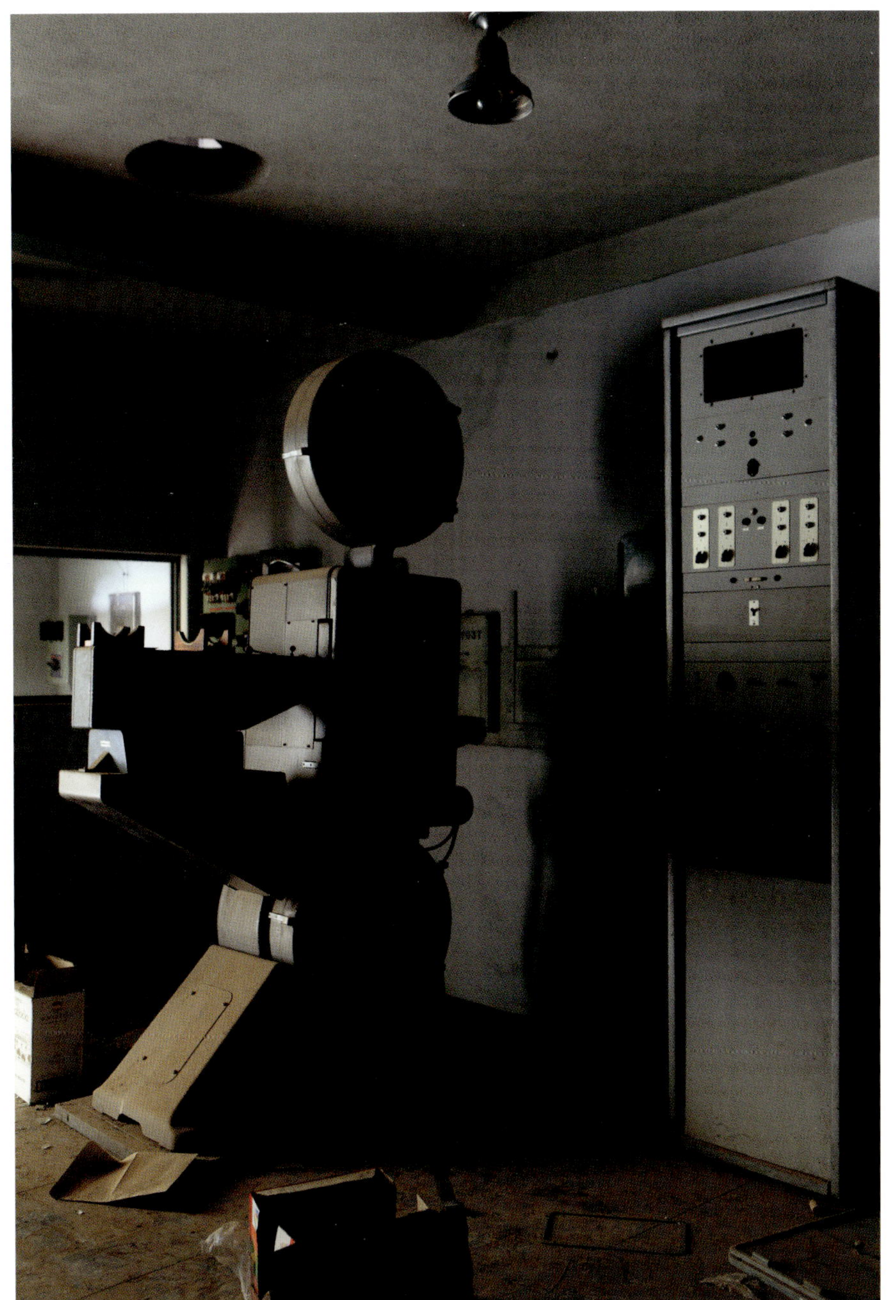

Cine Wako Kungo, Wako Kungo, Província / Province Kuanza Sul

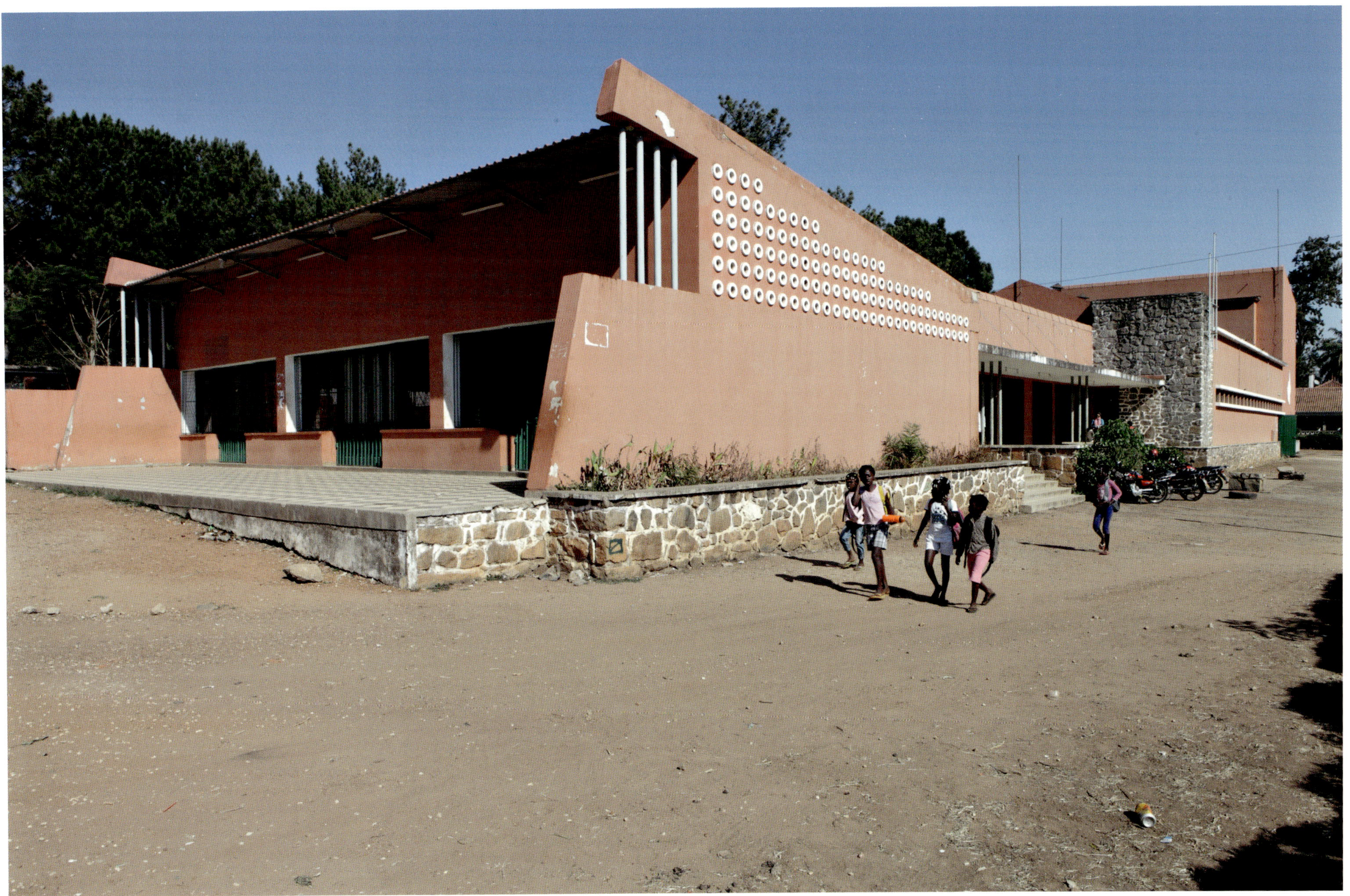

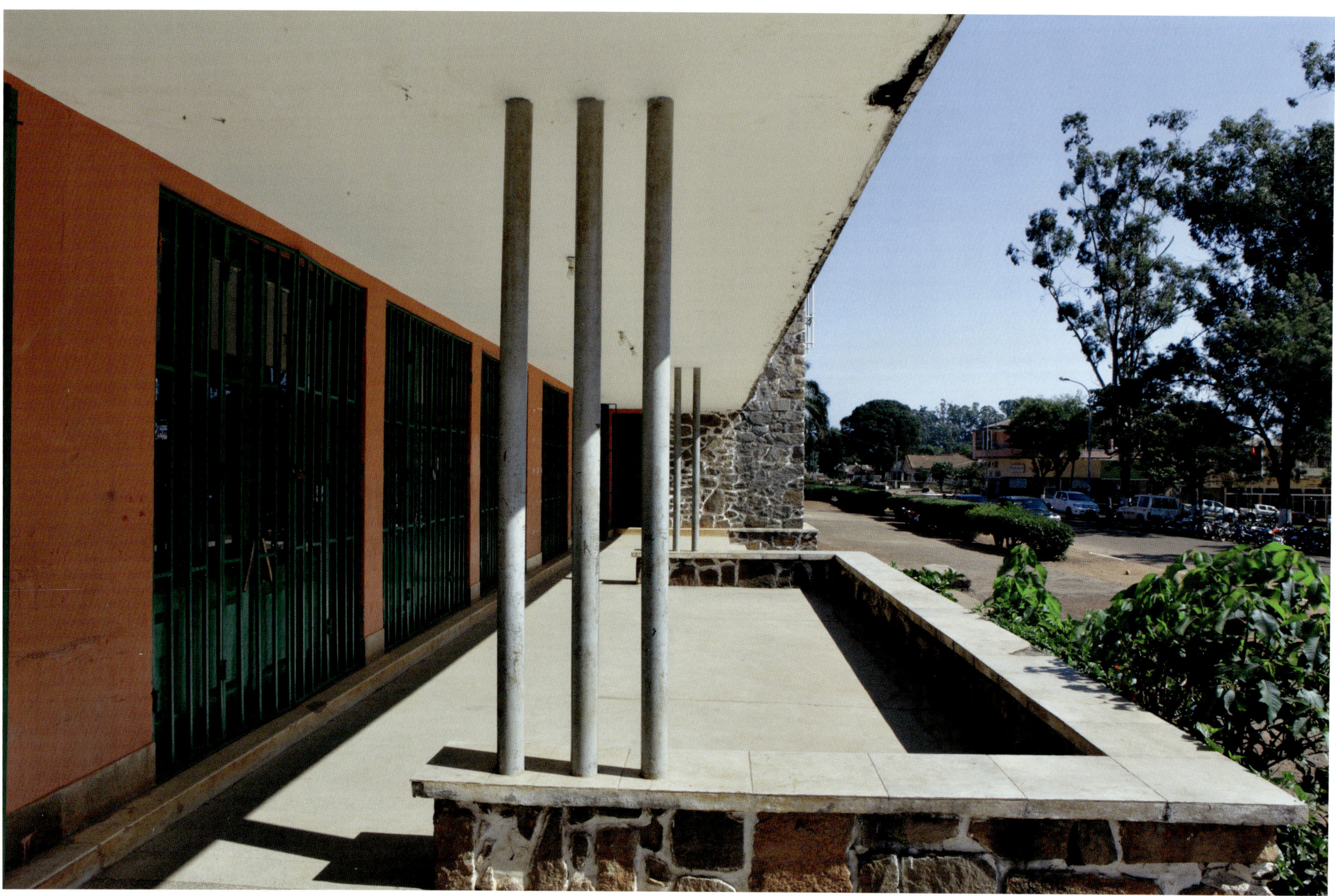

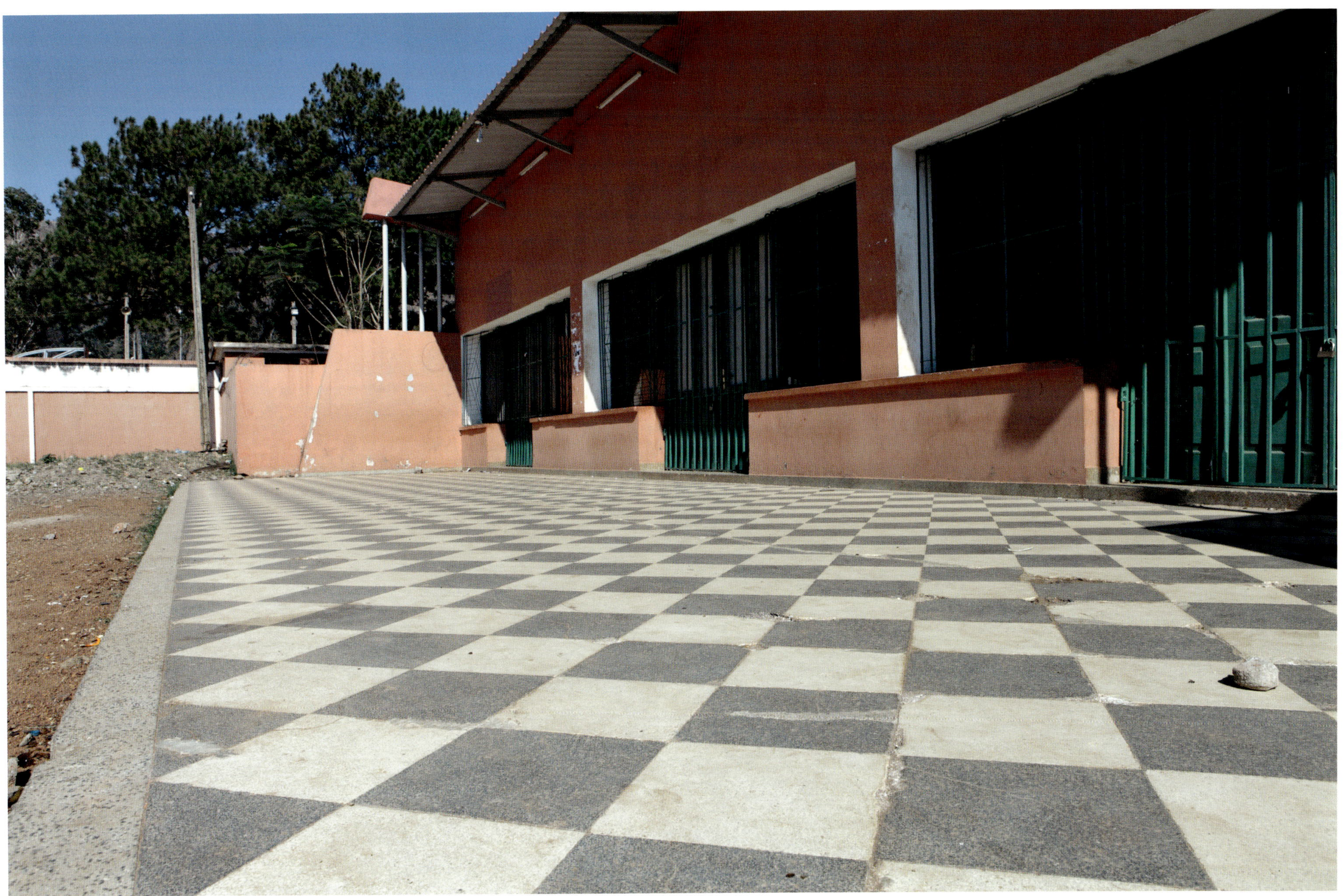

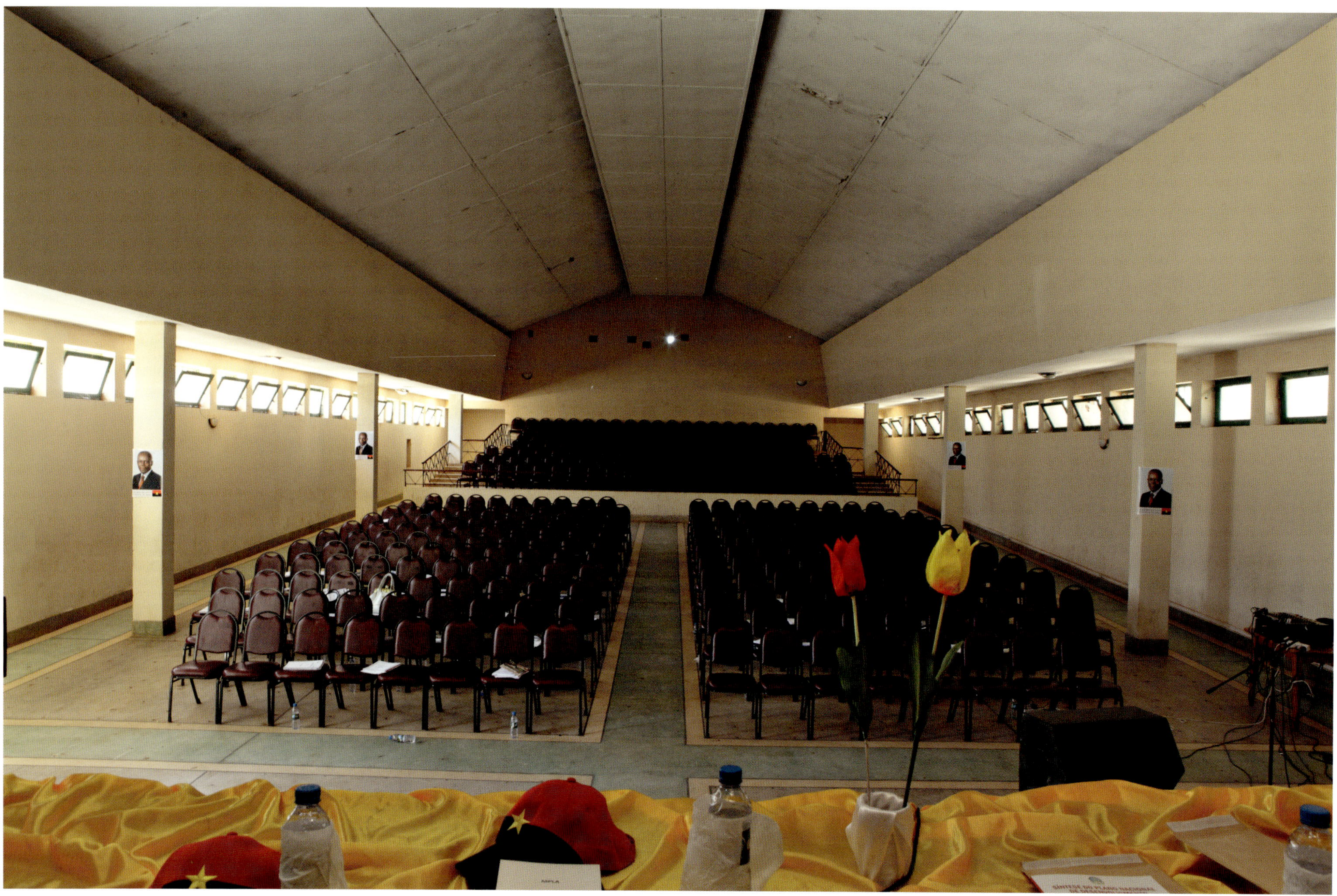

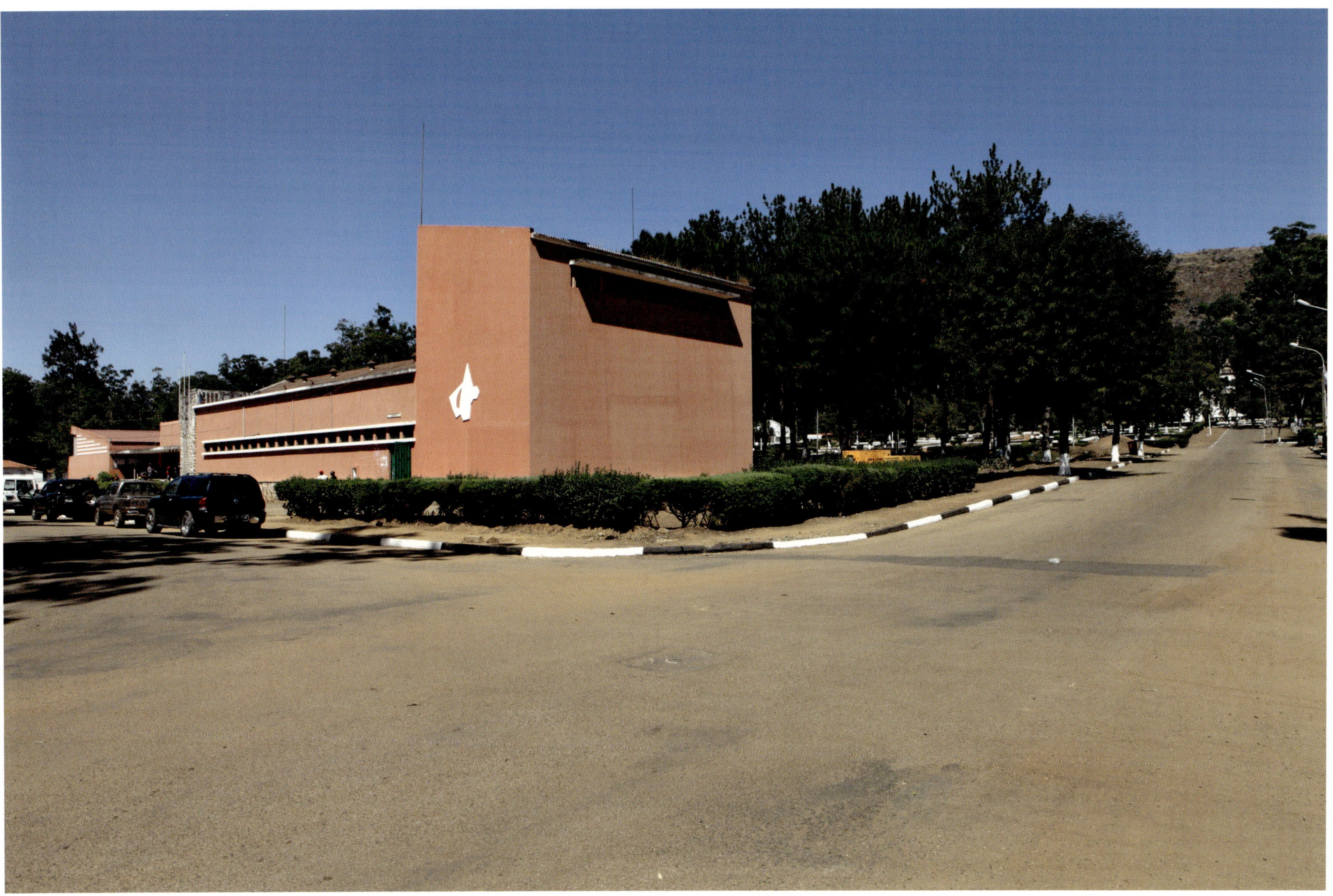

Cine Benguela, Benguela, Província / Province Benguela

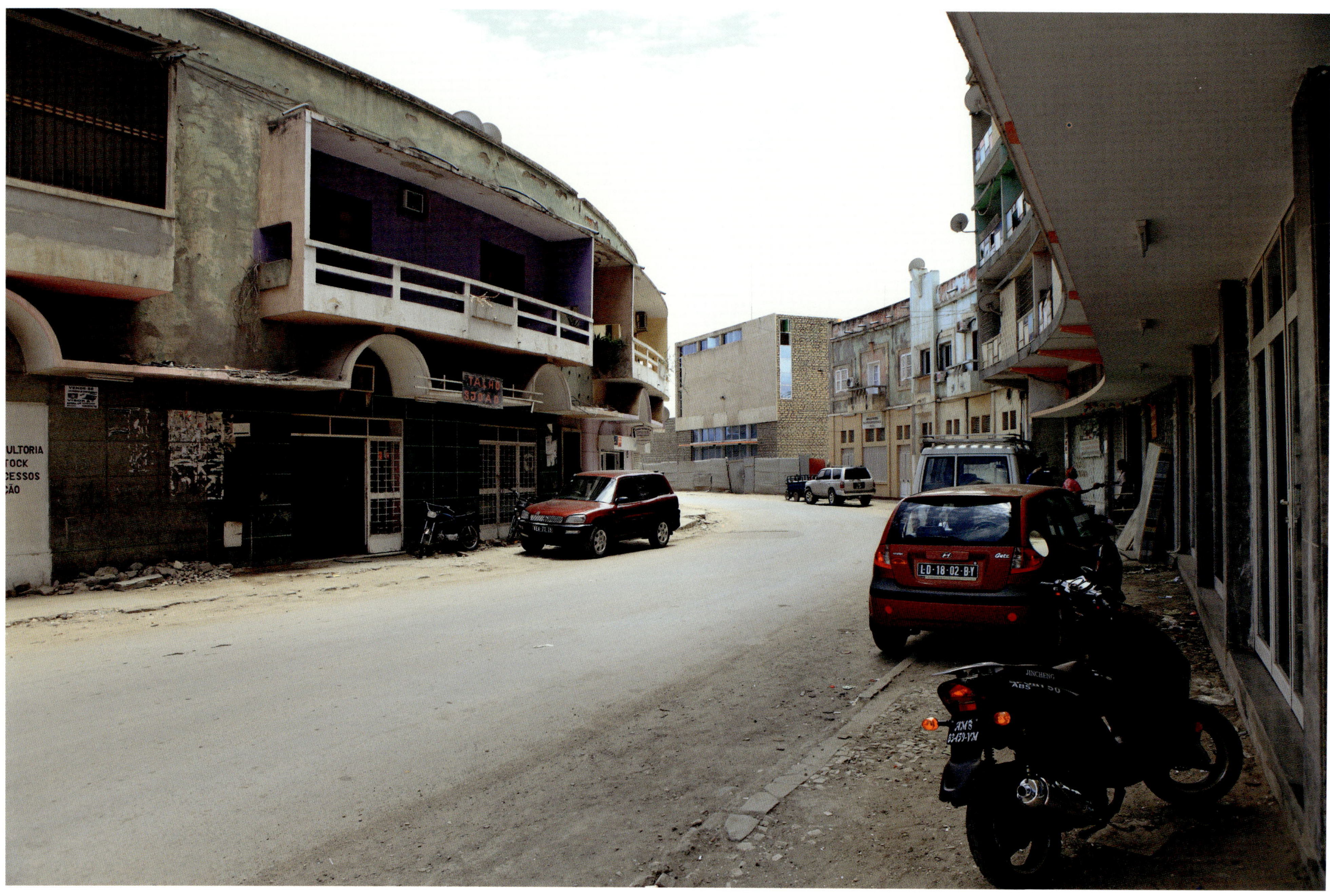

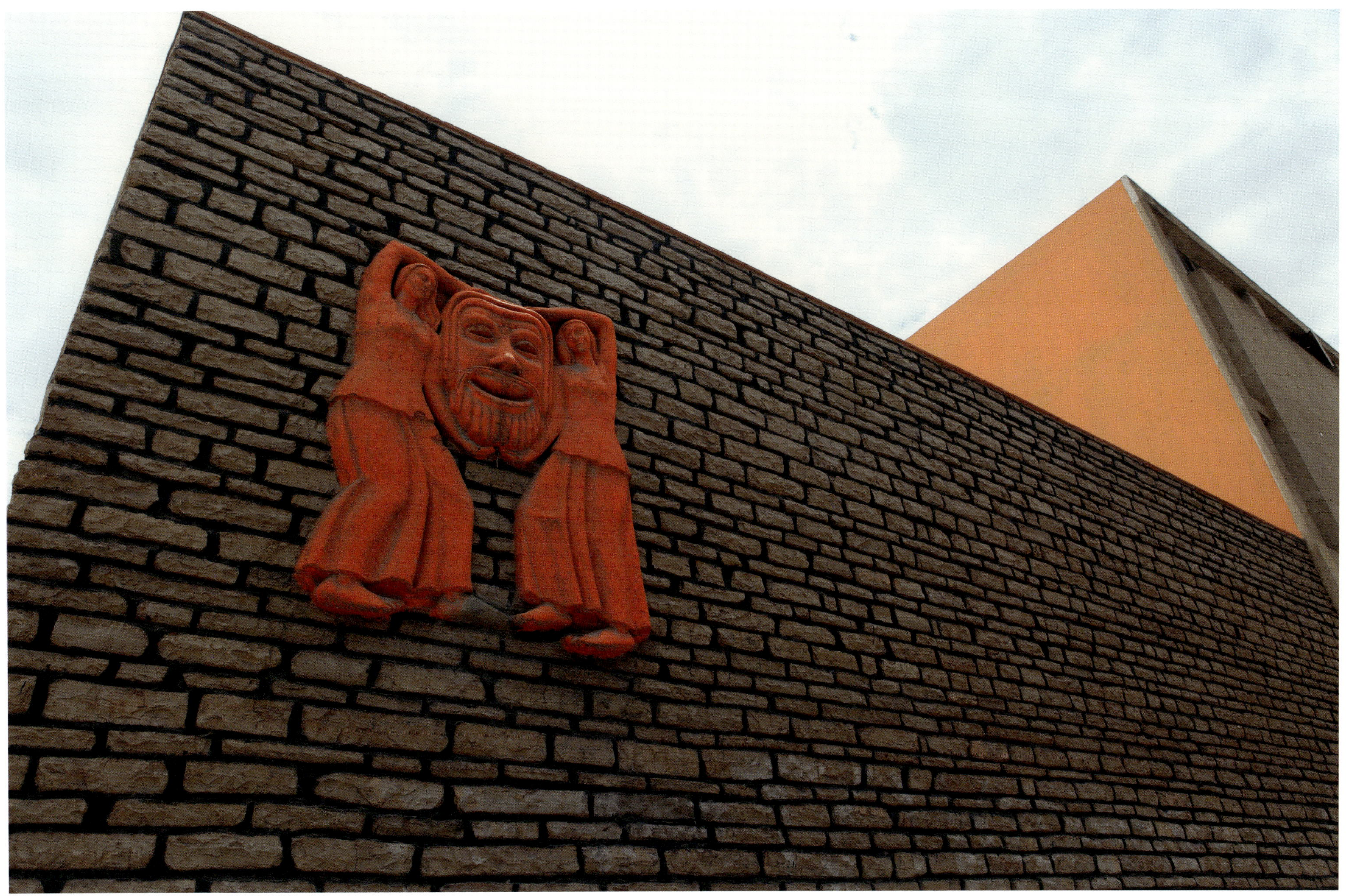

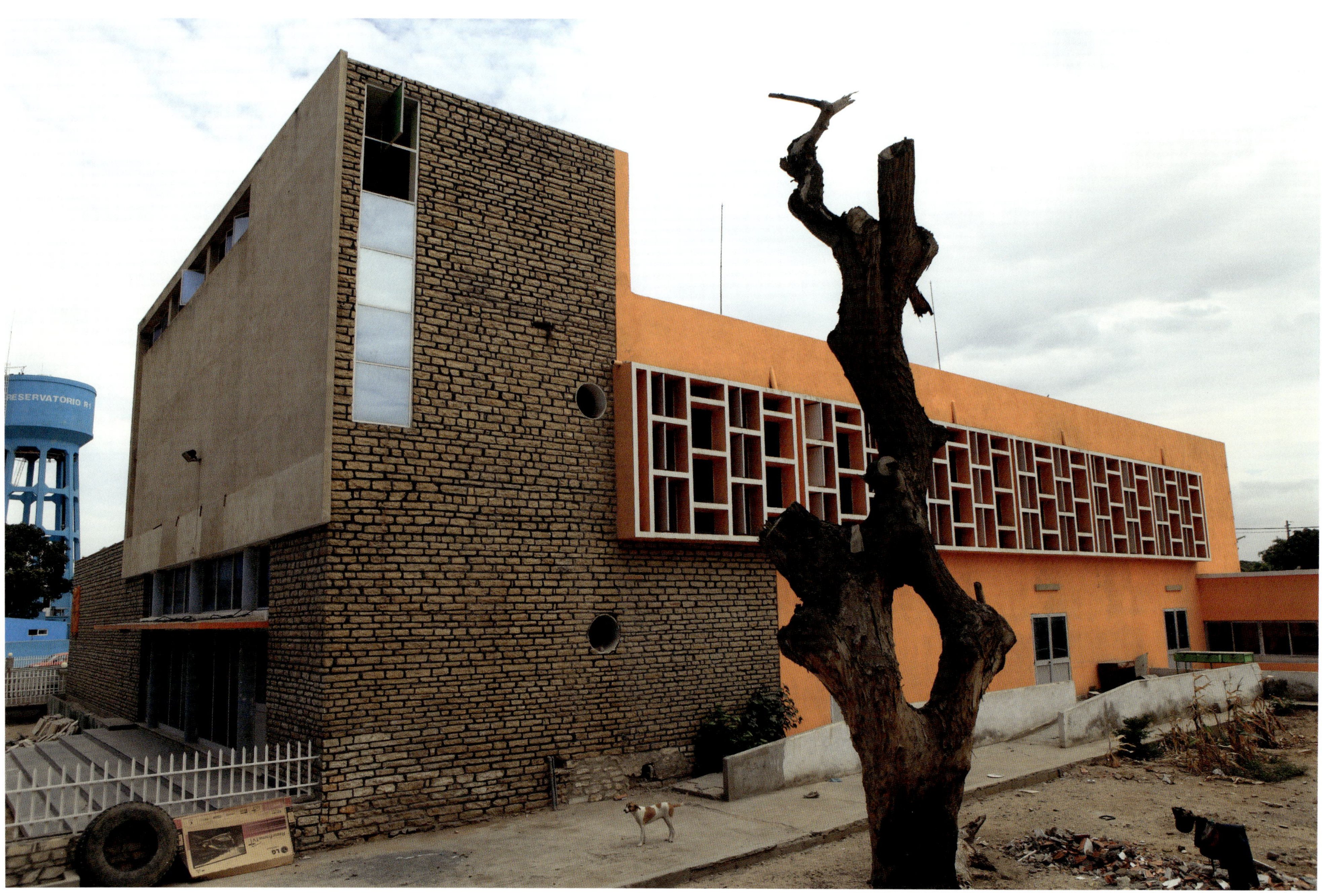

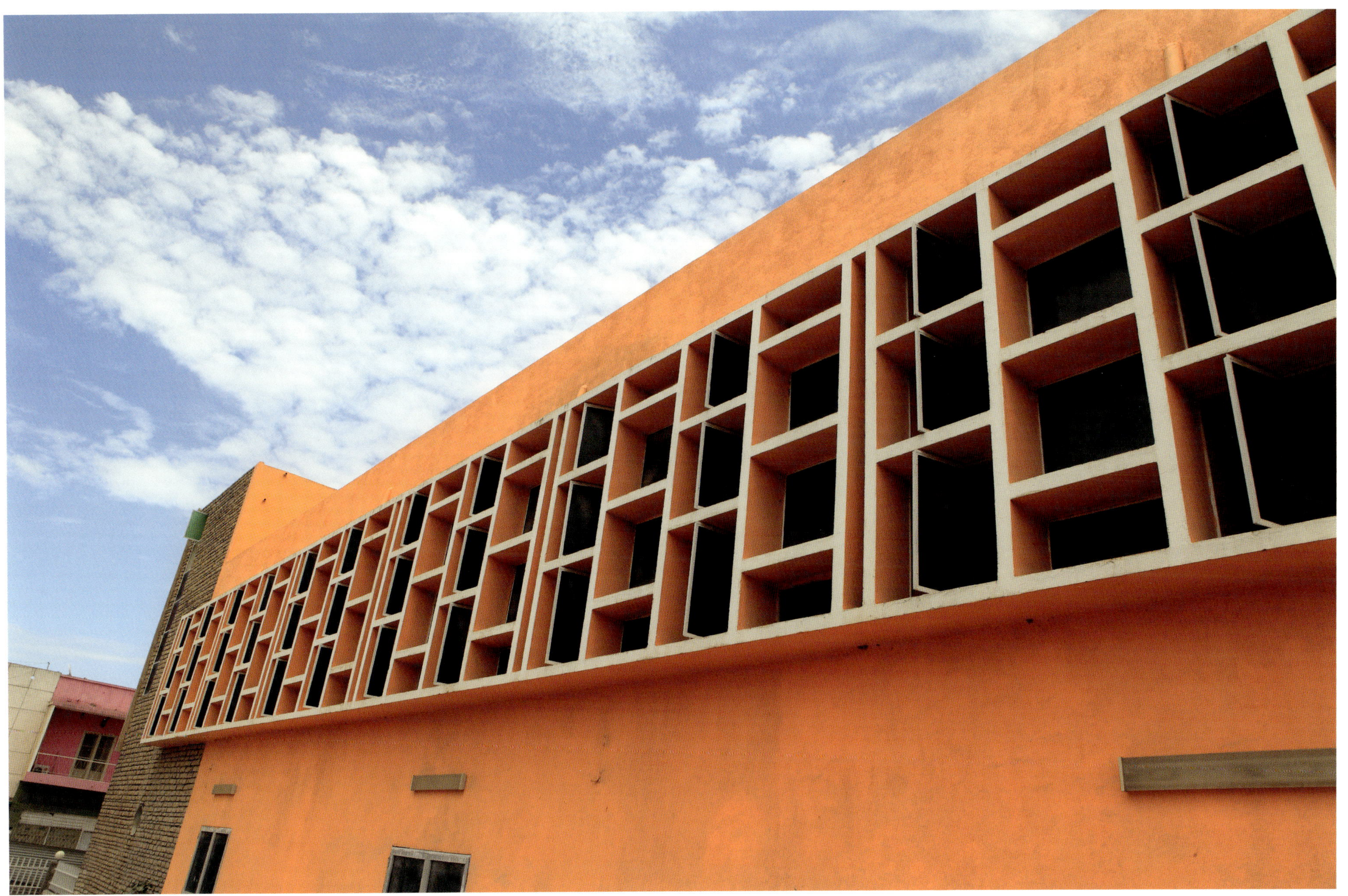

Cine São Paulo, Luanda, Província / Province Luanda

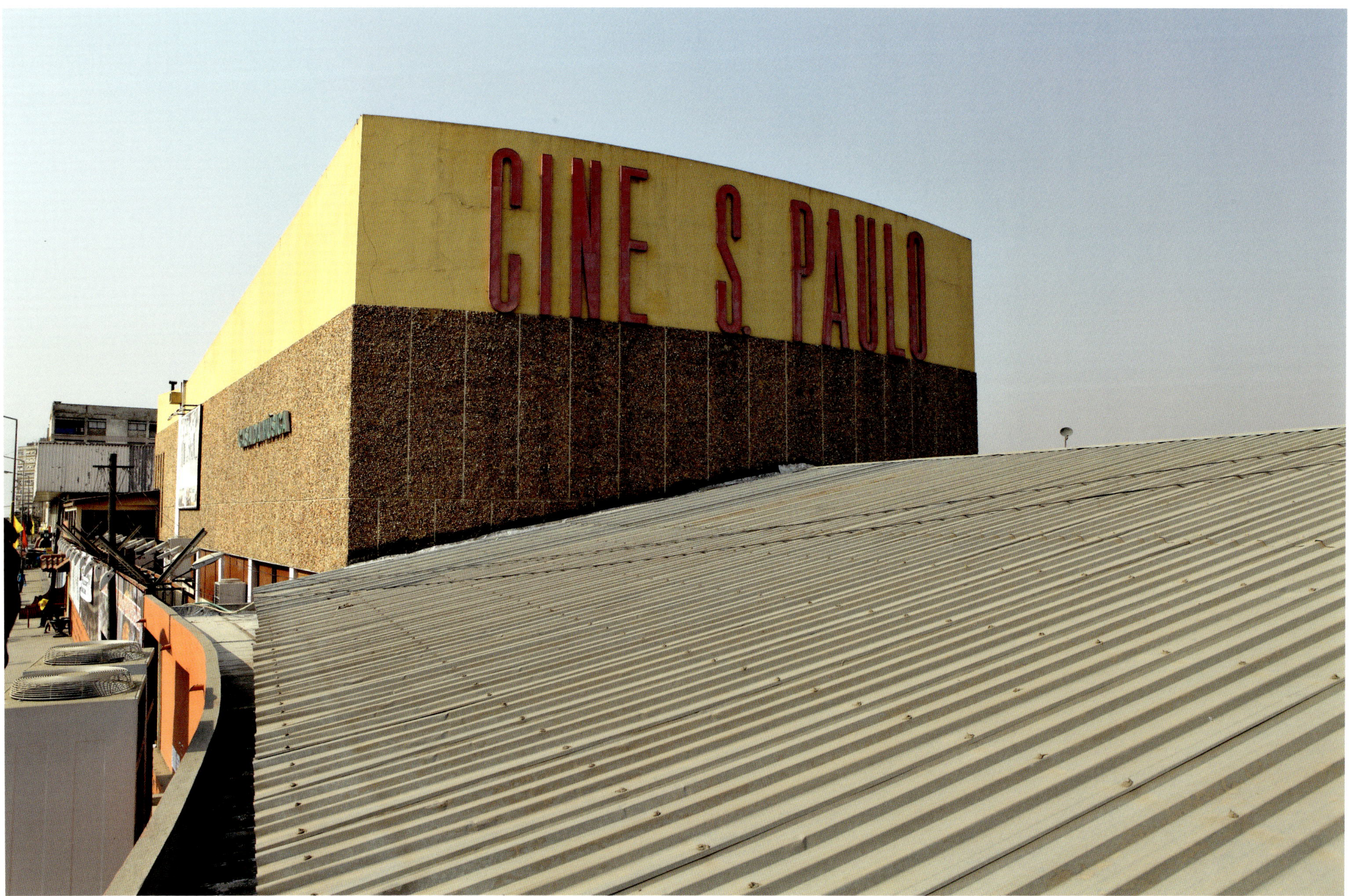

CINE S. PAULO

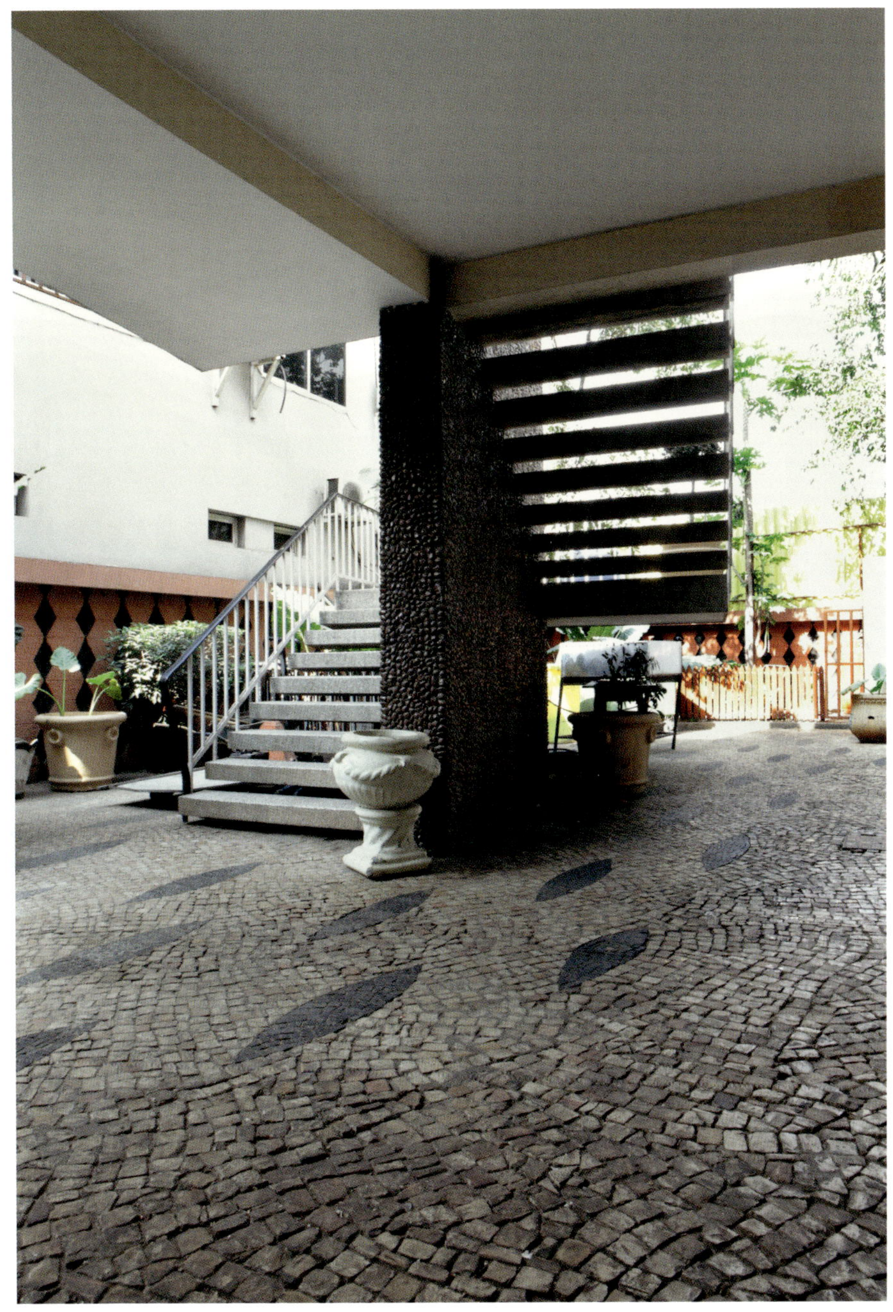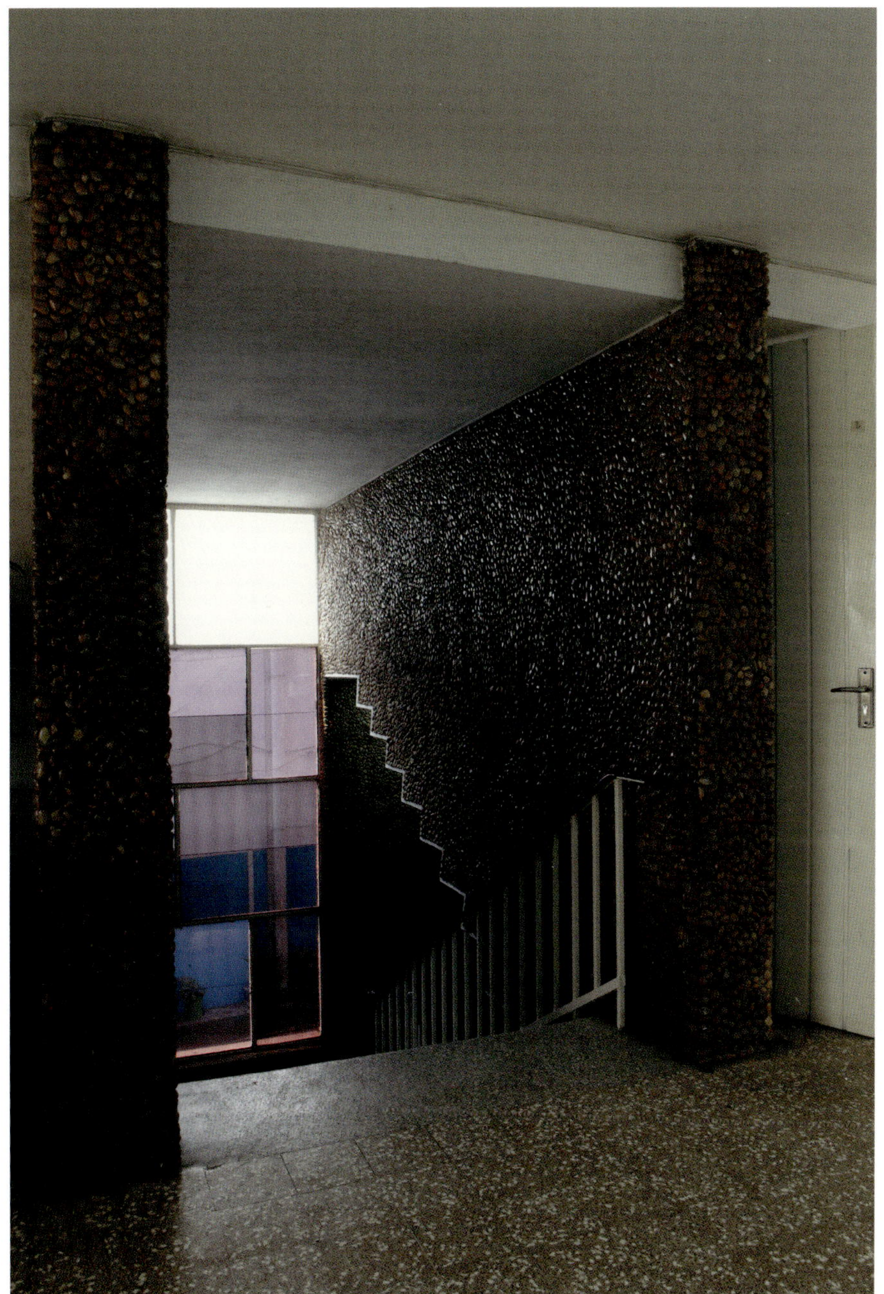

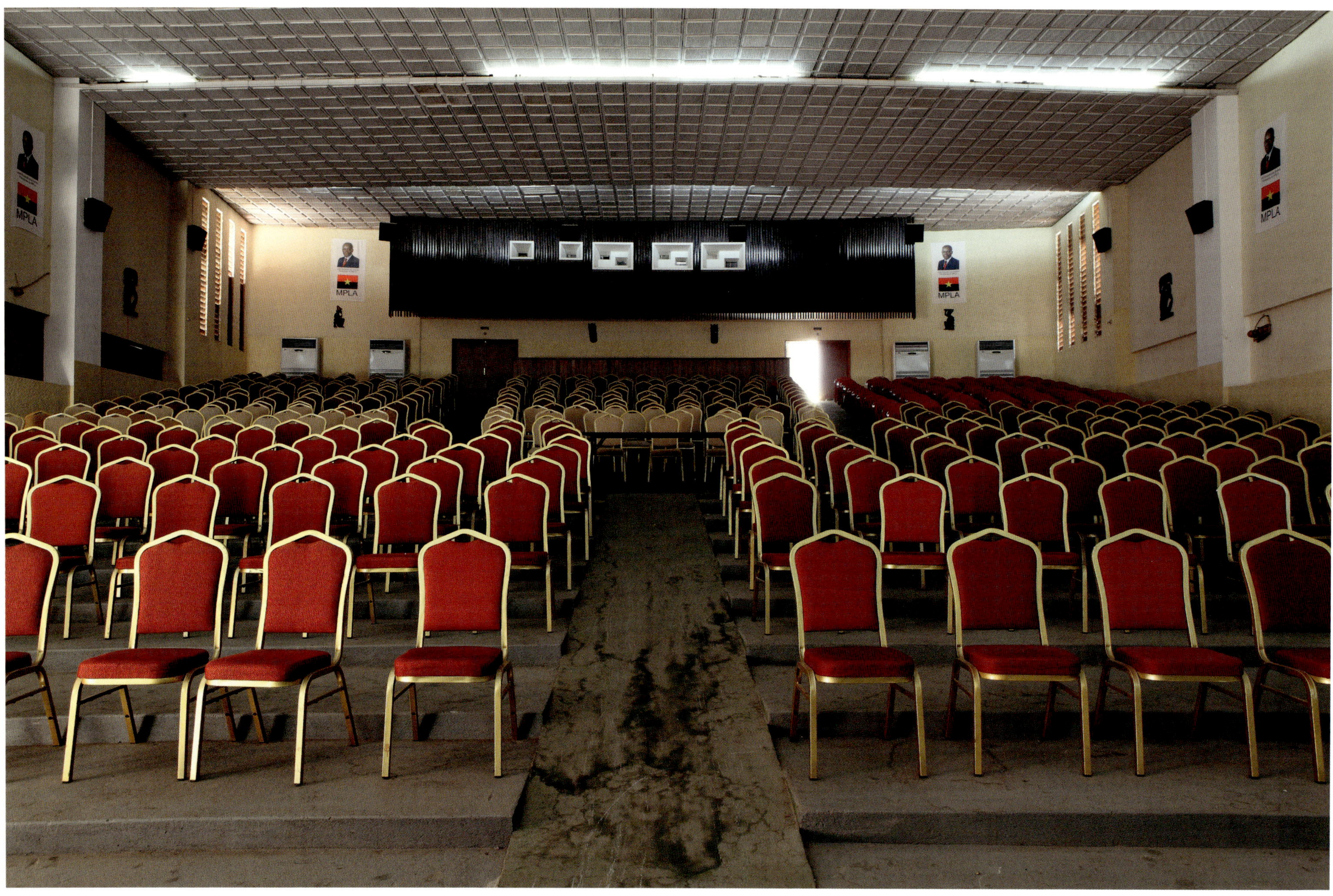

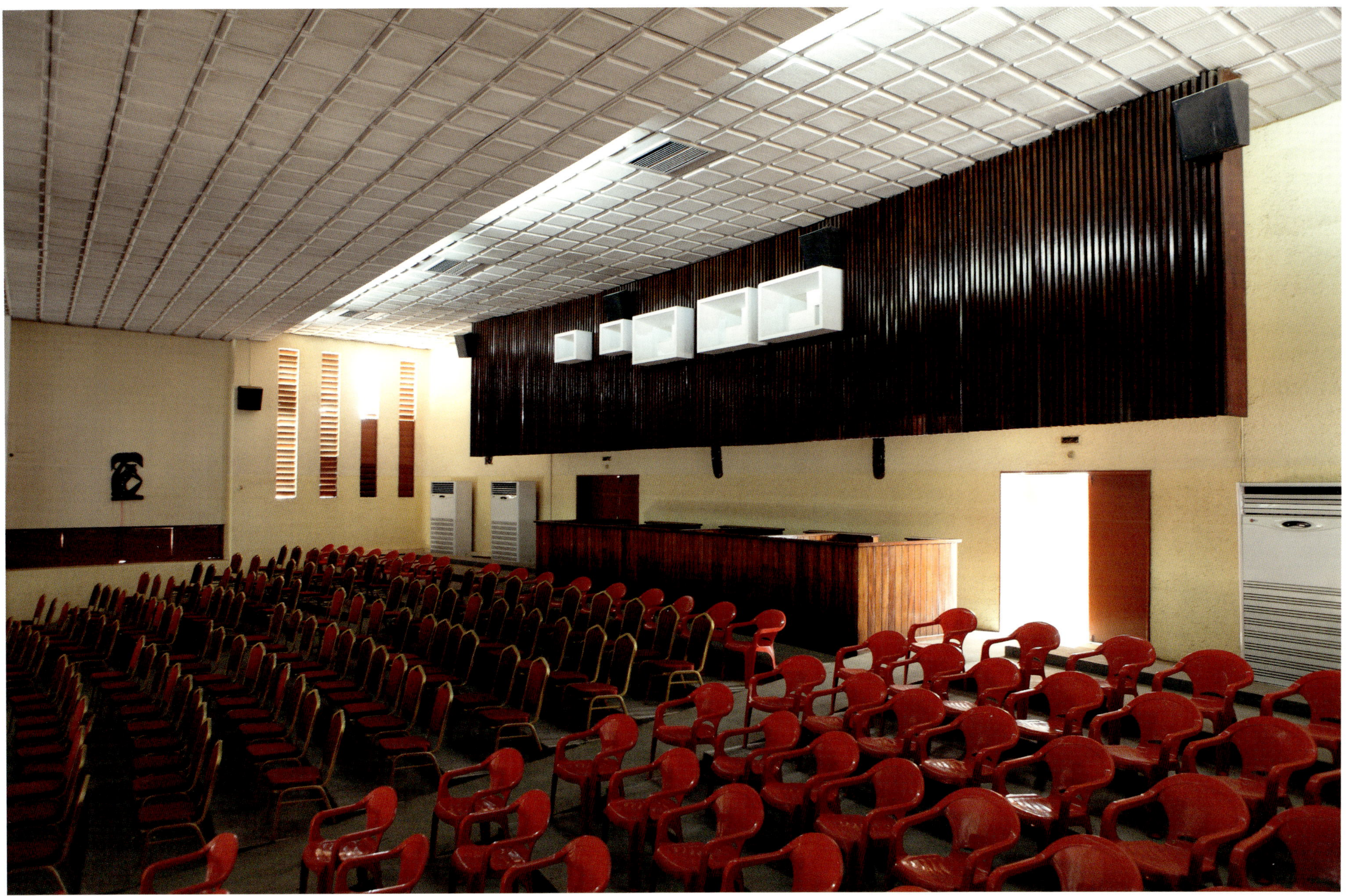

Cine Ruacaná, Huambo, Província / Province Huambo

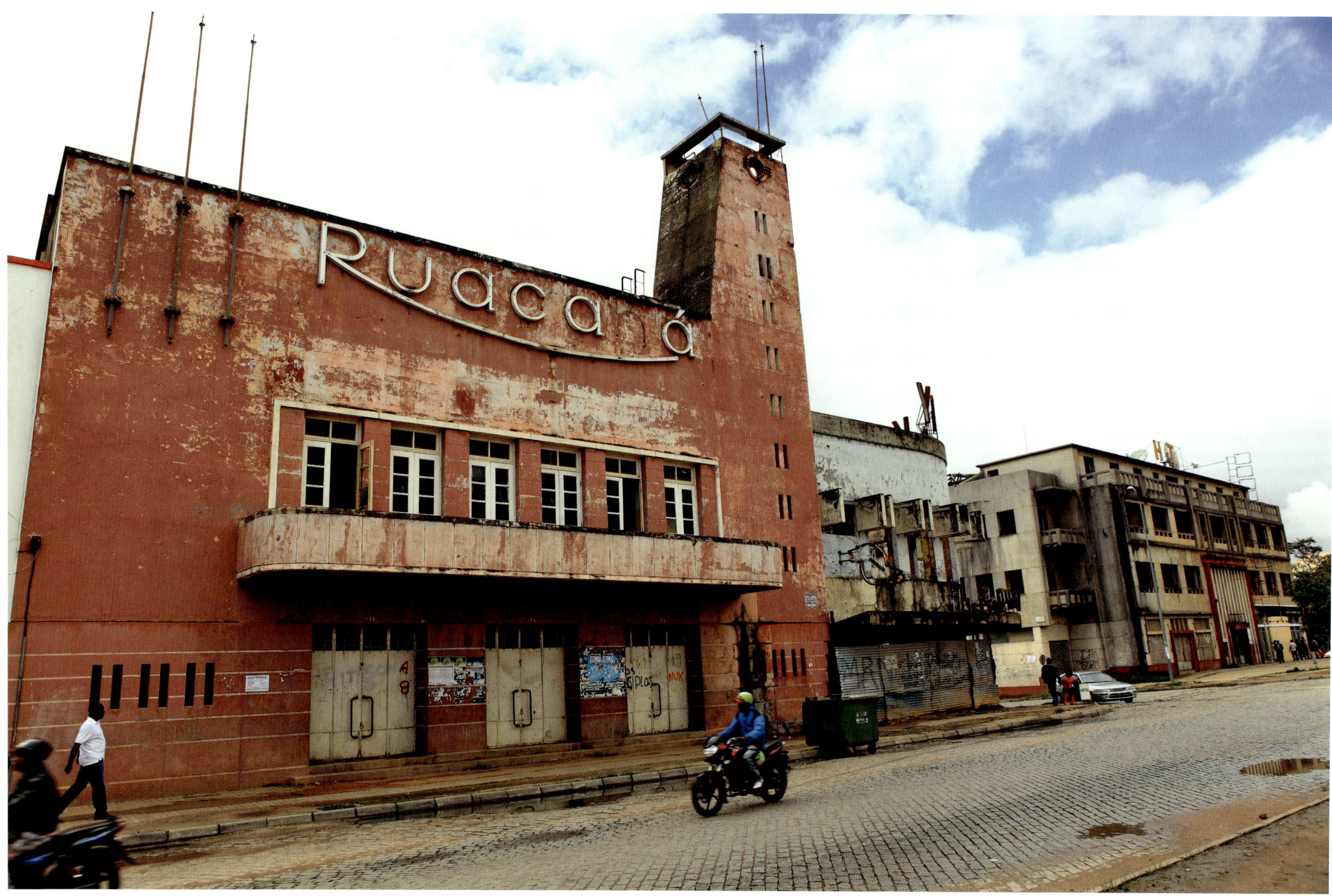

Ruacaná

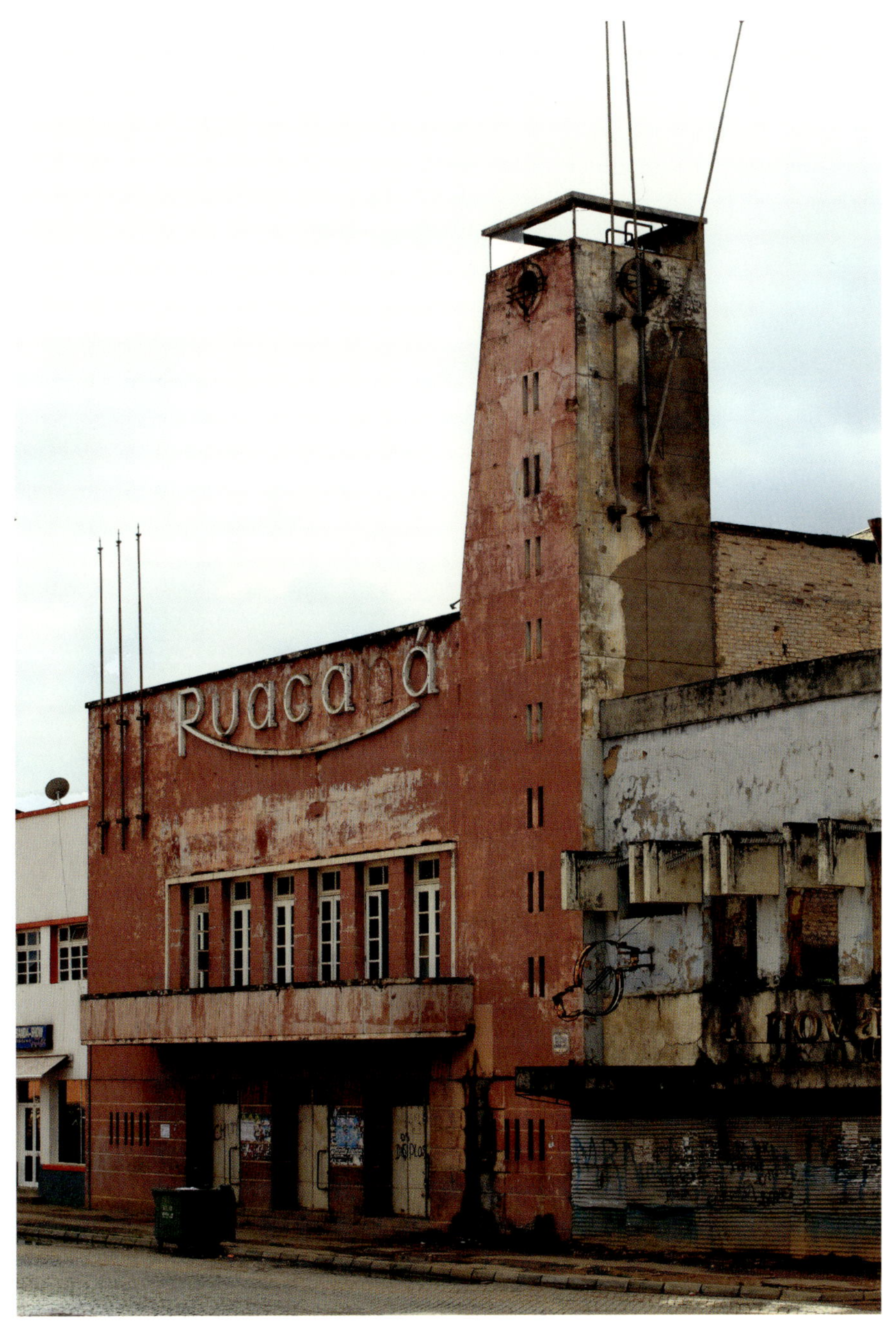

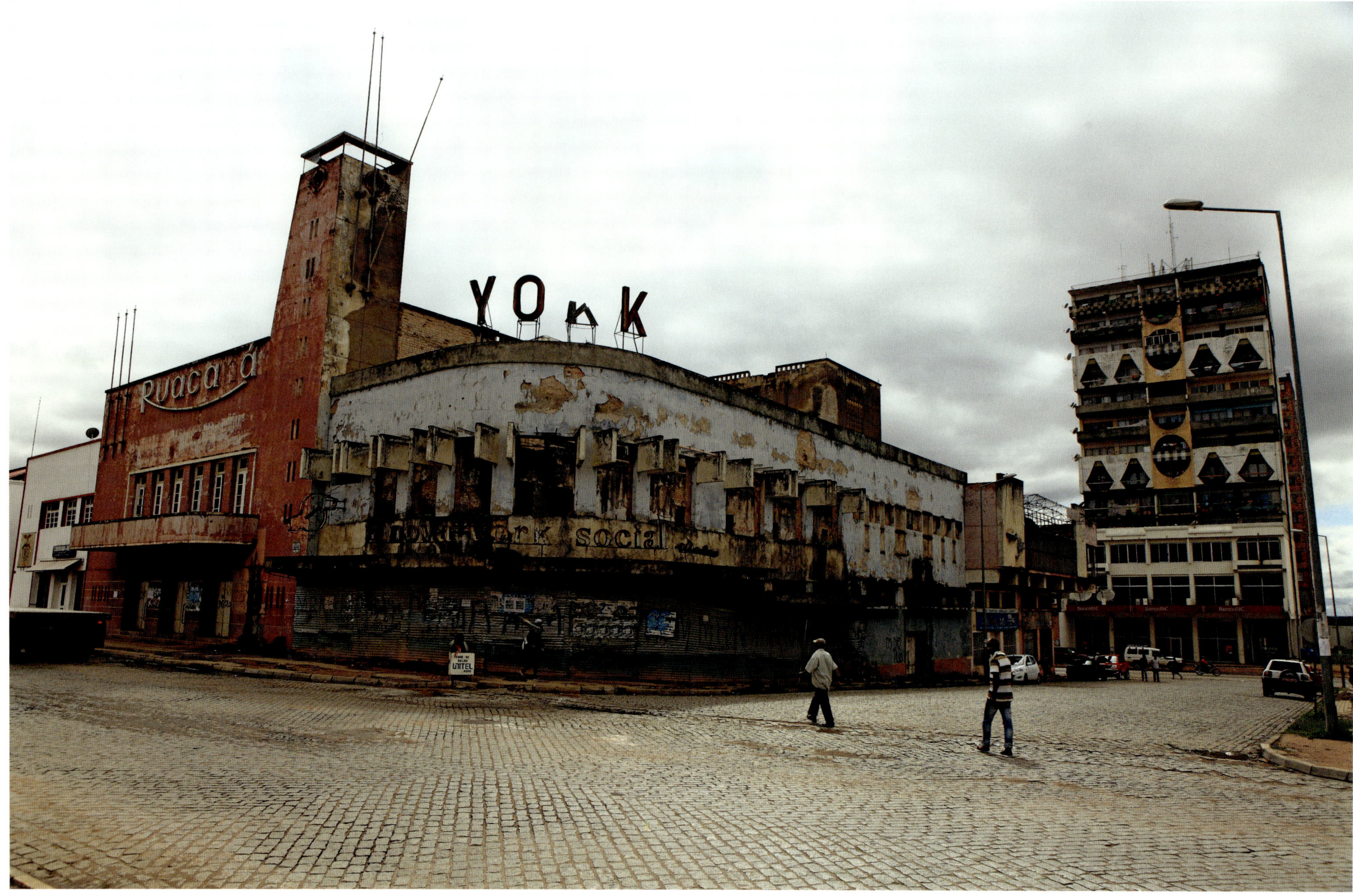
YONK
Ruacaná
work social

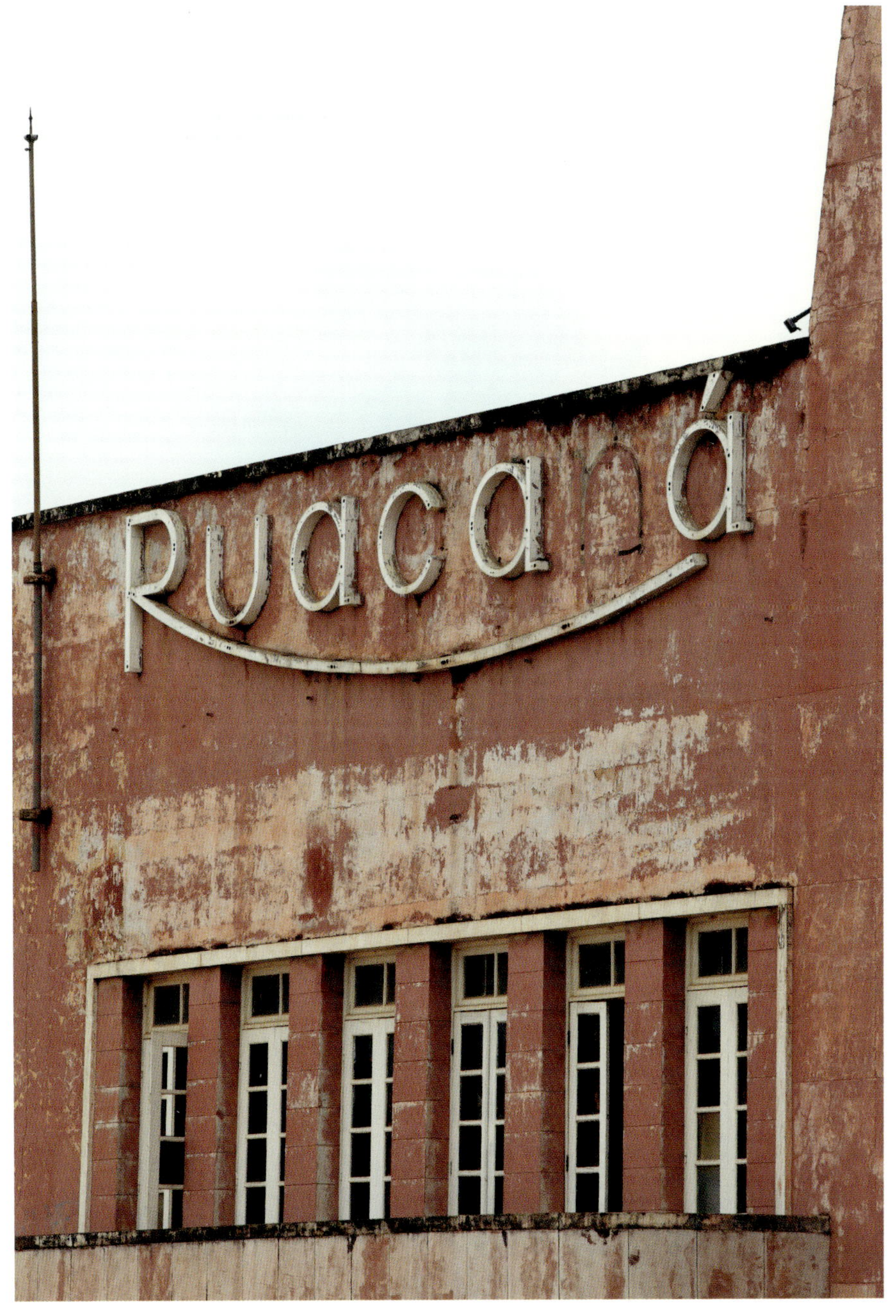
Ruacaná

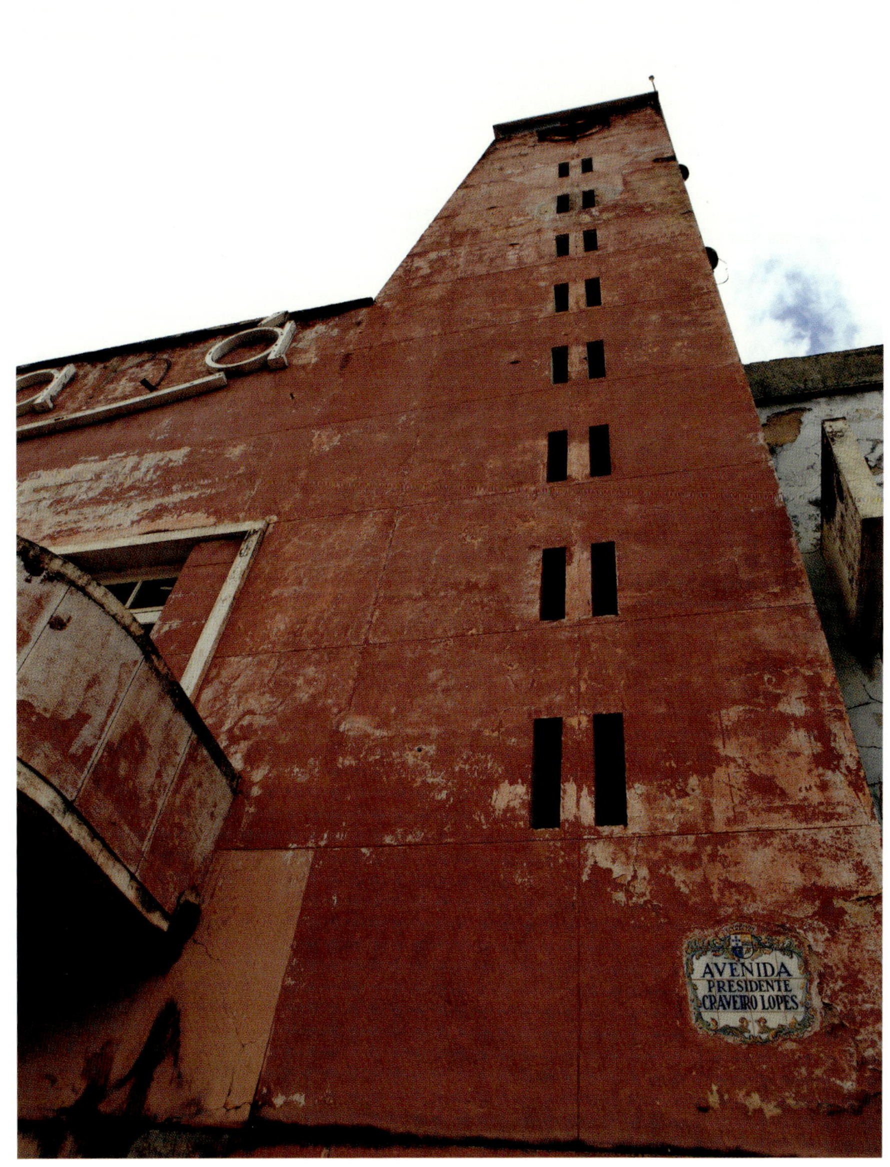
AVENIDA
PRESIDENTE
CRAVEIRO LOPES

Cine-Teatro Monumental, Benguela, Província / Province Benguela

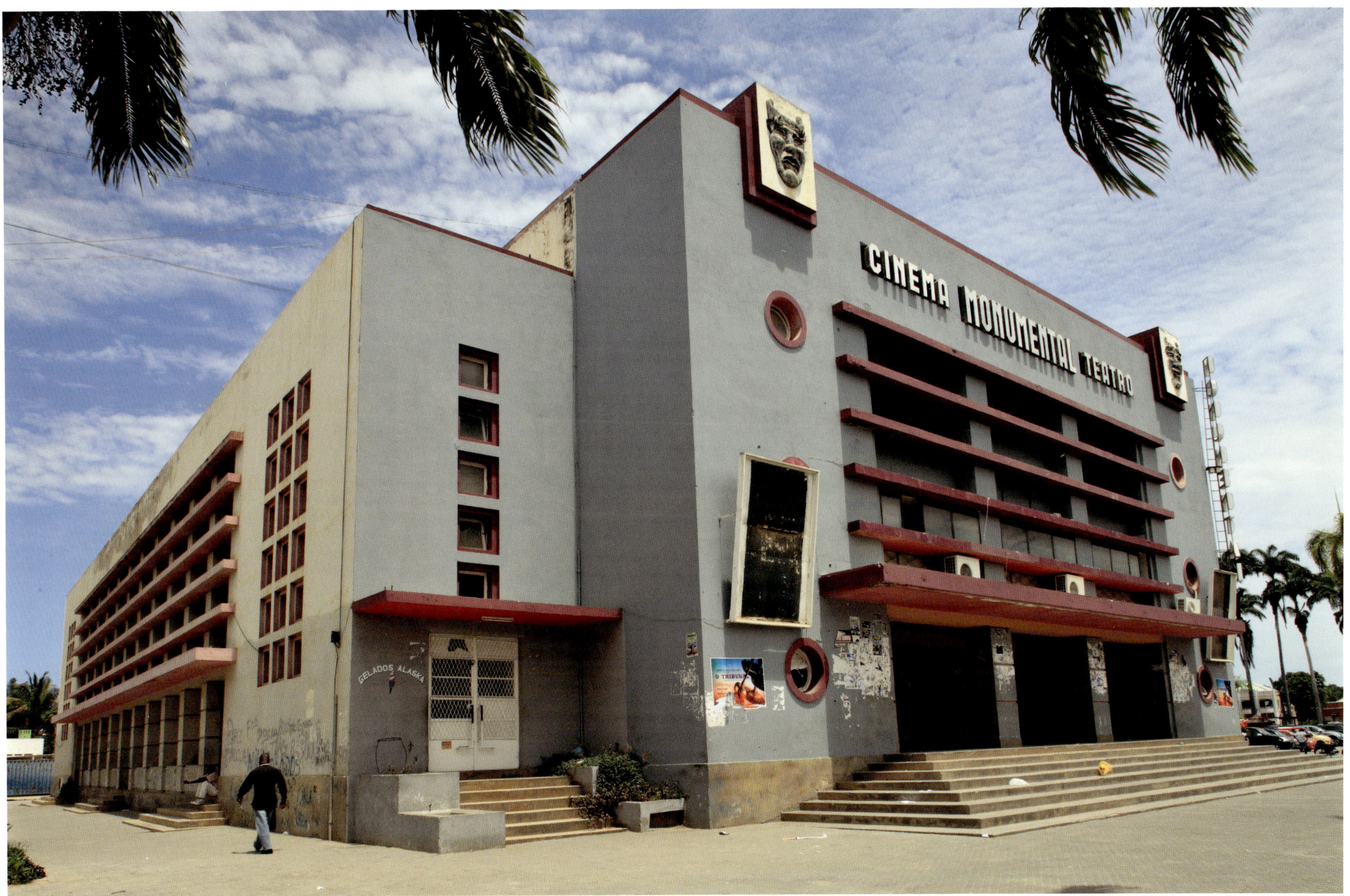

CINEMA MONUMENTAL TEATRO
GELADOS ALASKA
O TRIBUNA

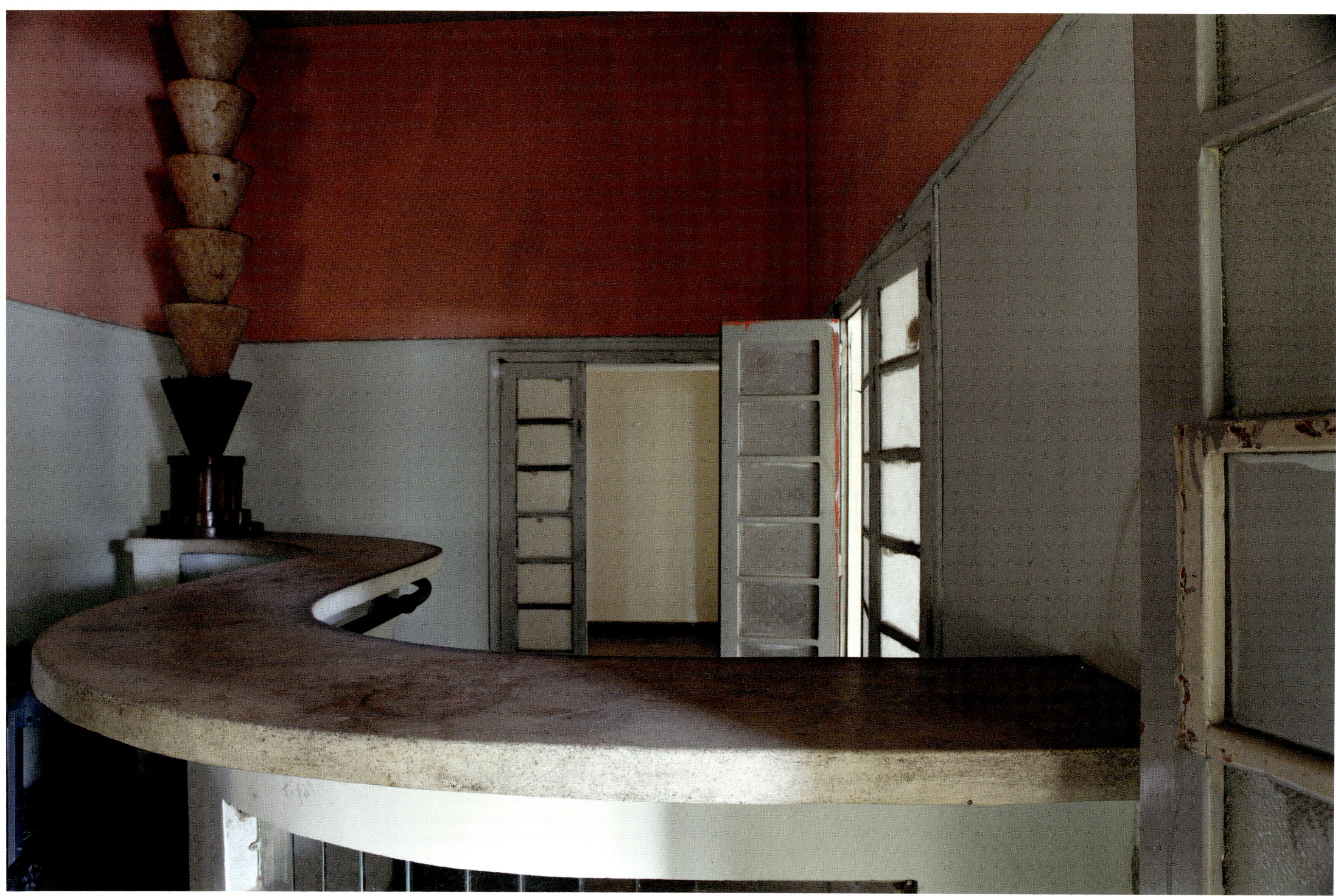

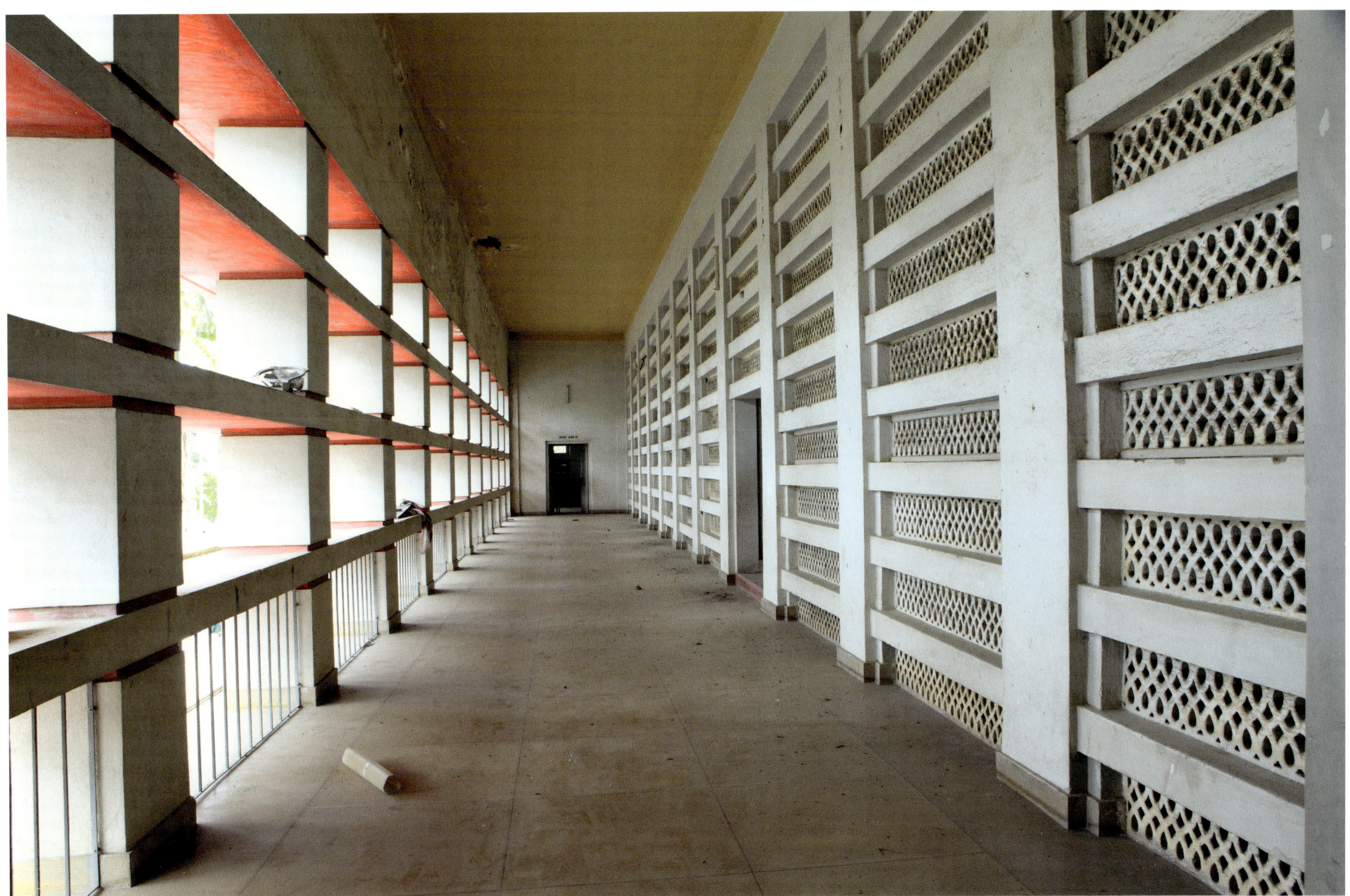

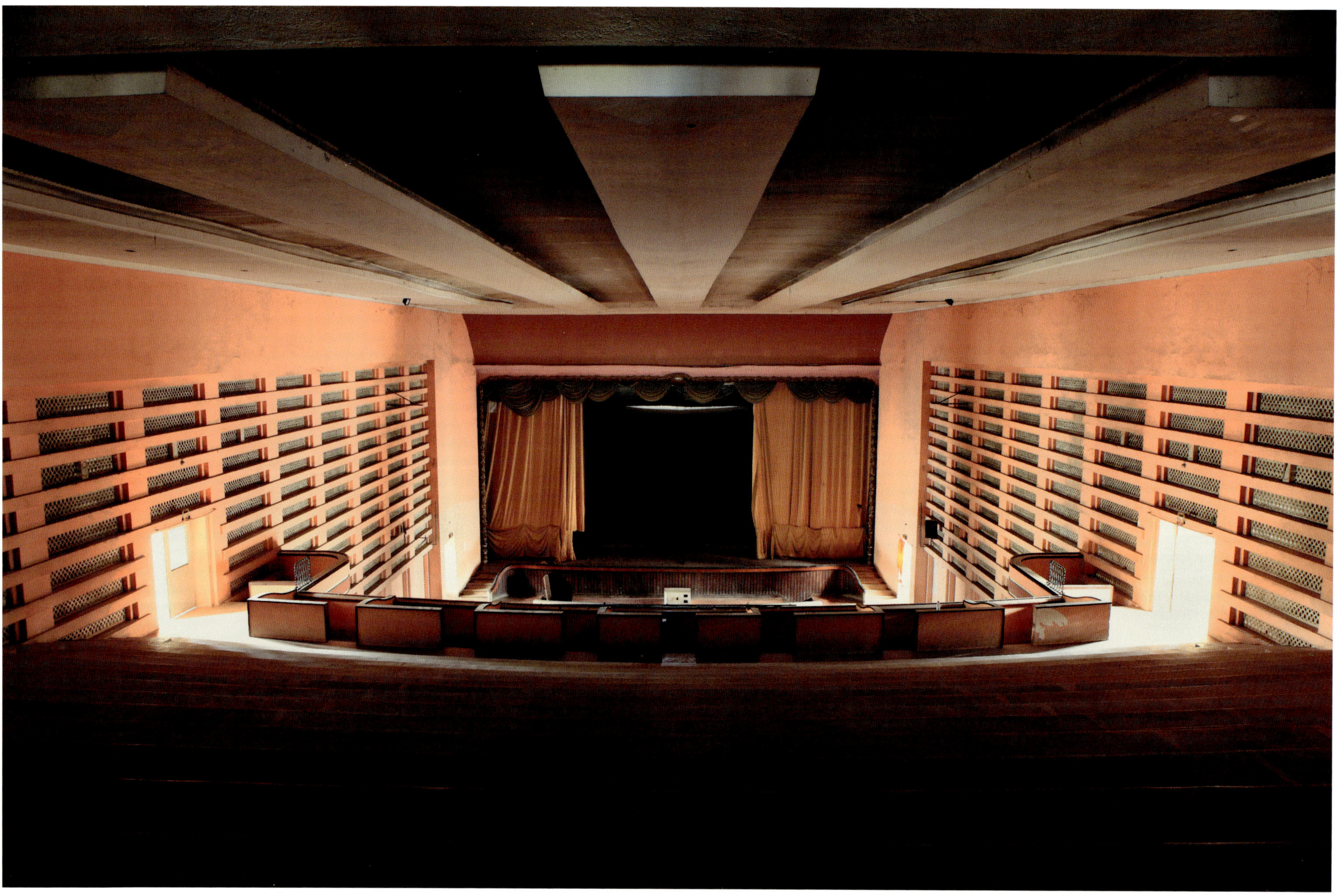

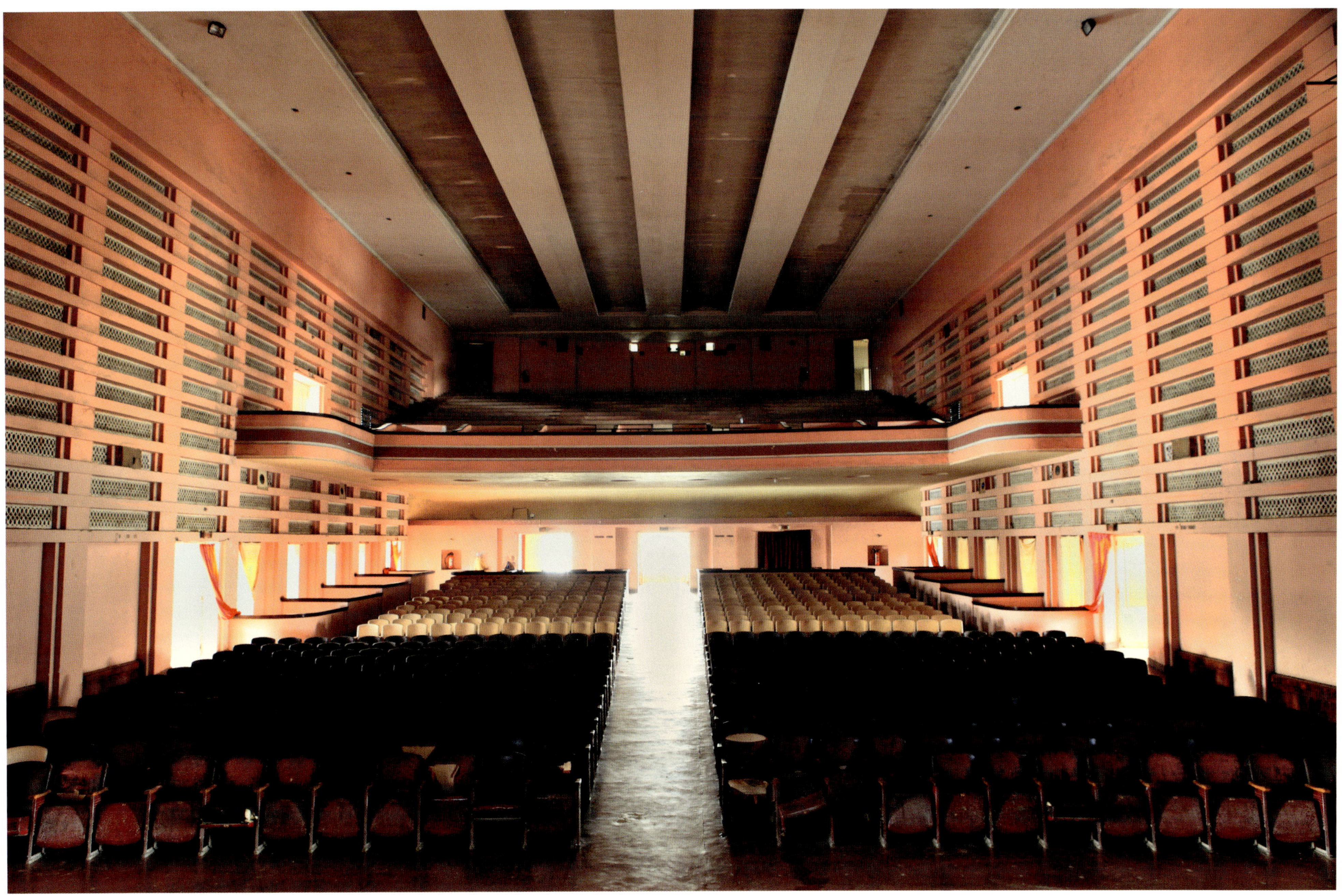

Cine-Bar Tropical, Luanda, Província / Province Luanda

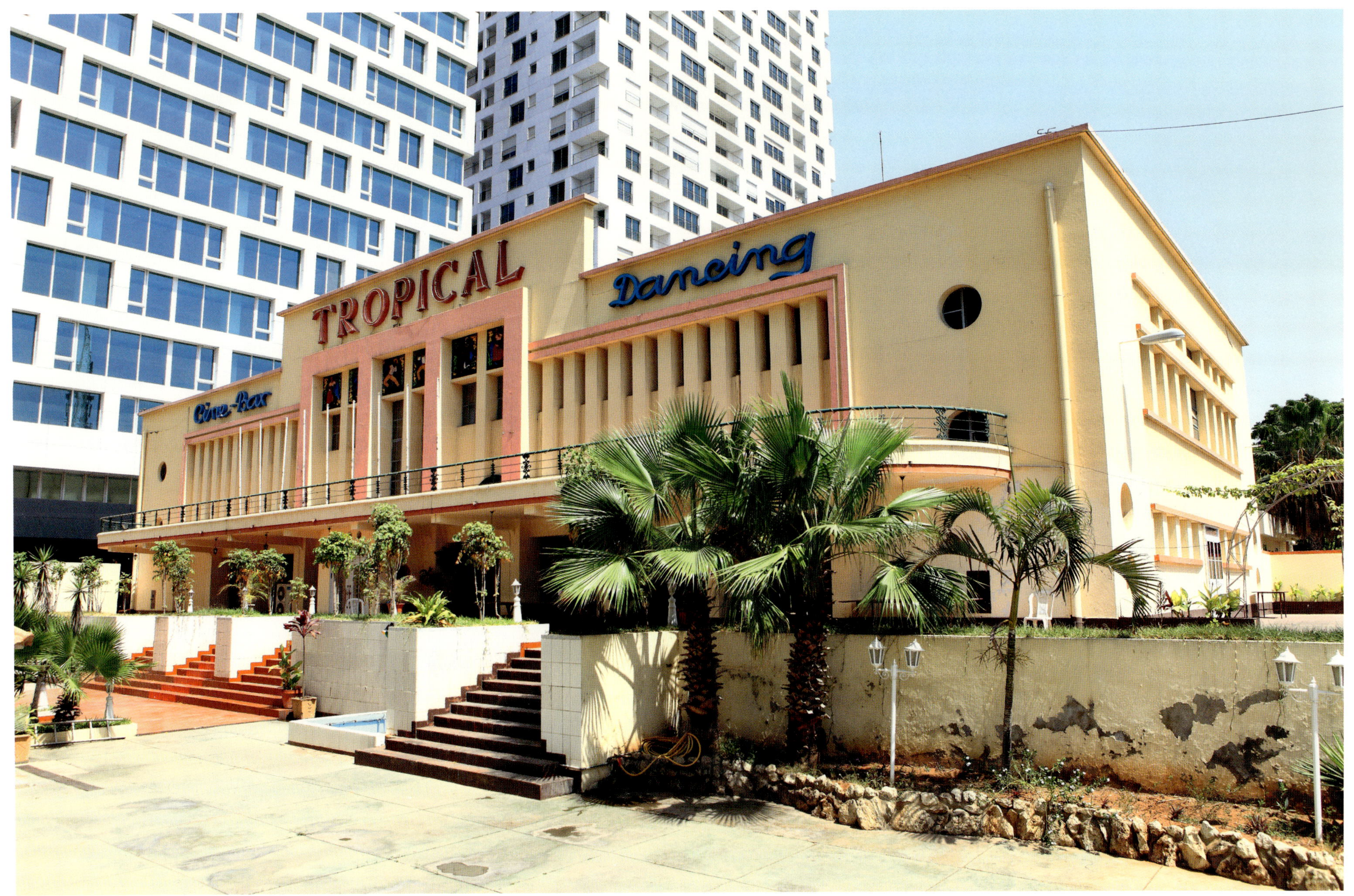
TROPICAL
Dancing
Ciné-Bar

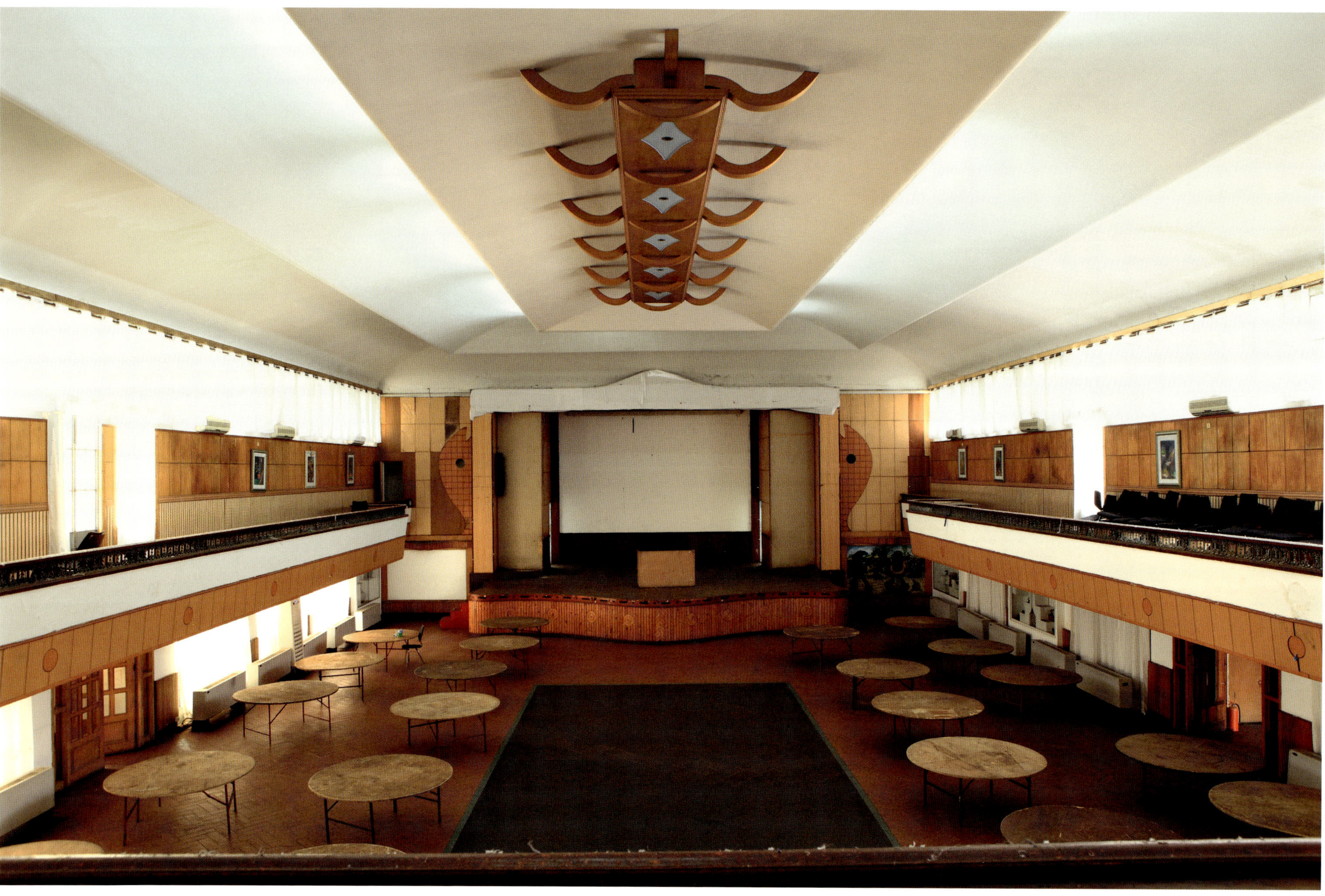

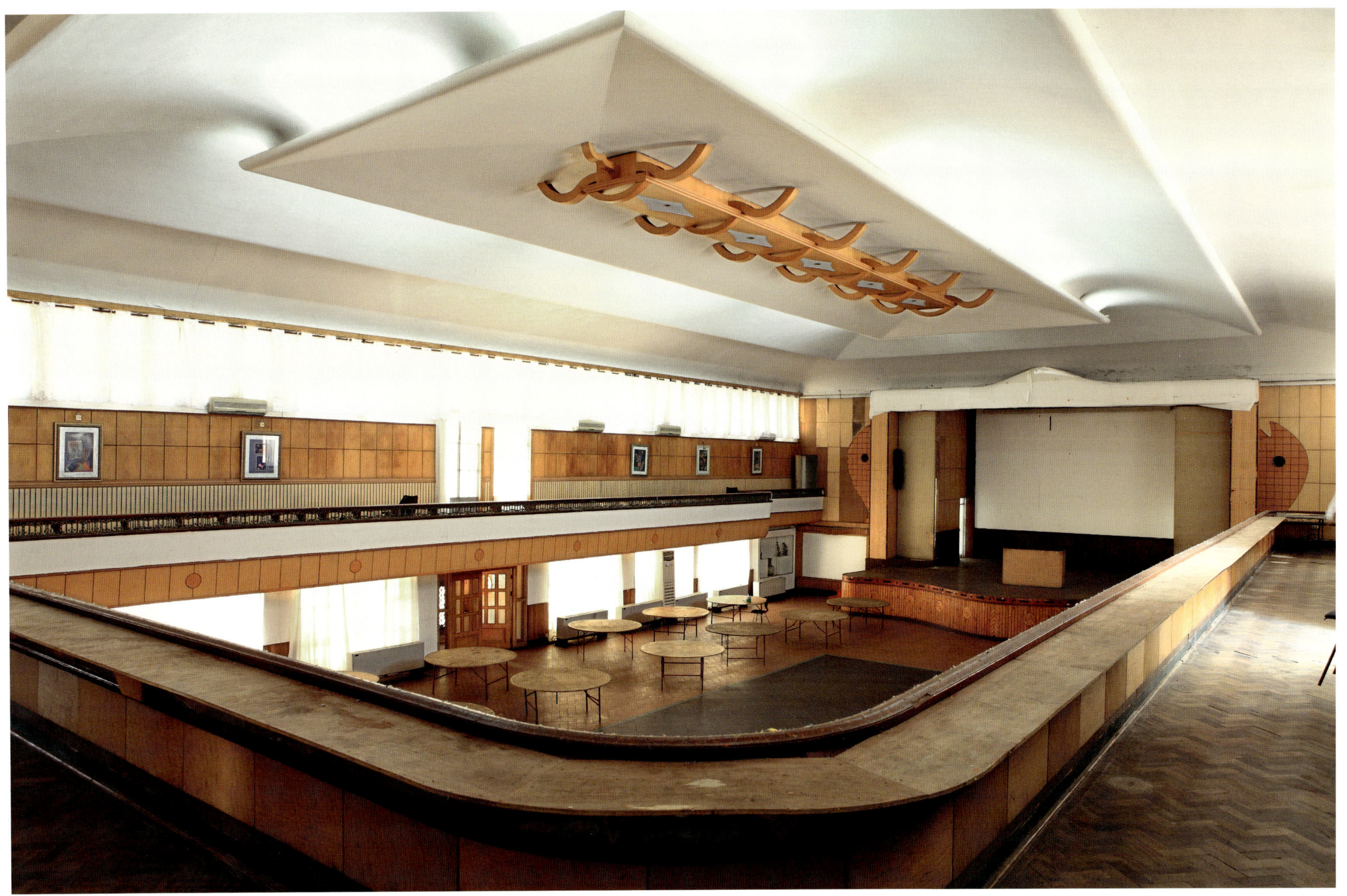

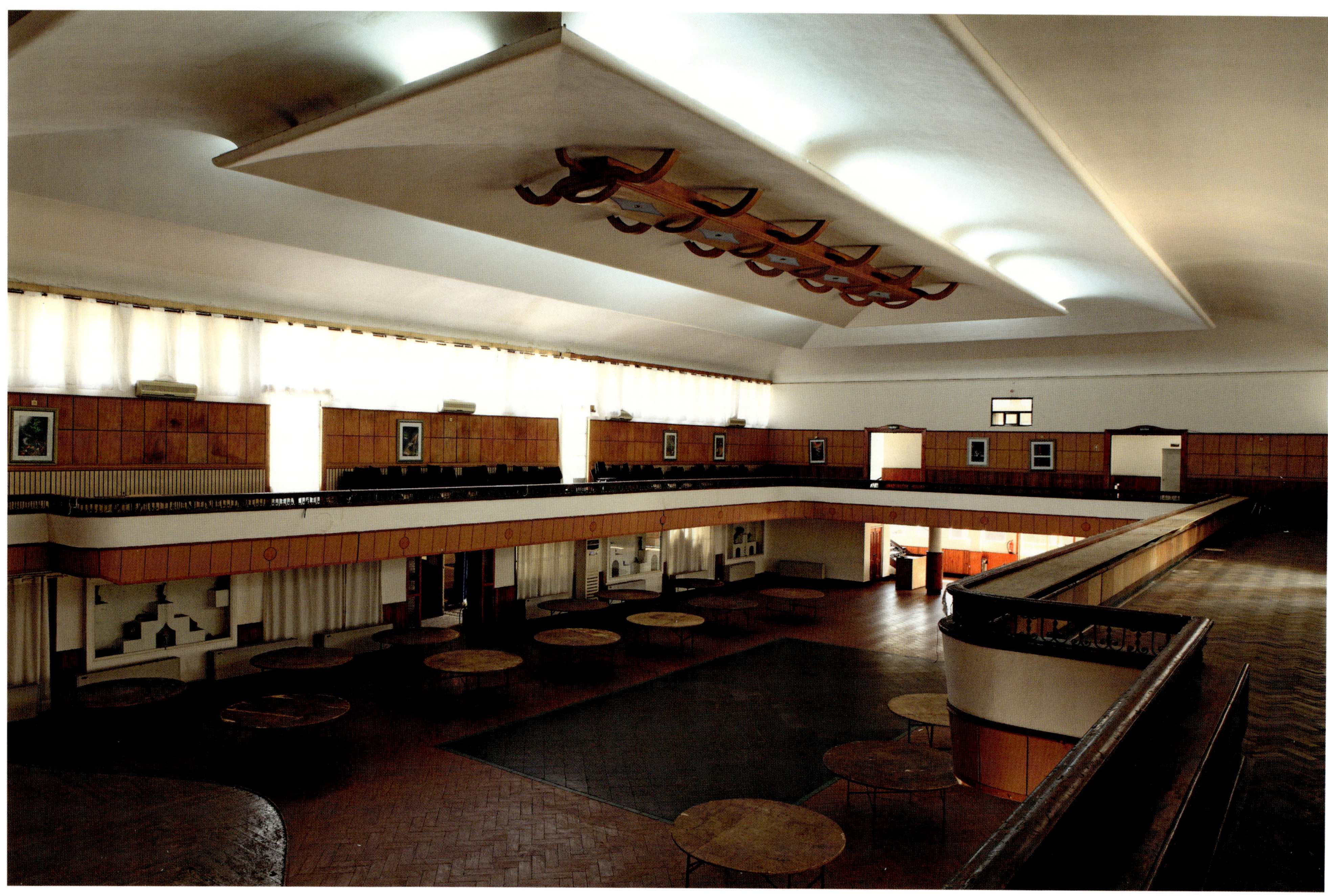

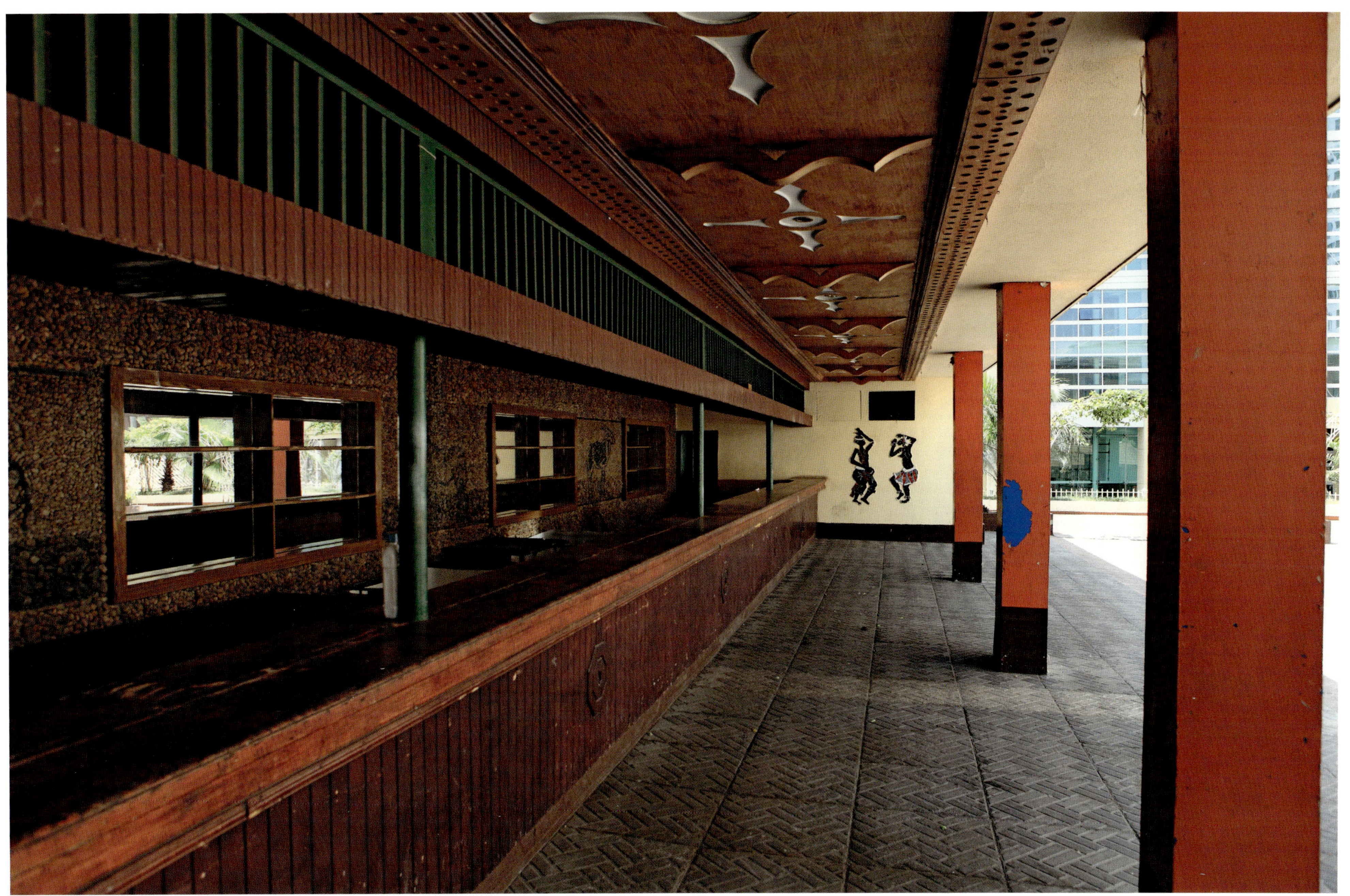

Cine-Teatro Luena, Luena, Província / Province Moxico

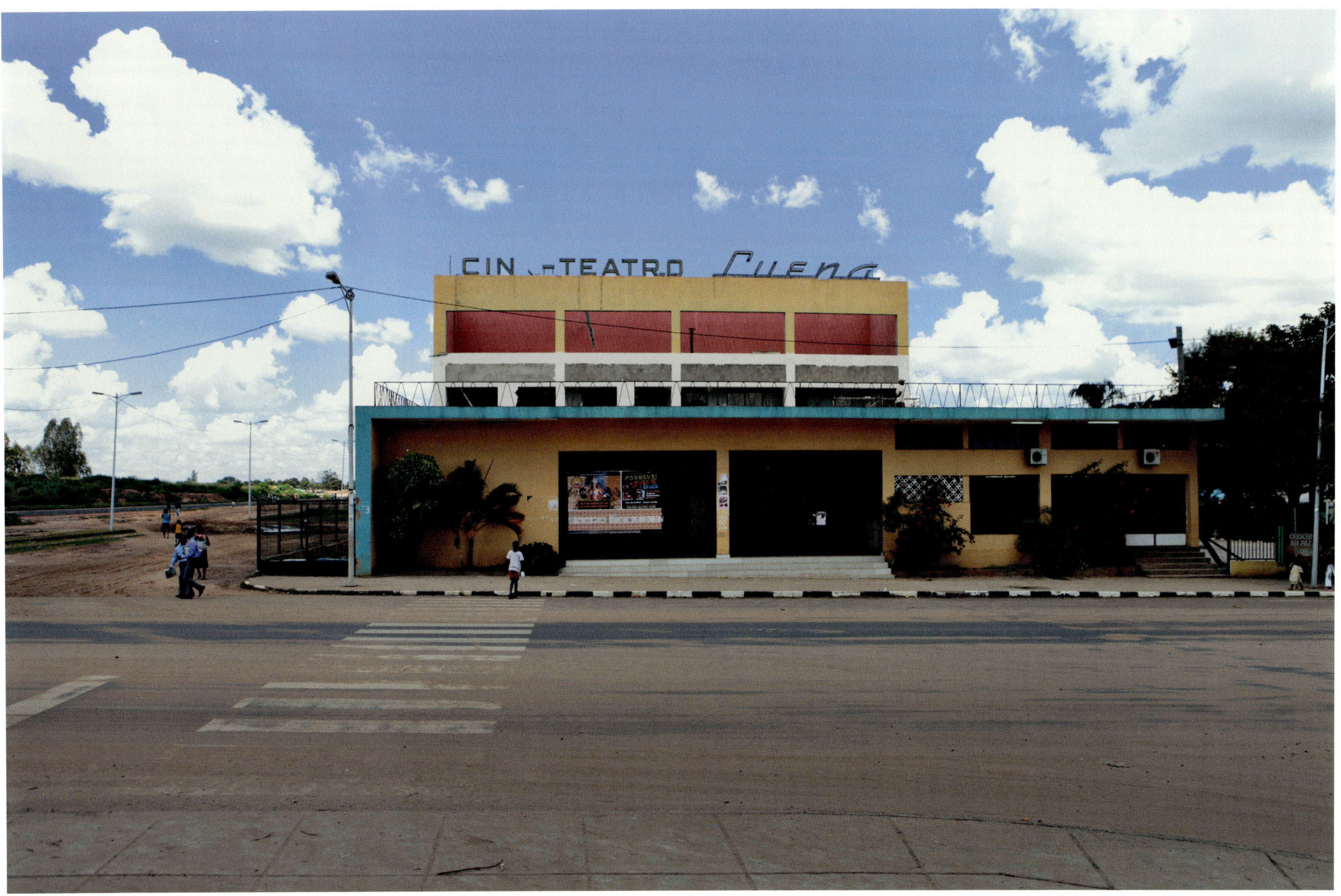

CINE-TEATRO Luena

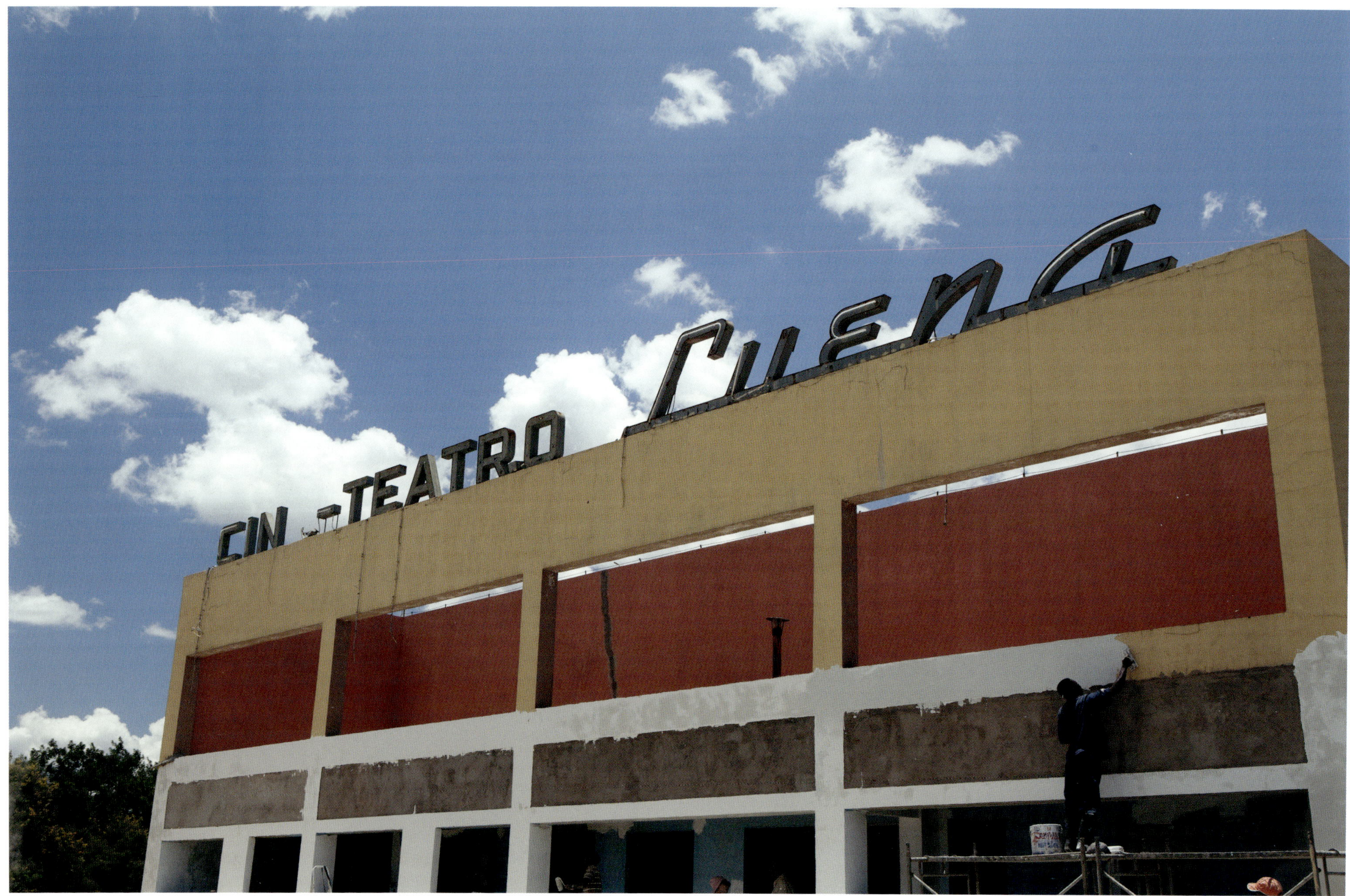
CIN · TEATRO CUENC

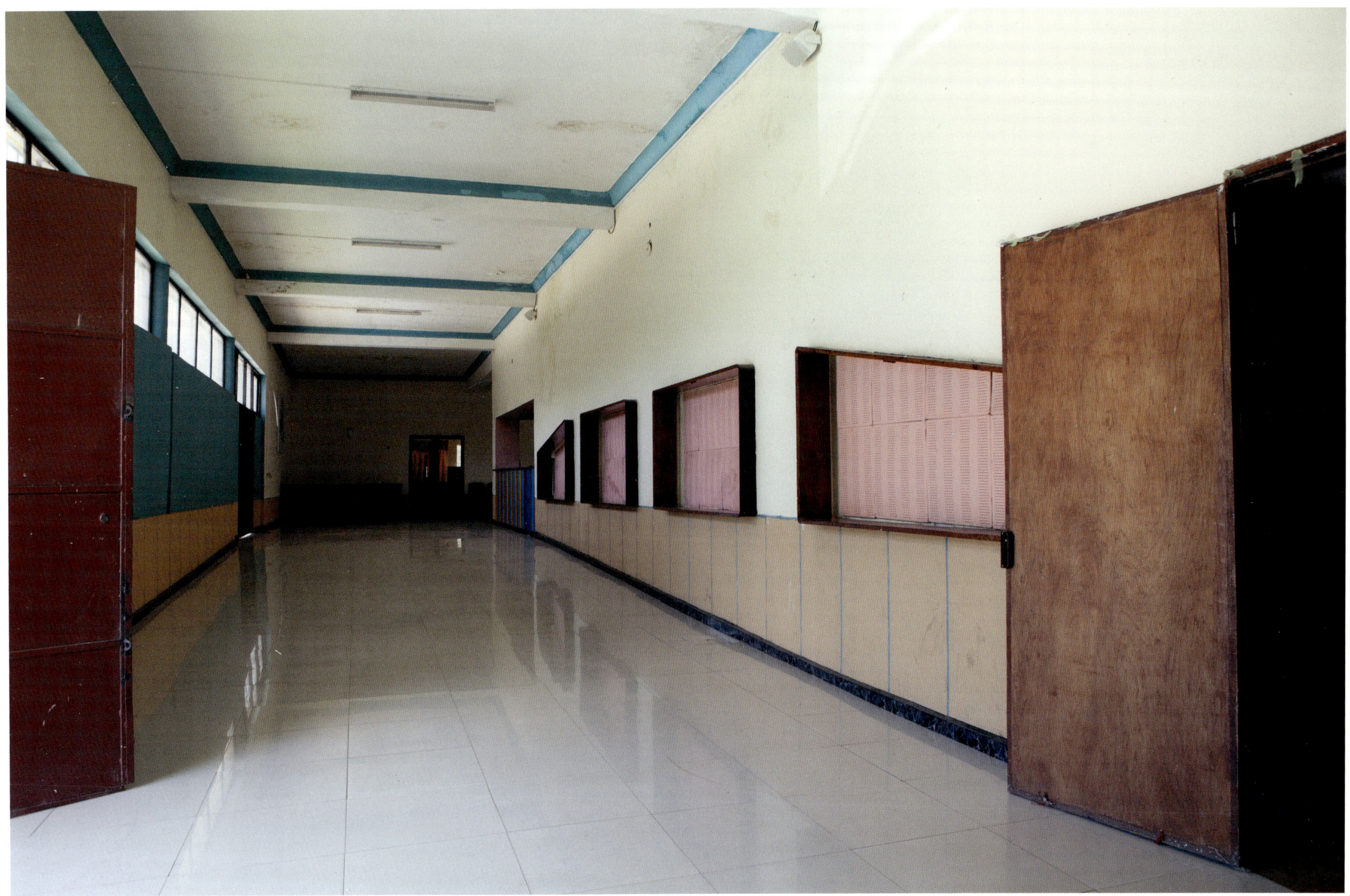

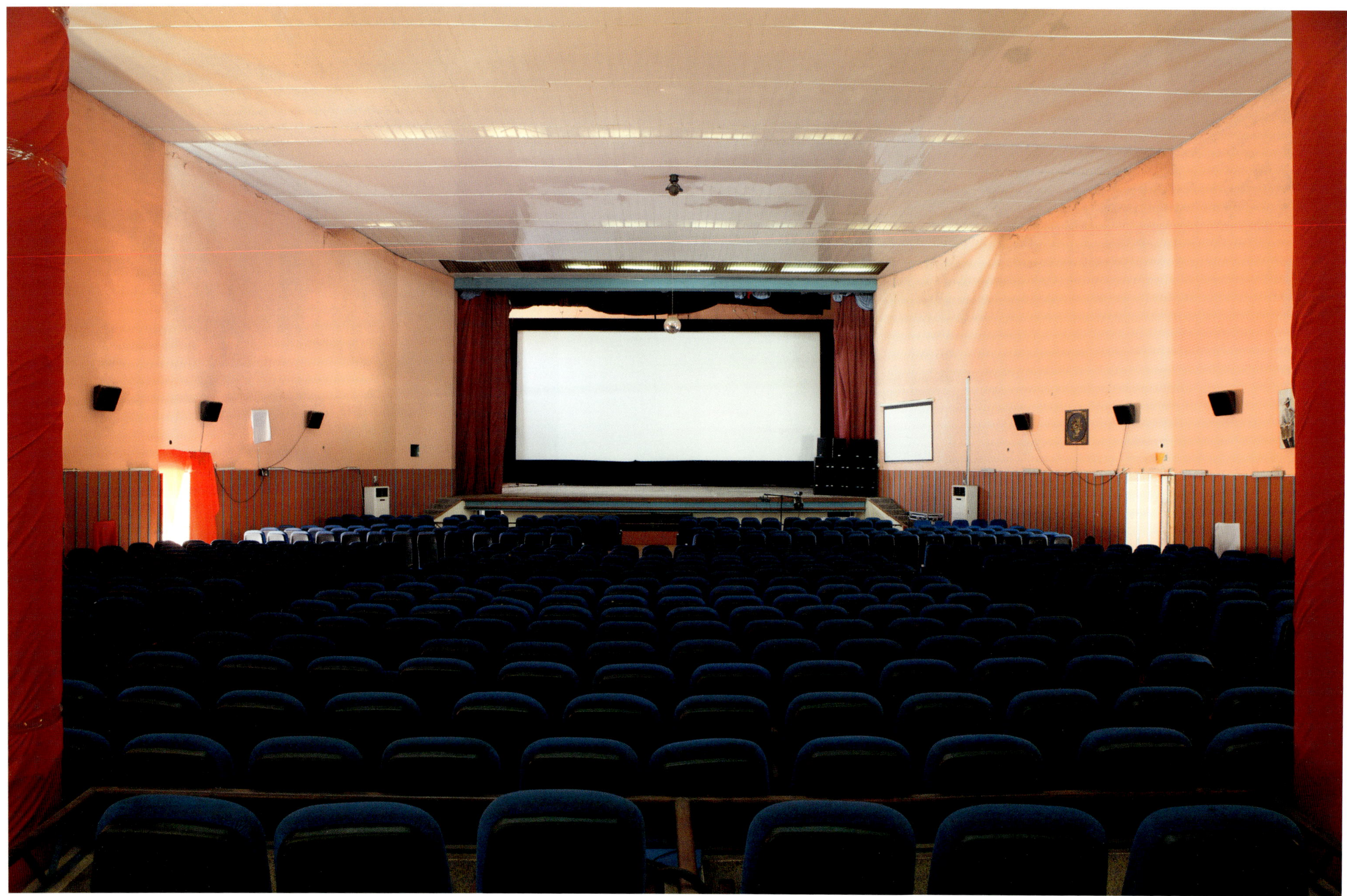

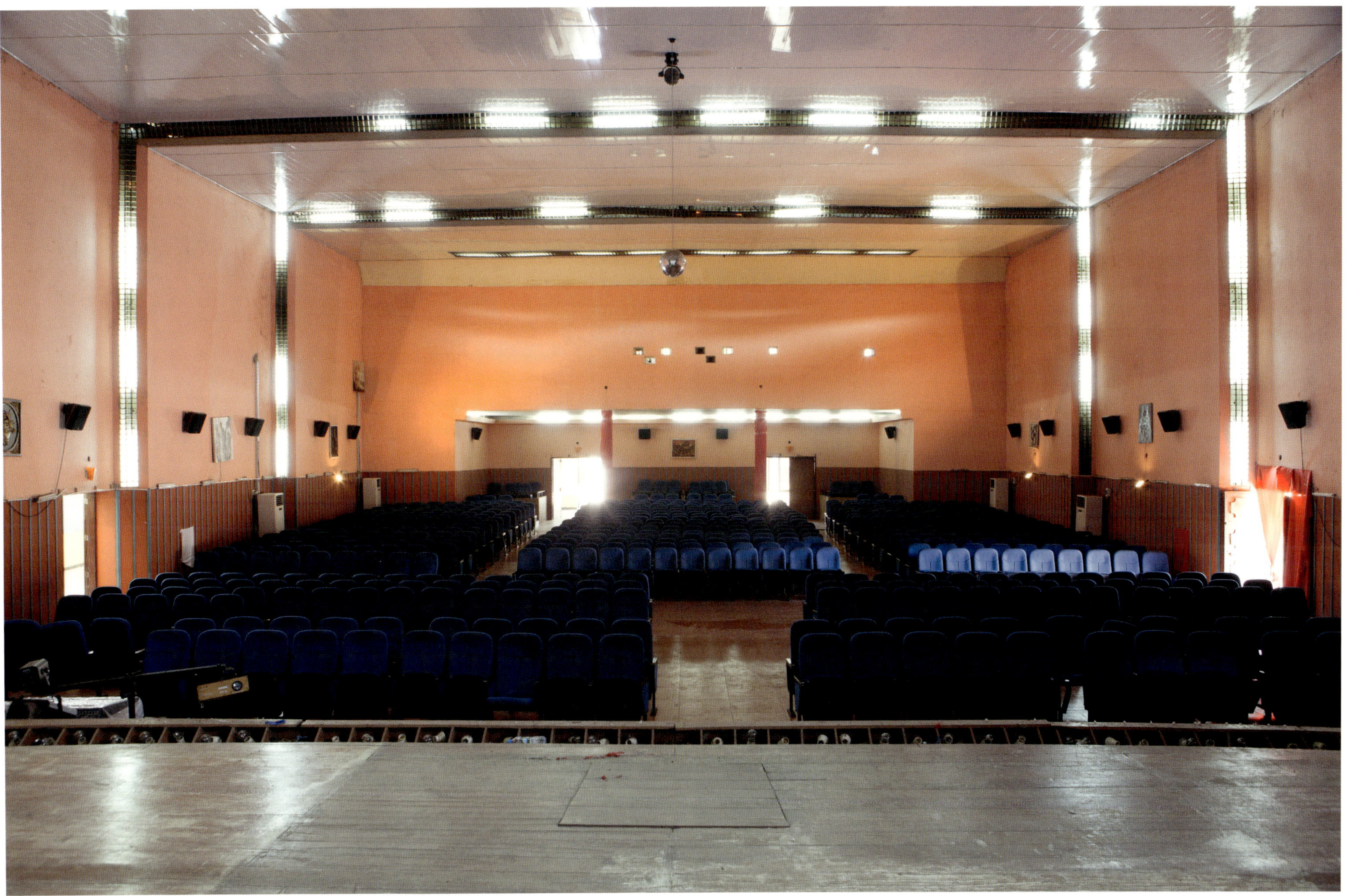

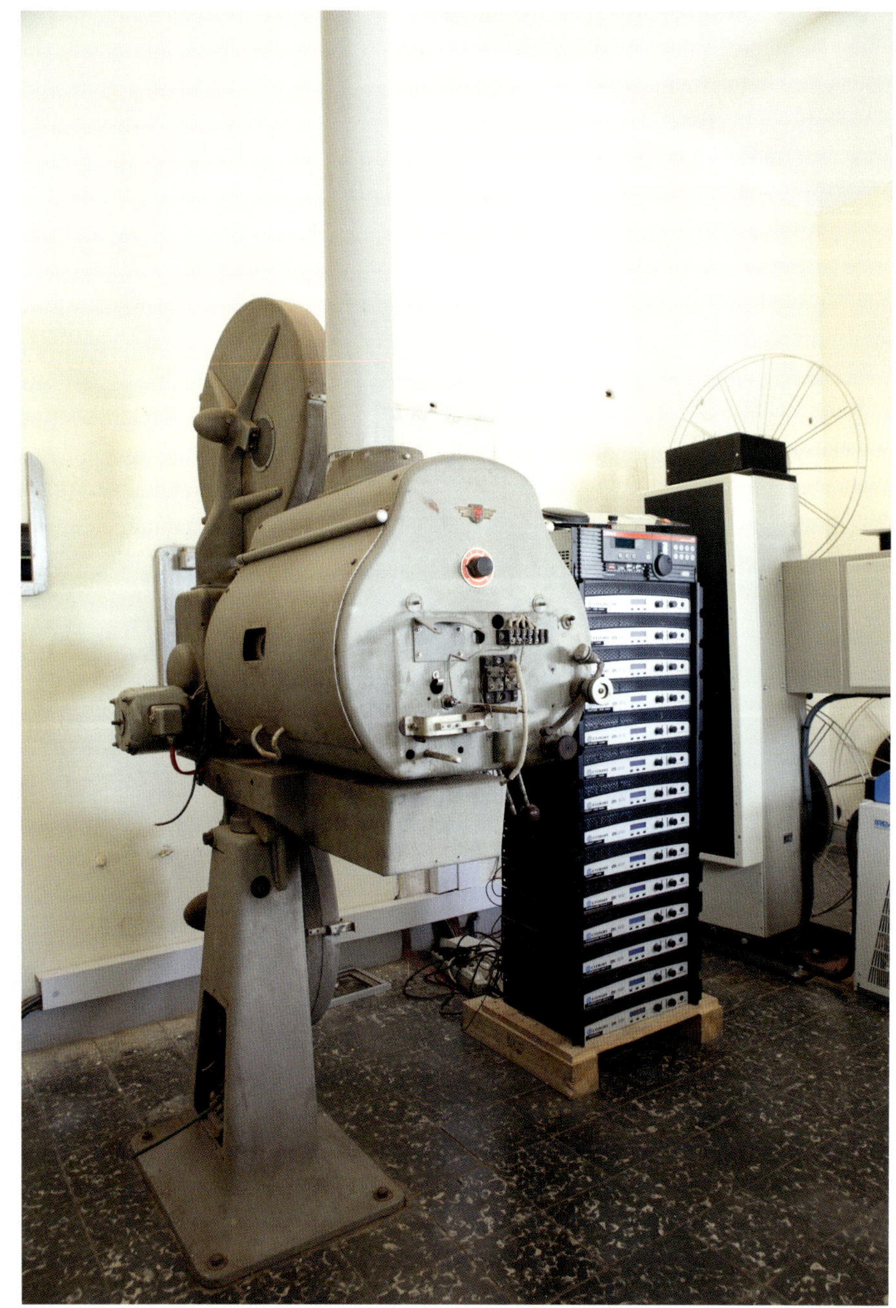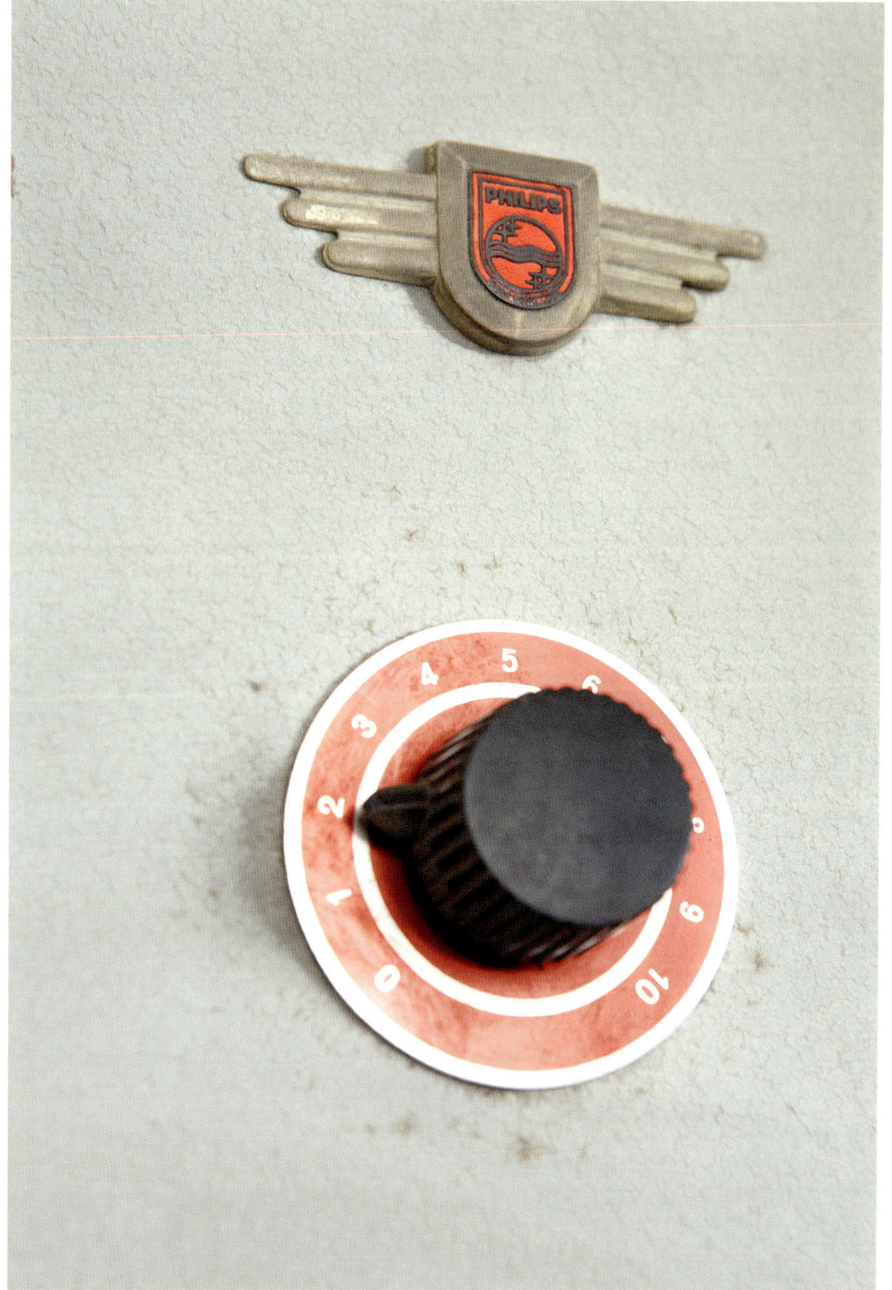

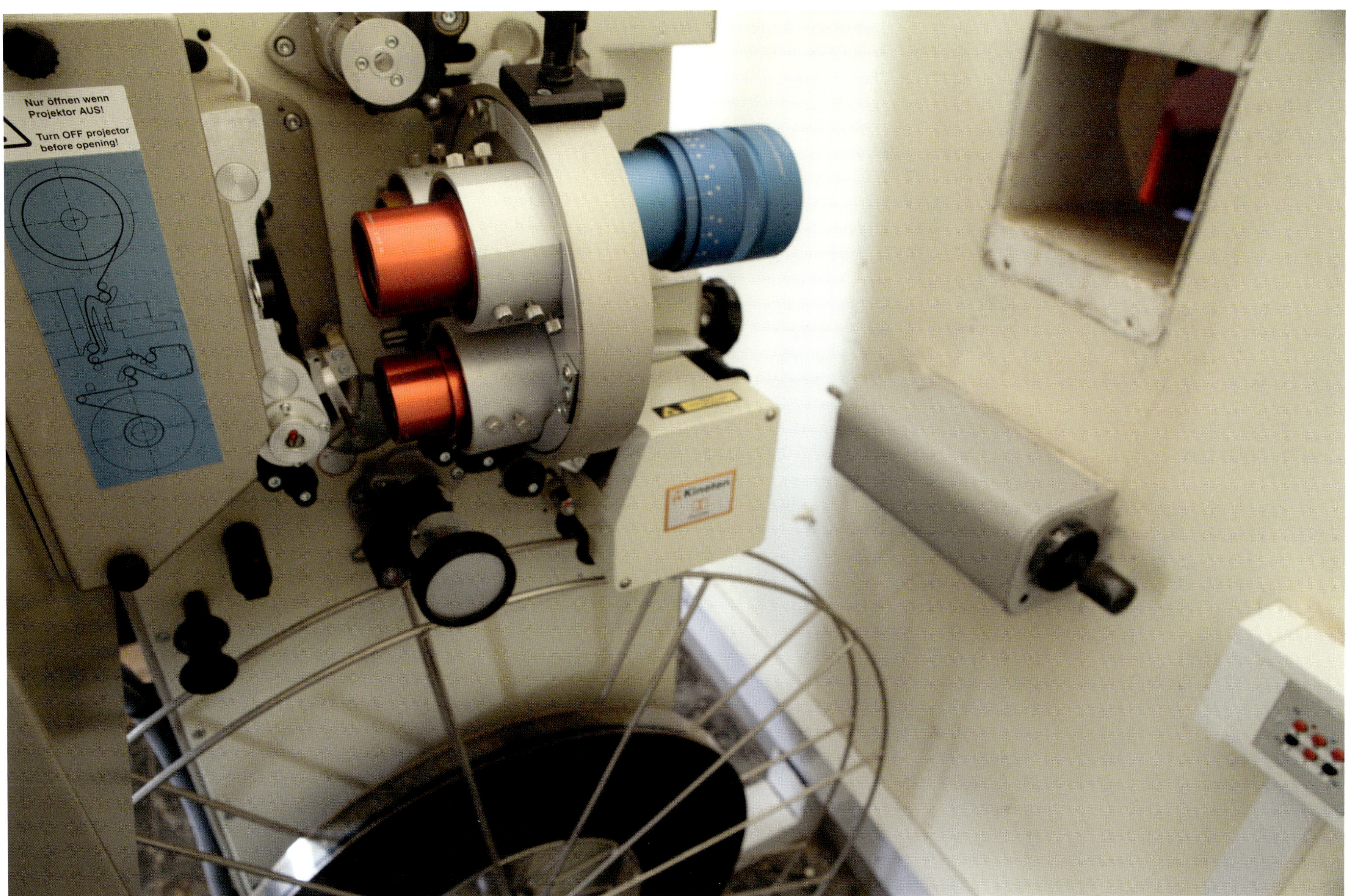
Nur öffnen wenn
Projektor AUS!
Turn OFF projector
before opening!
Kinoton

Cine-Teatro Namibe, Namibe, Província / Province Namibe

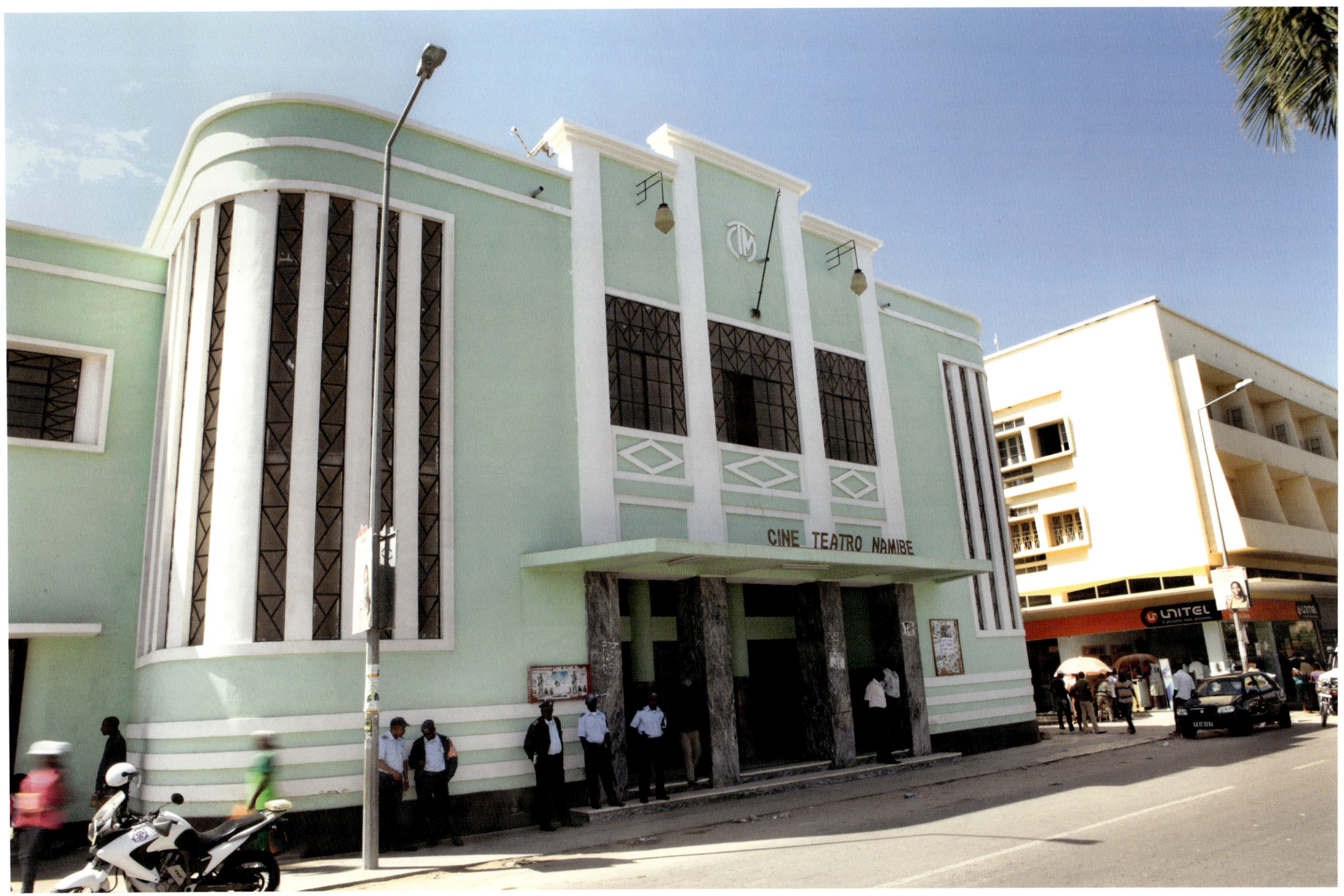
CINE TEATRO NAMIBE
UNITEL

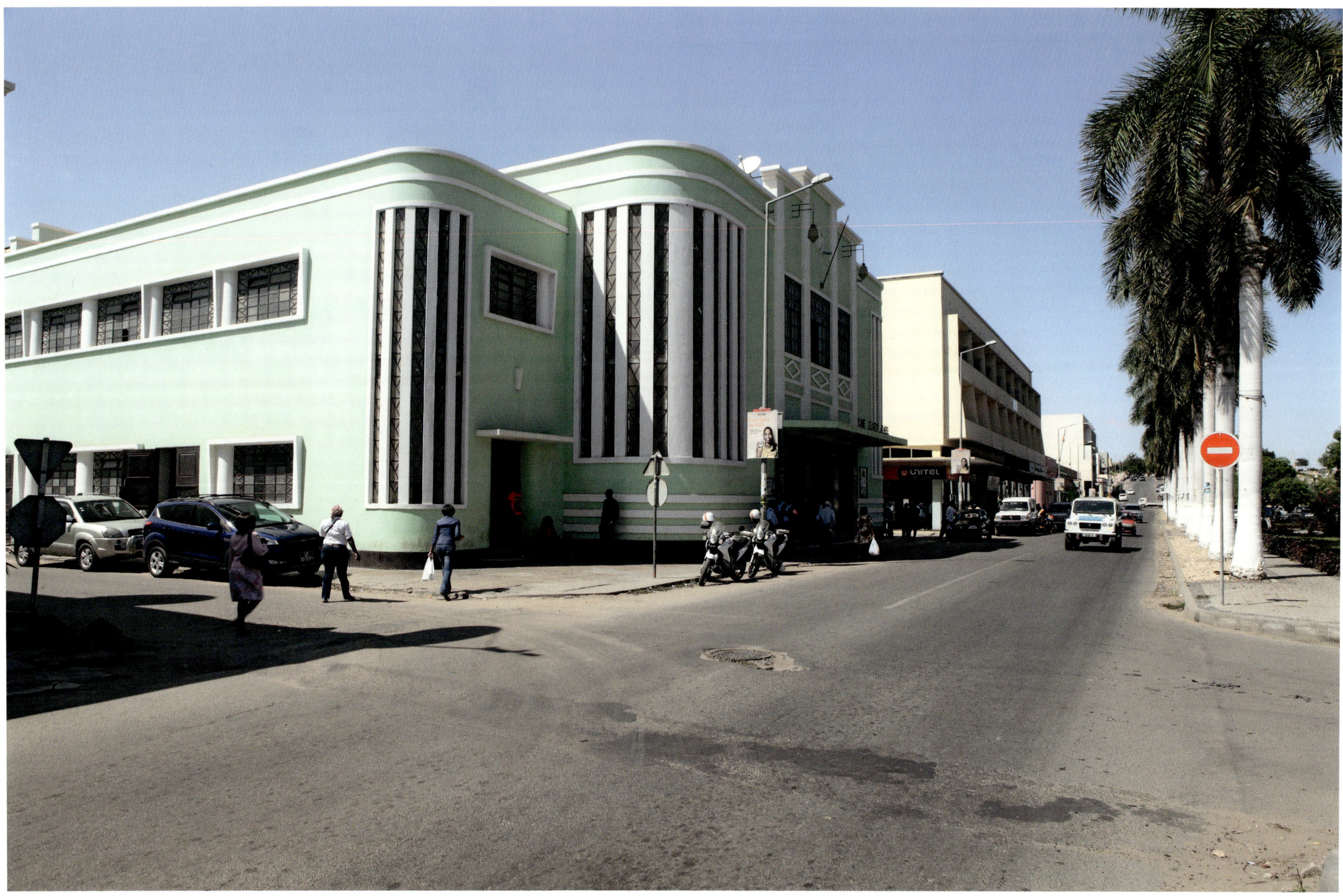

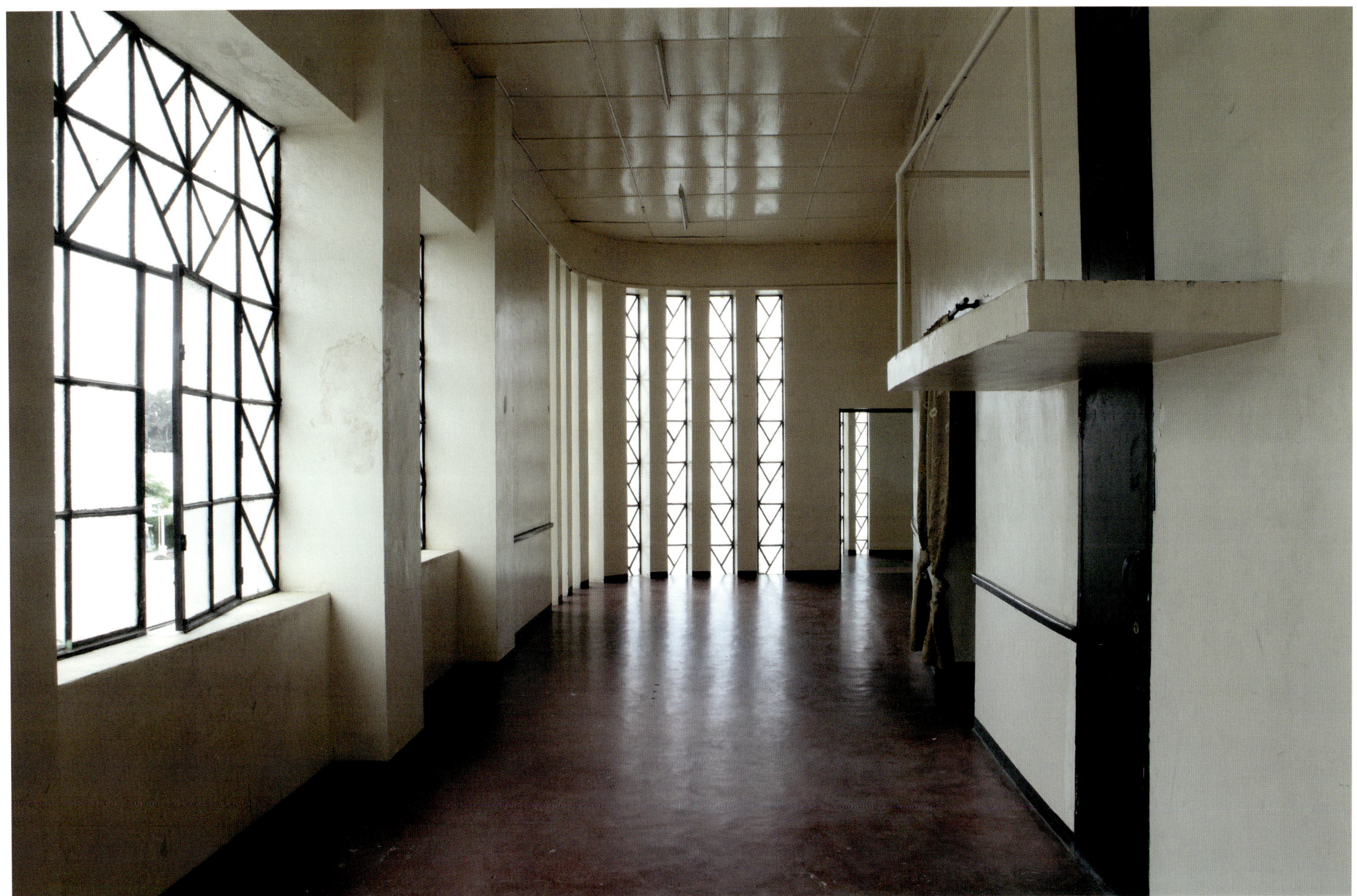

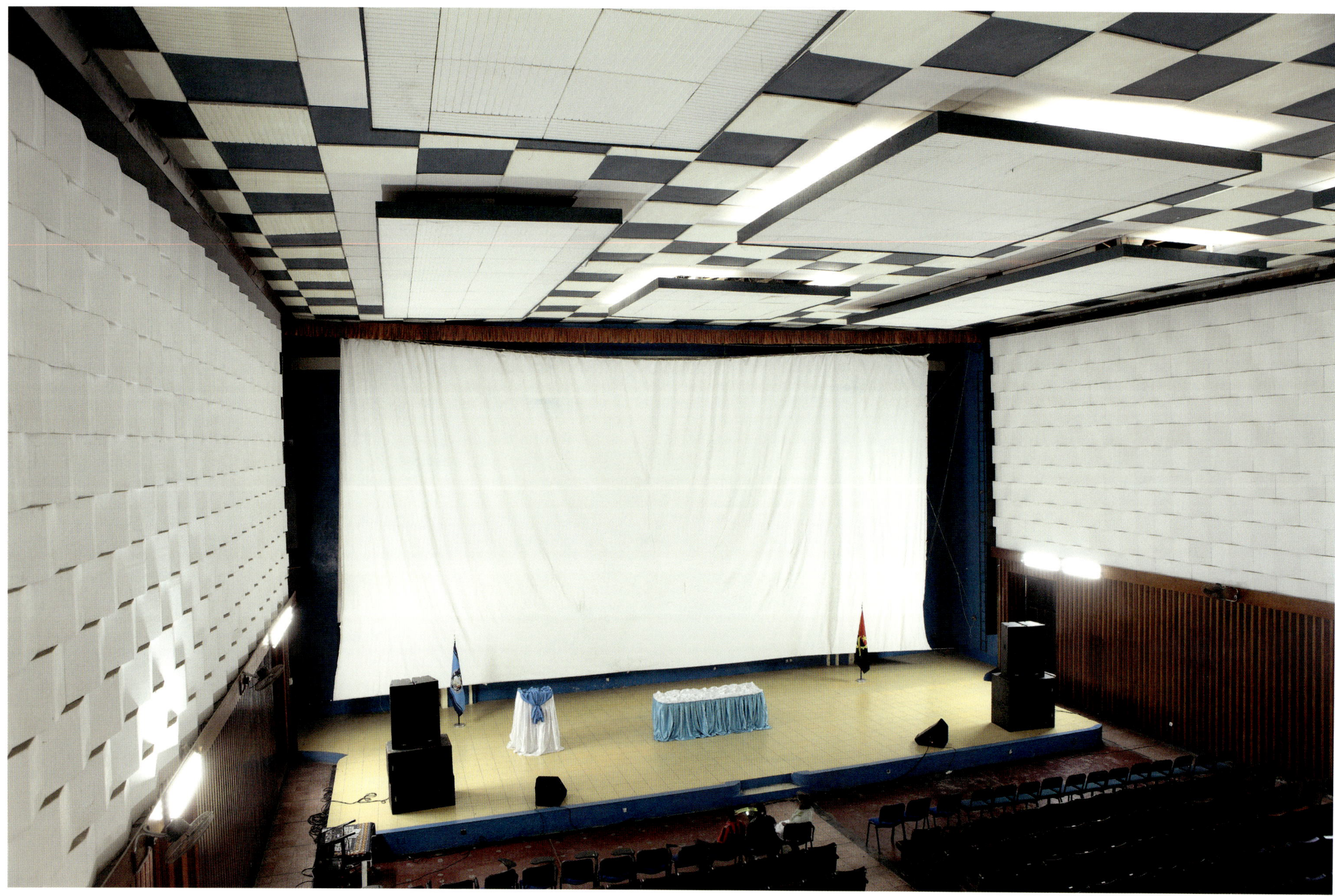

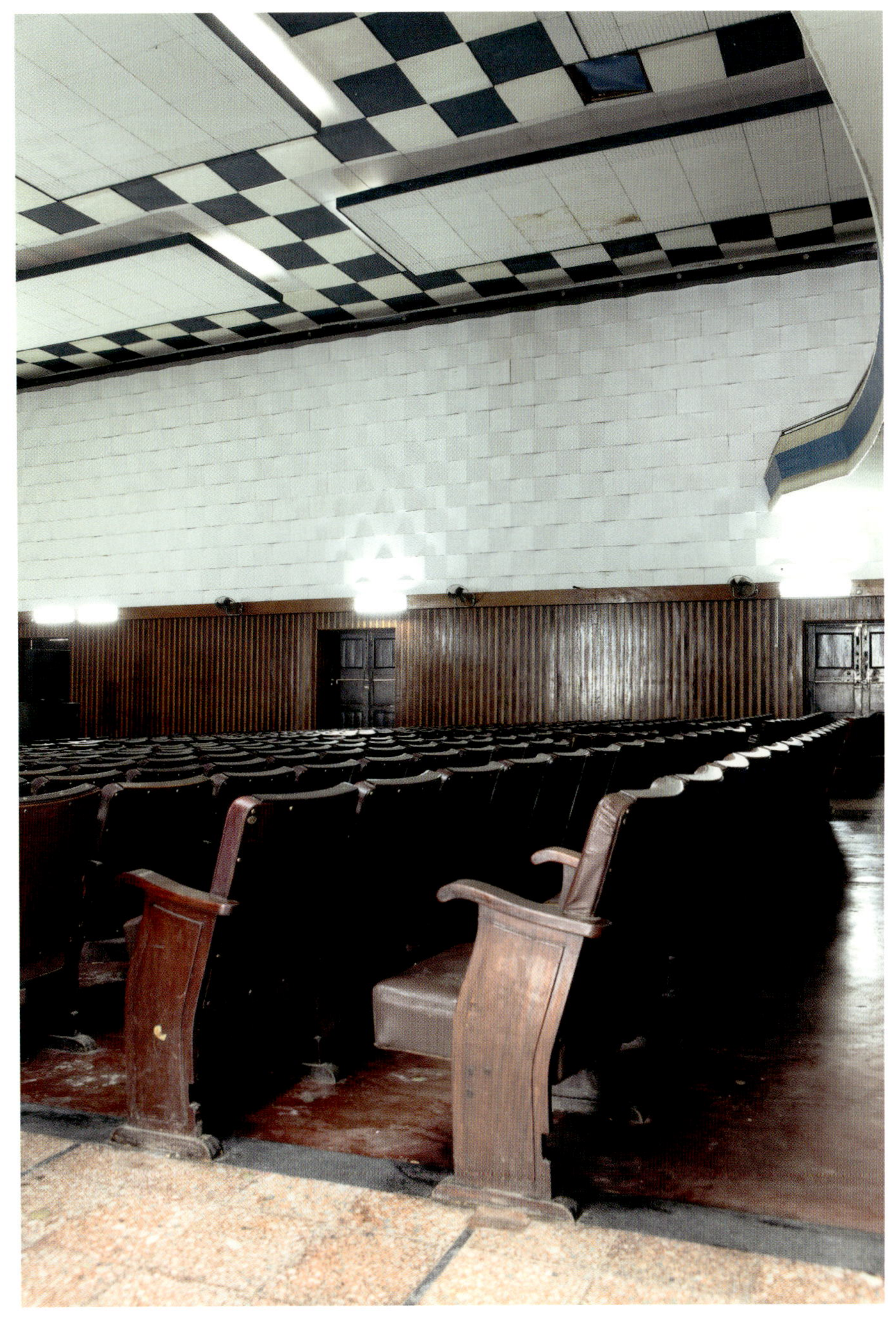

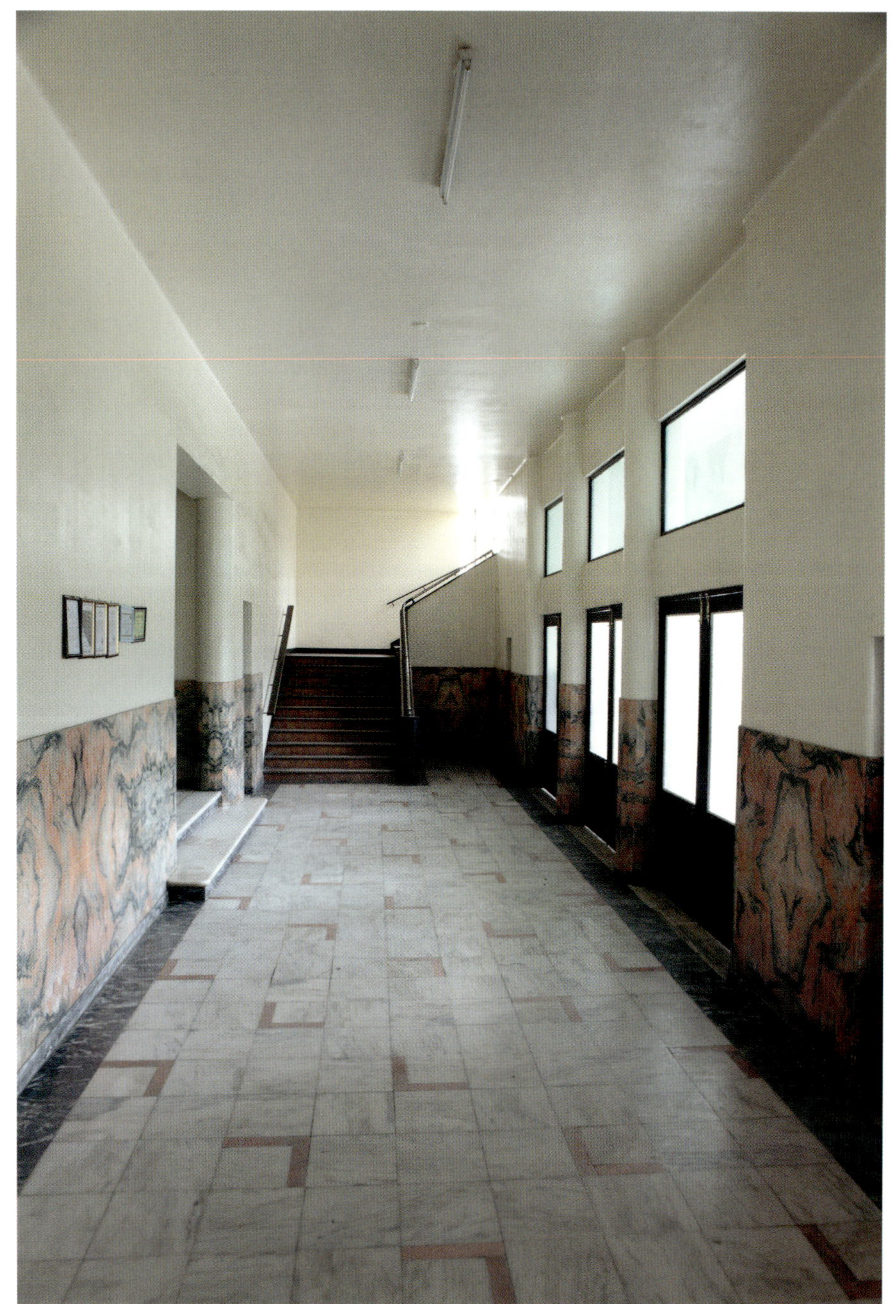
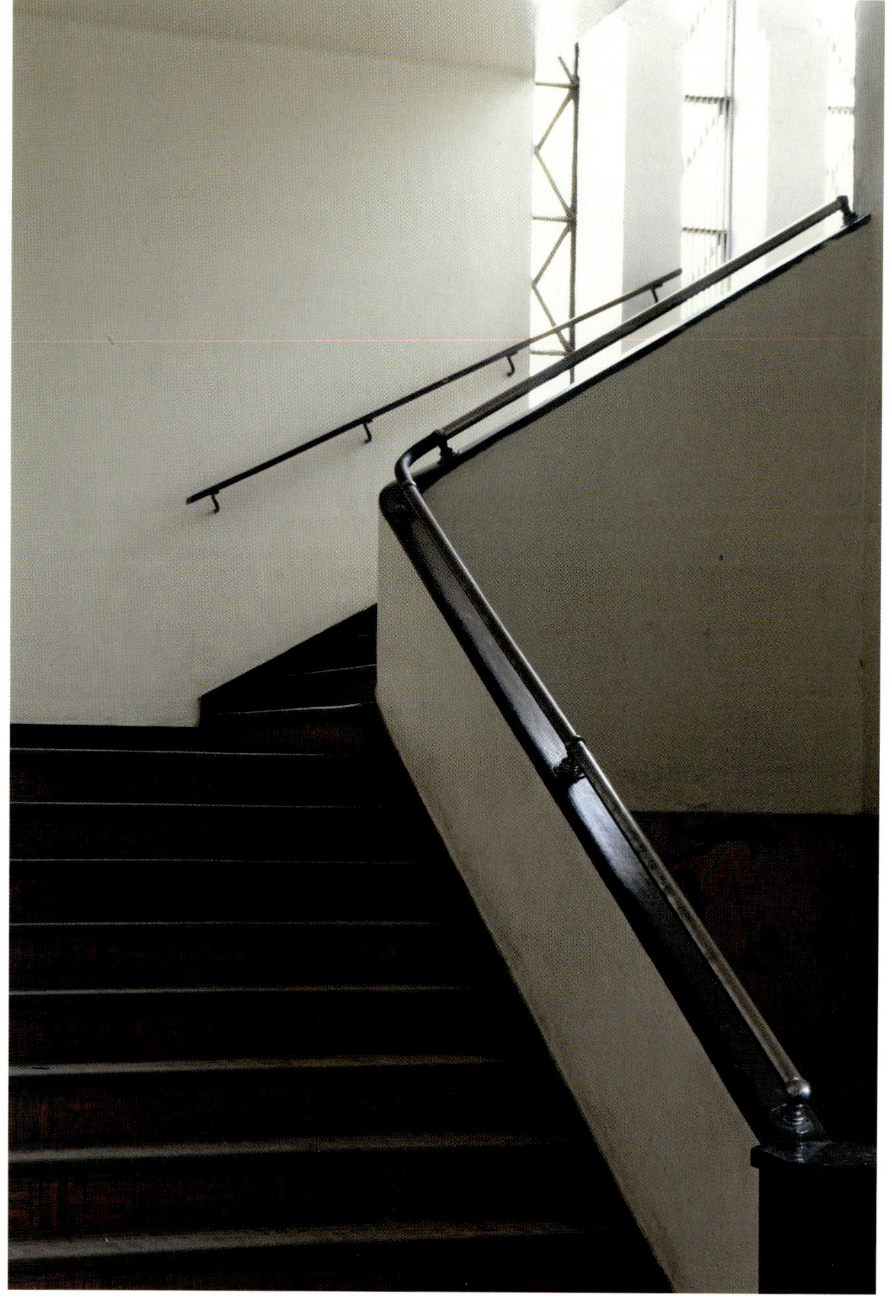

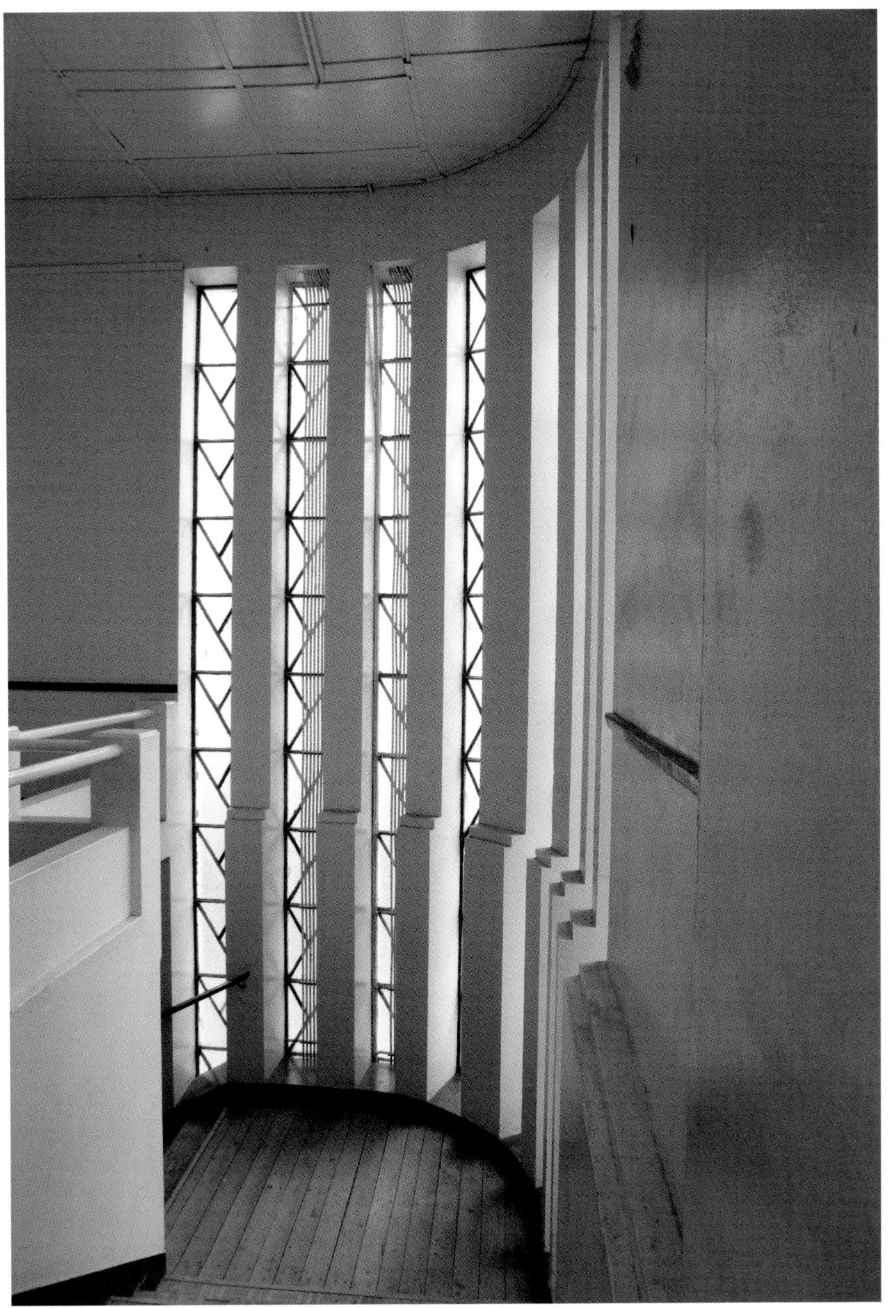
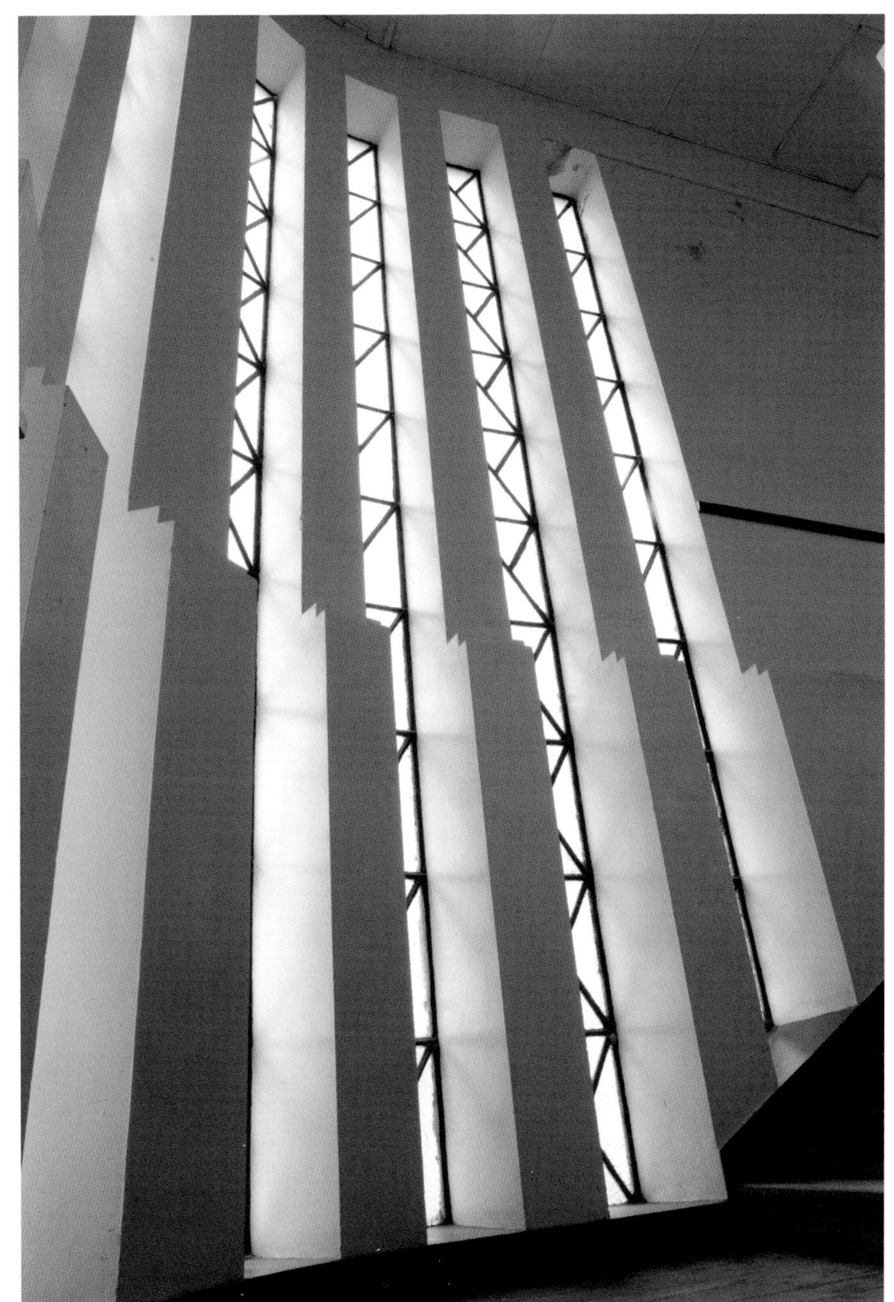

Cine-Teatro Imperium, Lobito, Província / Province Benguela

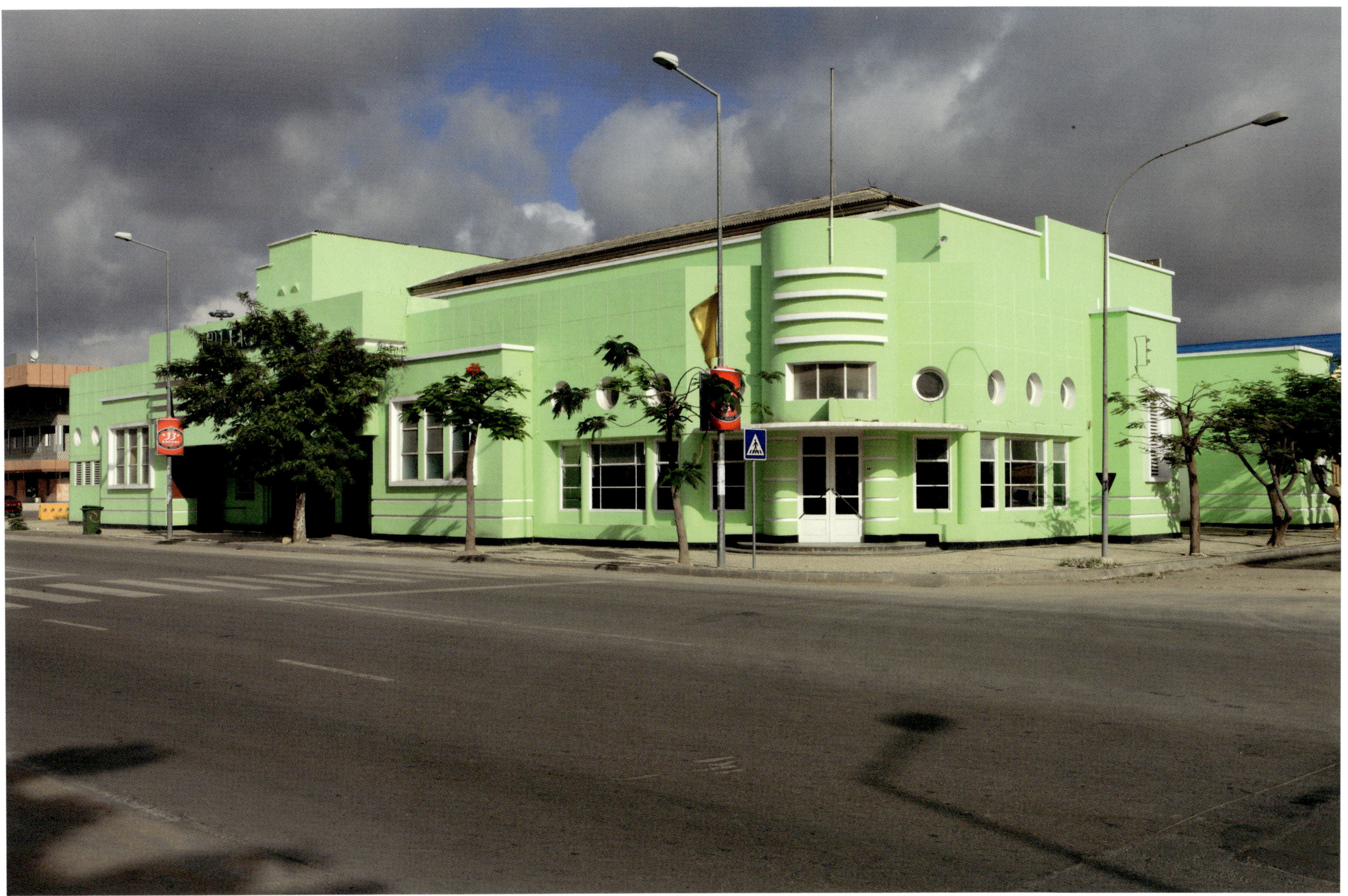

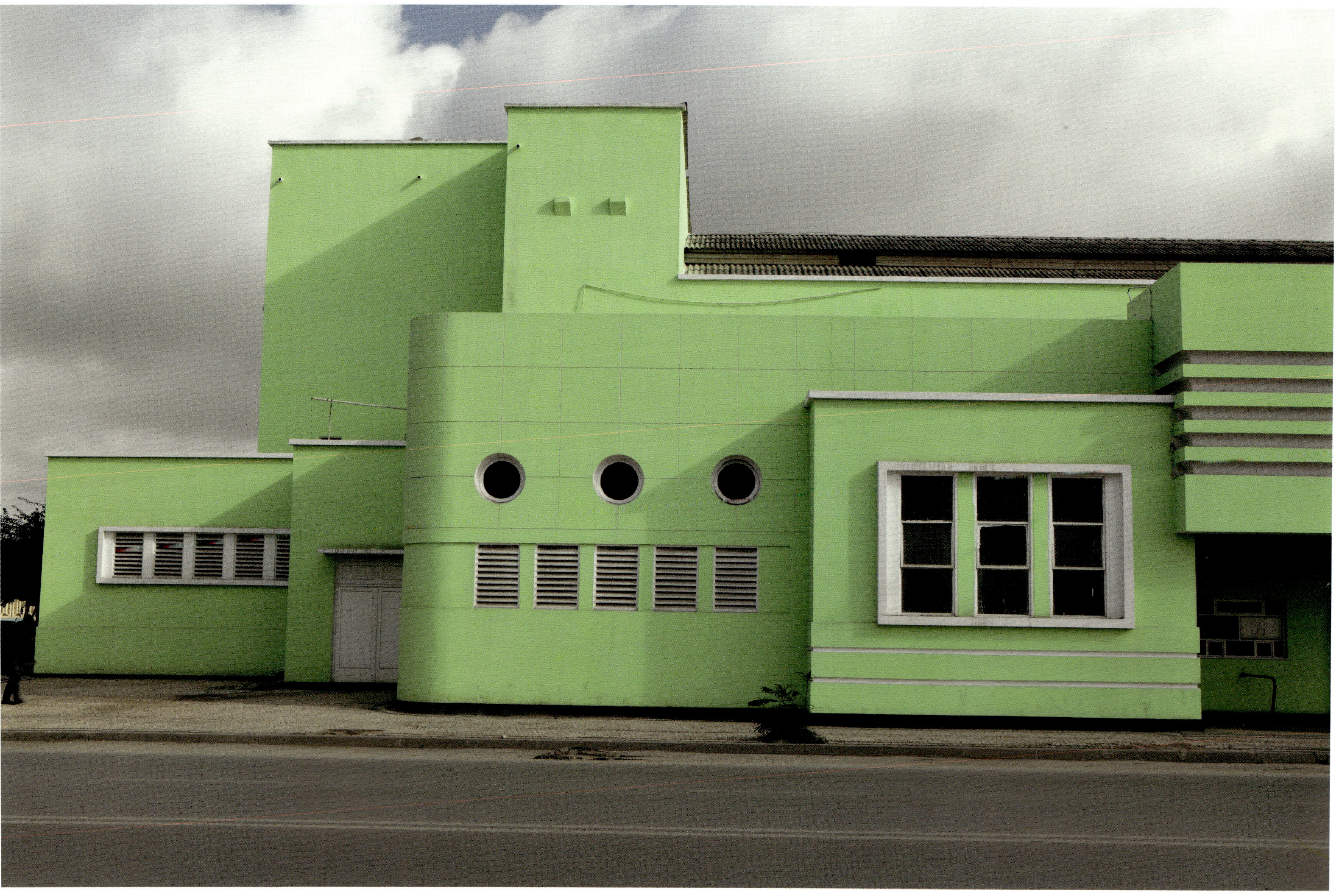

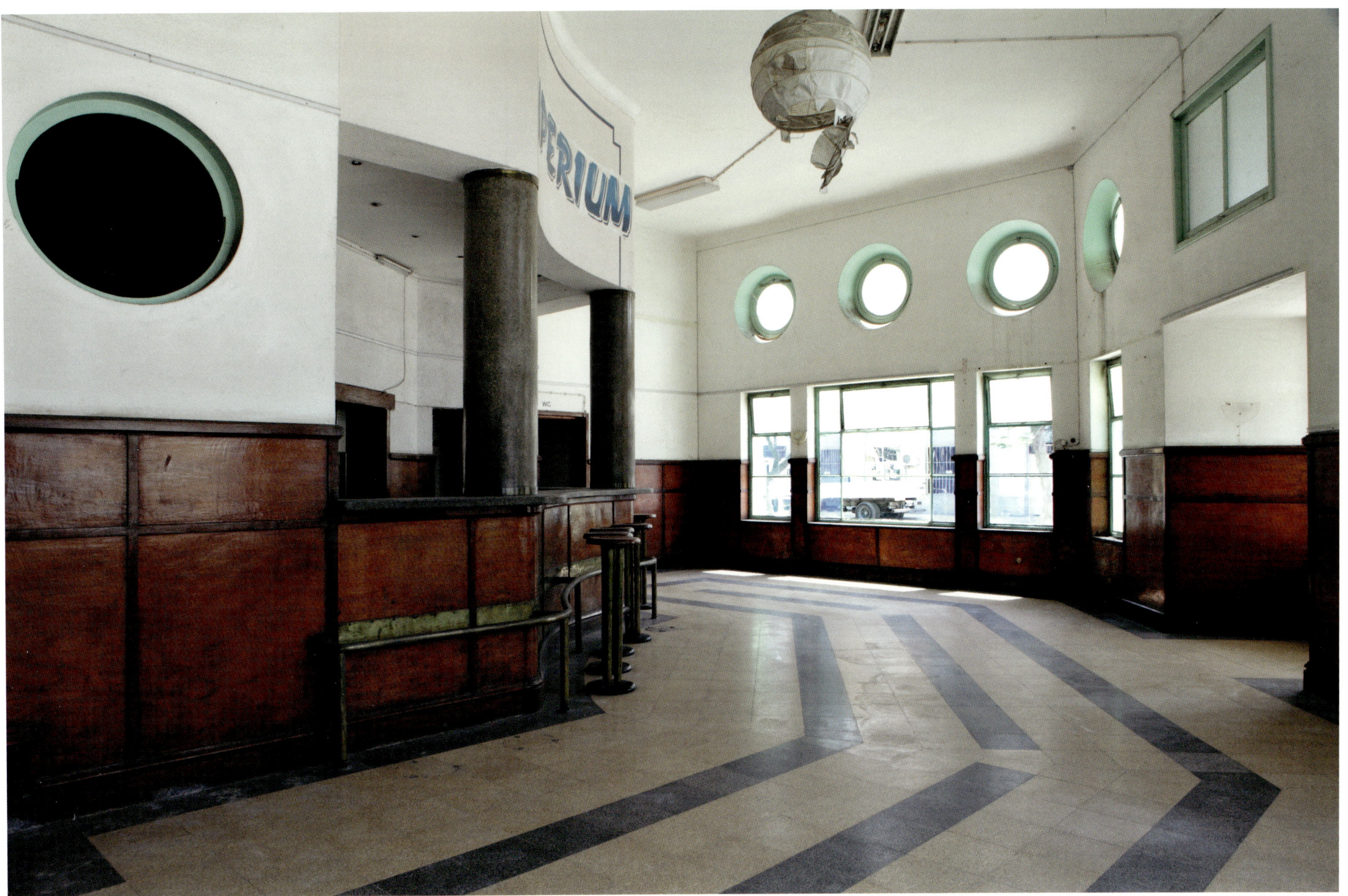
PERIUM

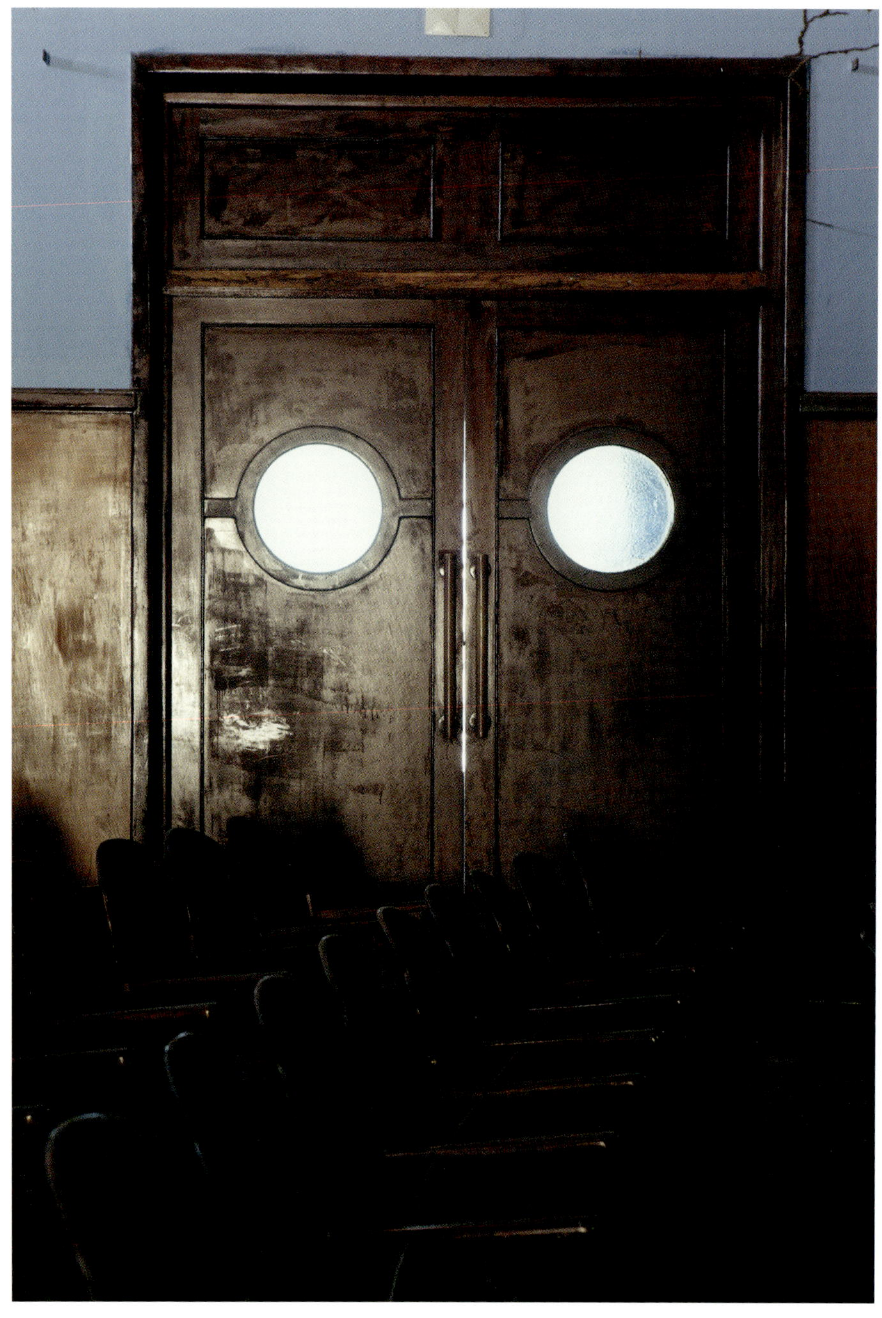

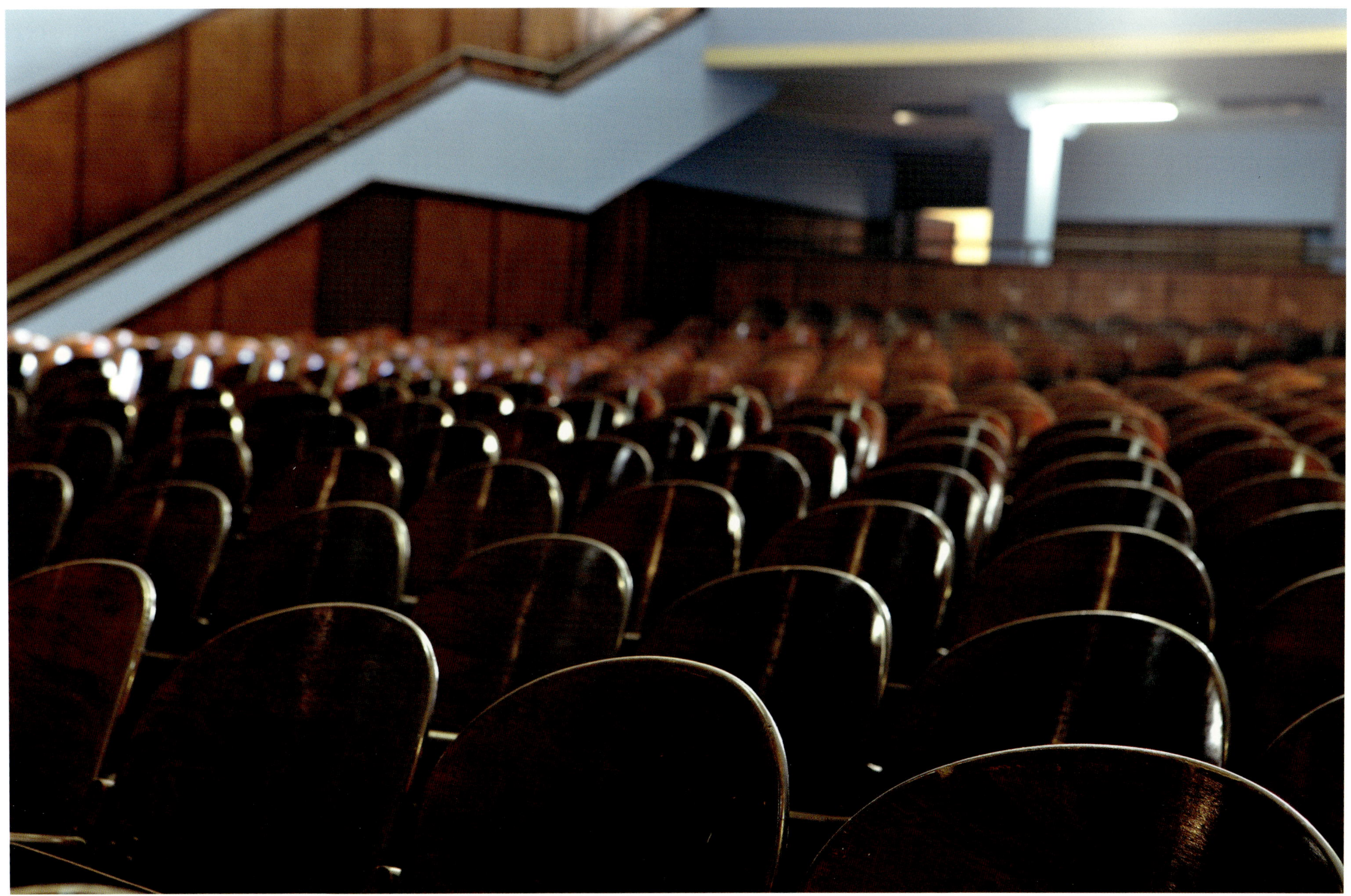

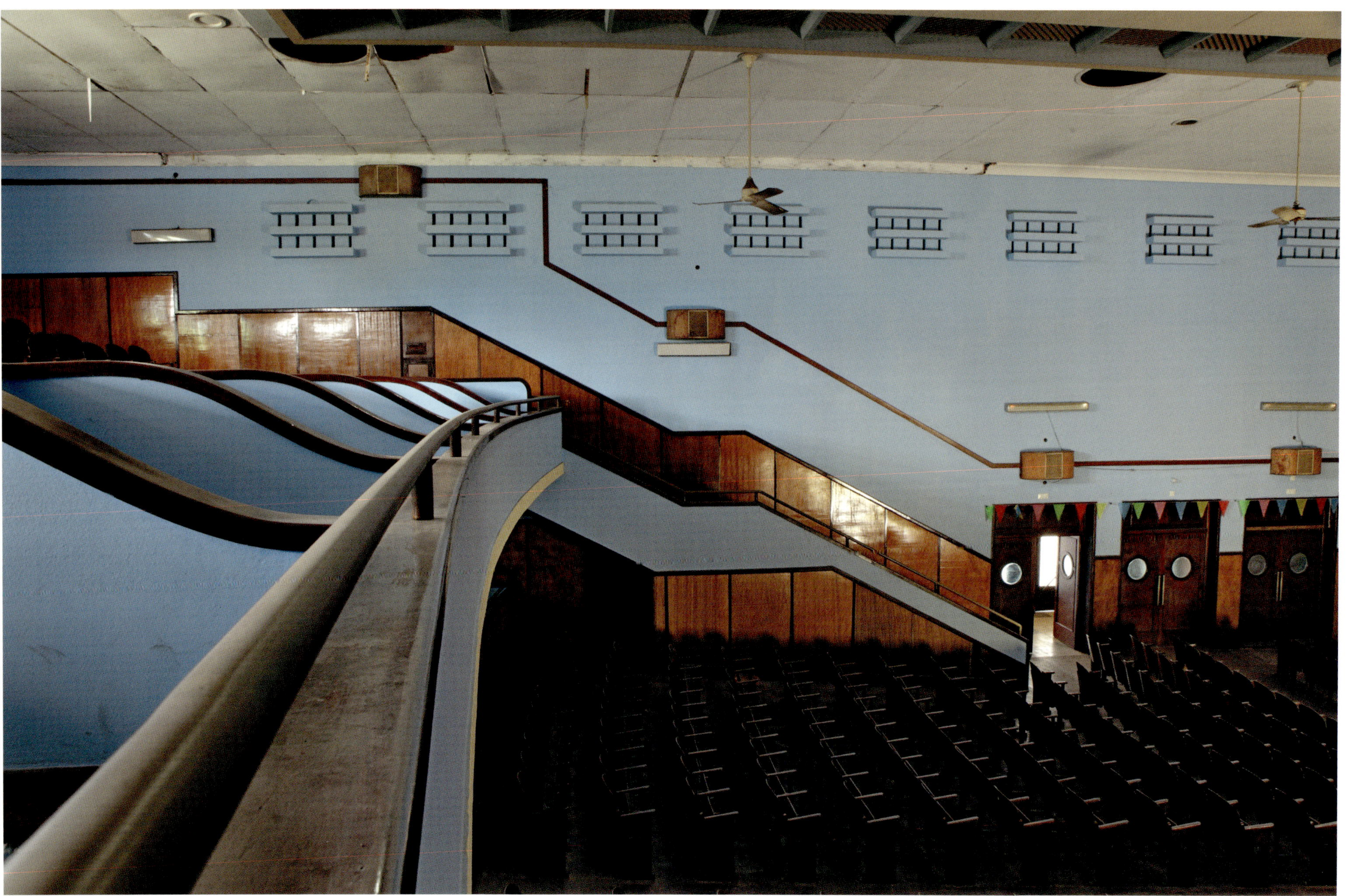

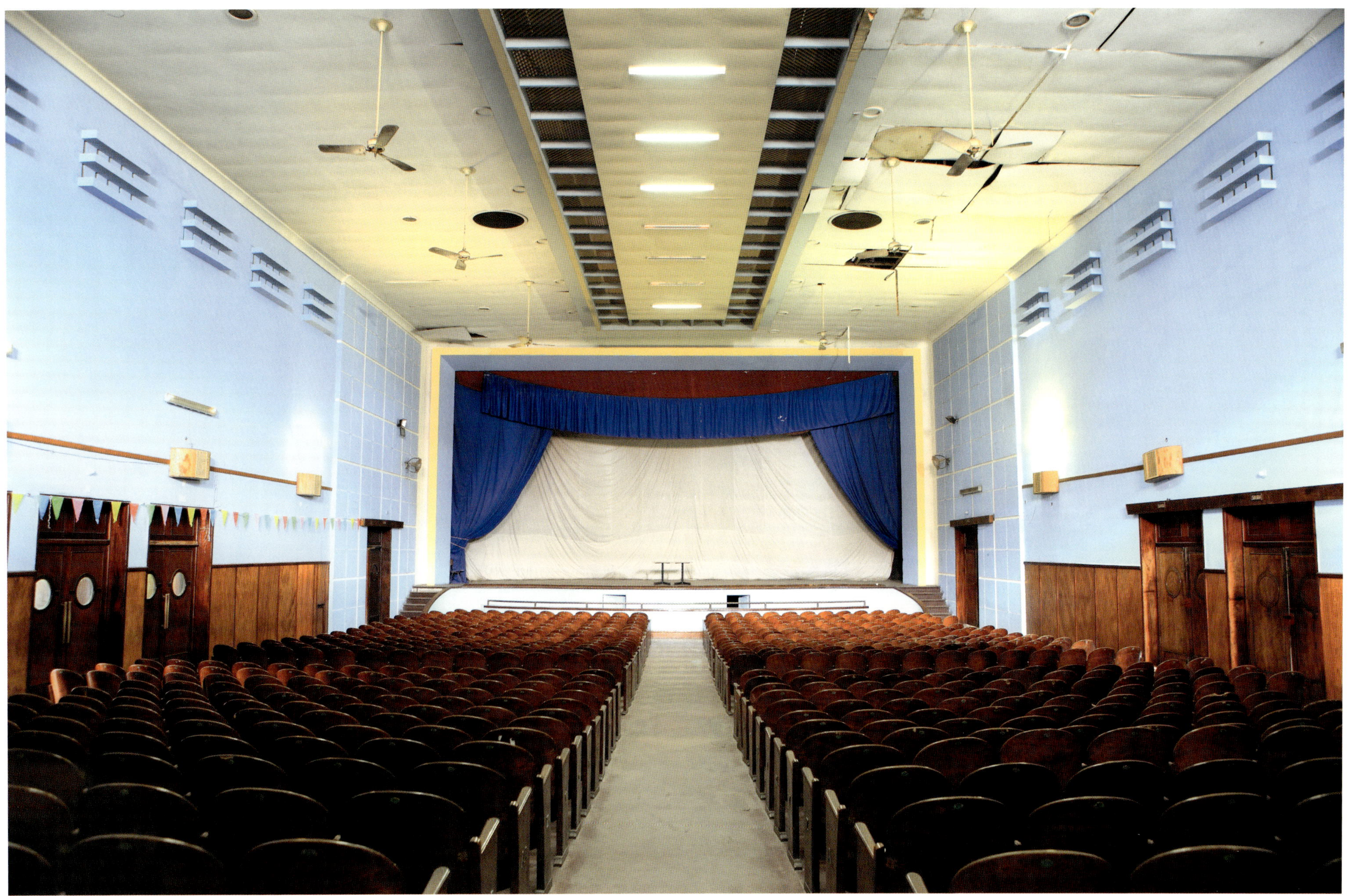

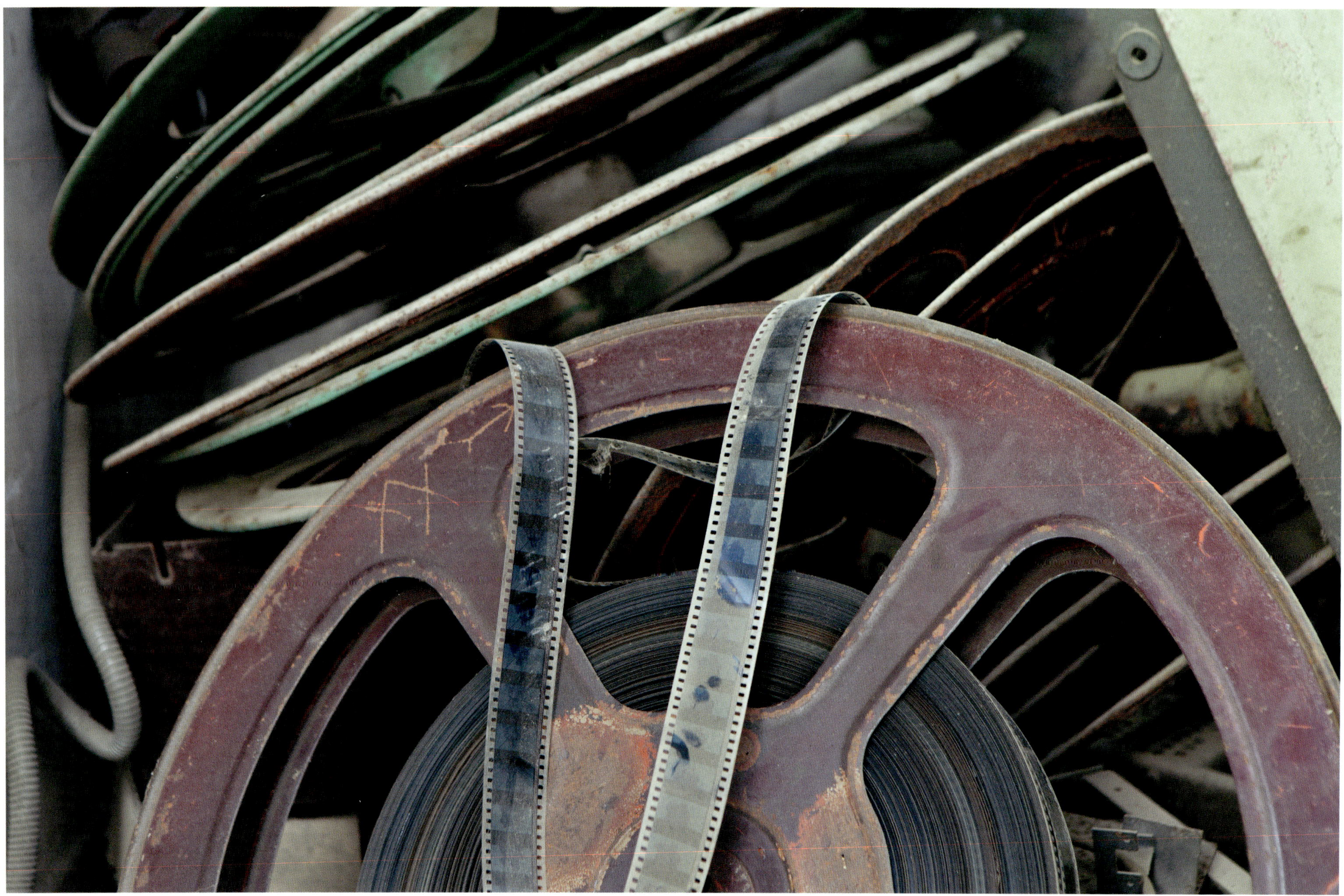

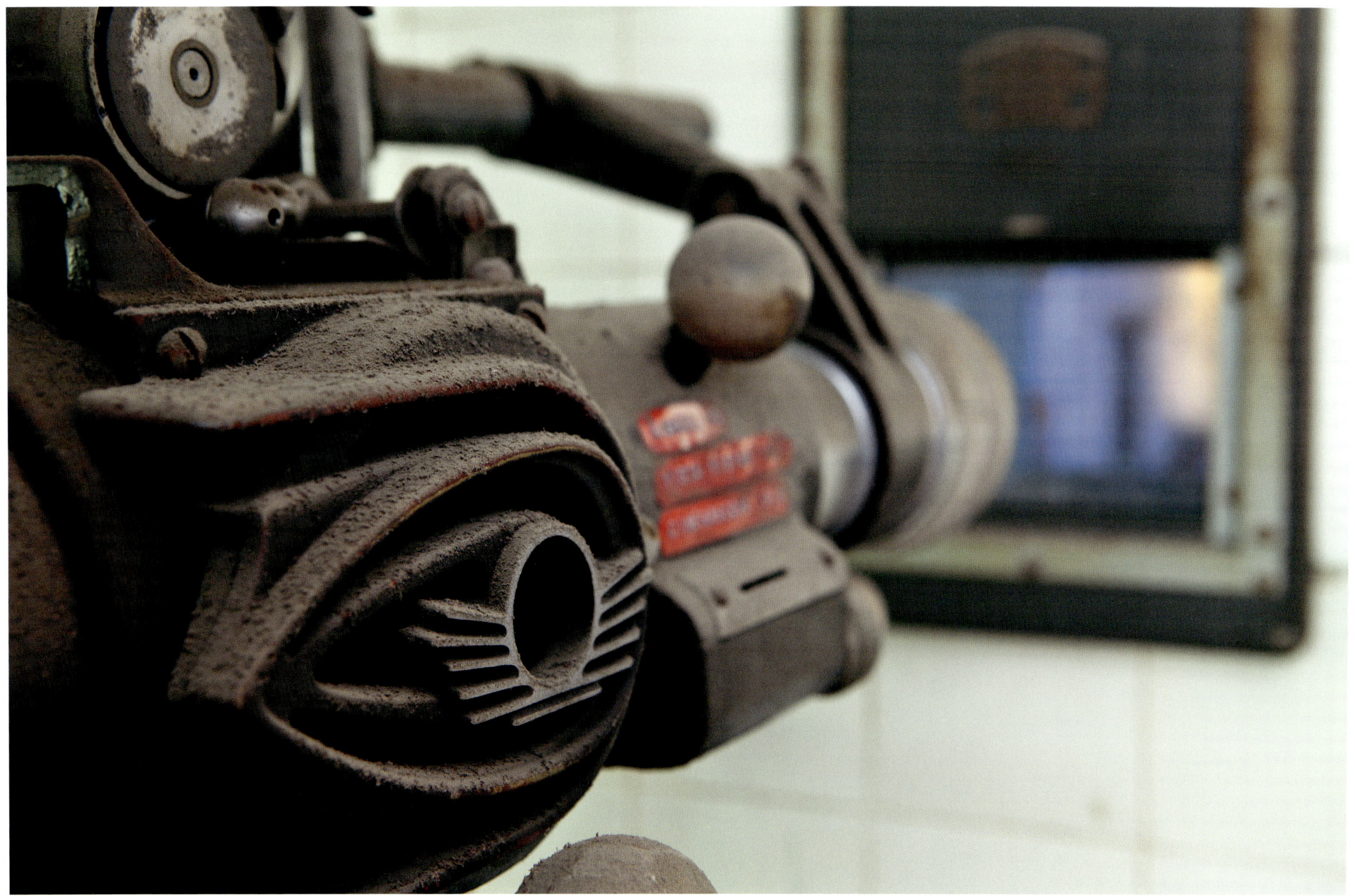

Cine Infante Sagres, Lubango, Província / Province Huíla

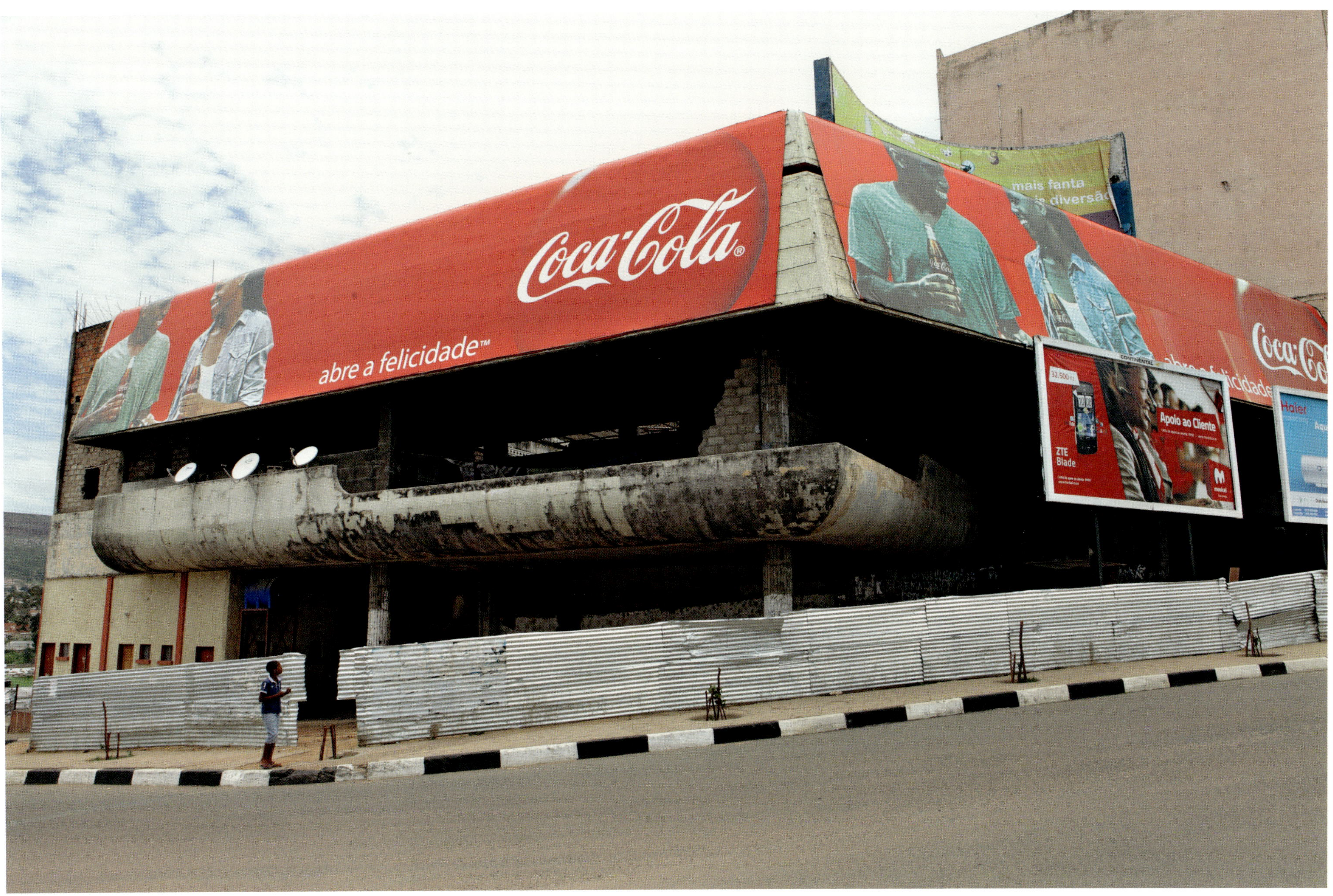
Coca-Cola
abre a felicidade™
mais fanta
s diversão
Coca-Cola
abre a felicidade
Apoio ao Cliente
ZTE
Blade
32.500
Haier

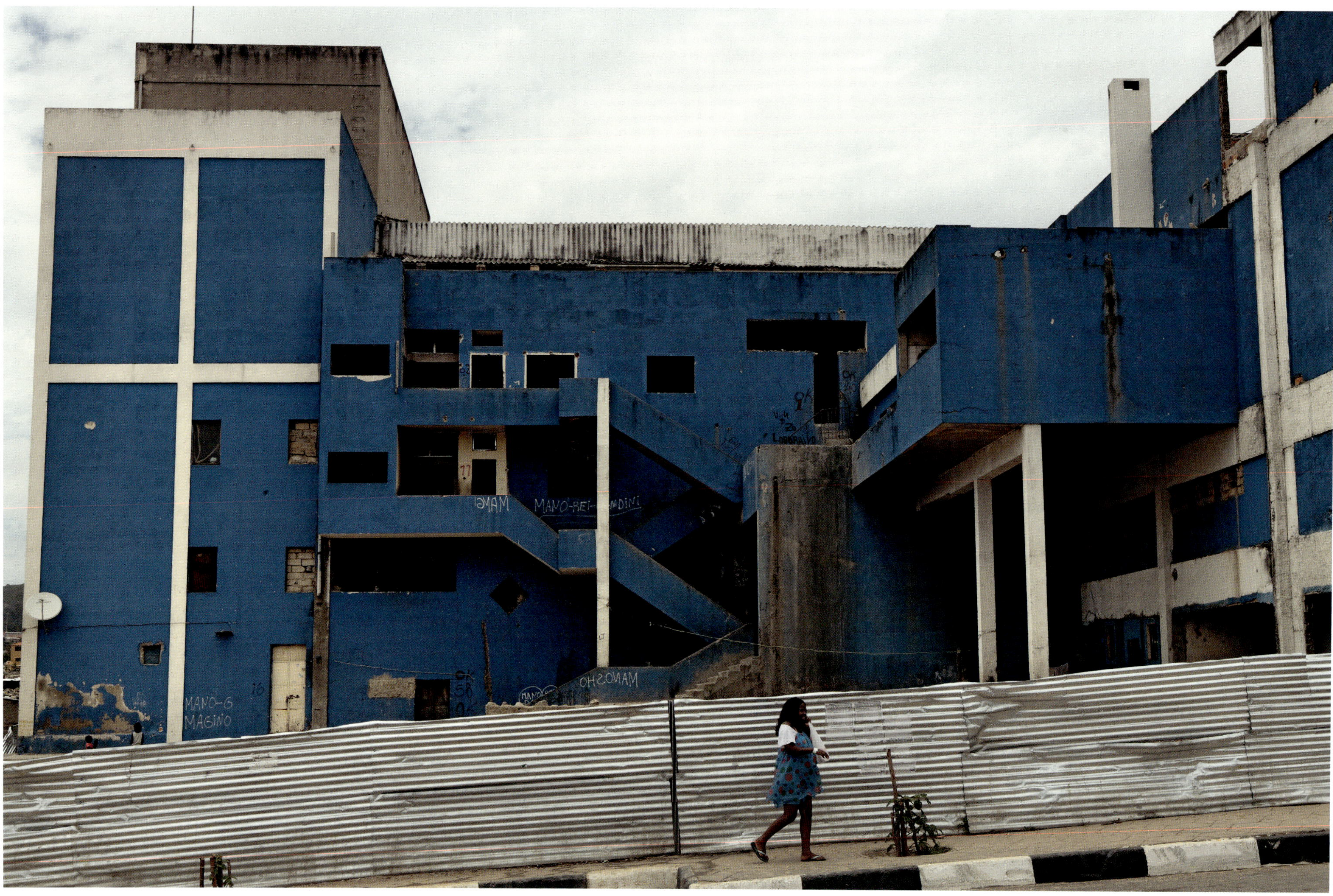

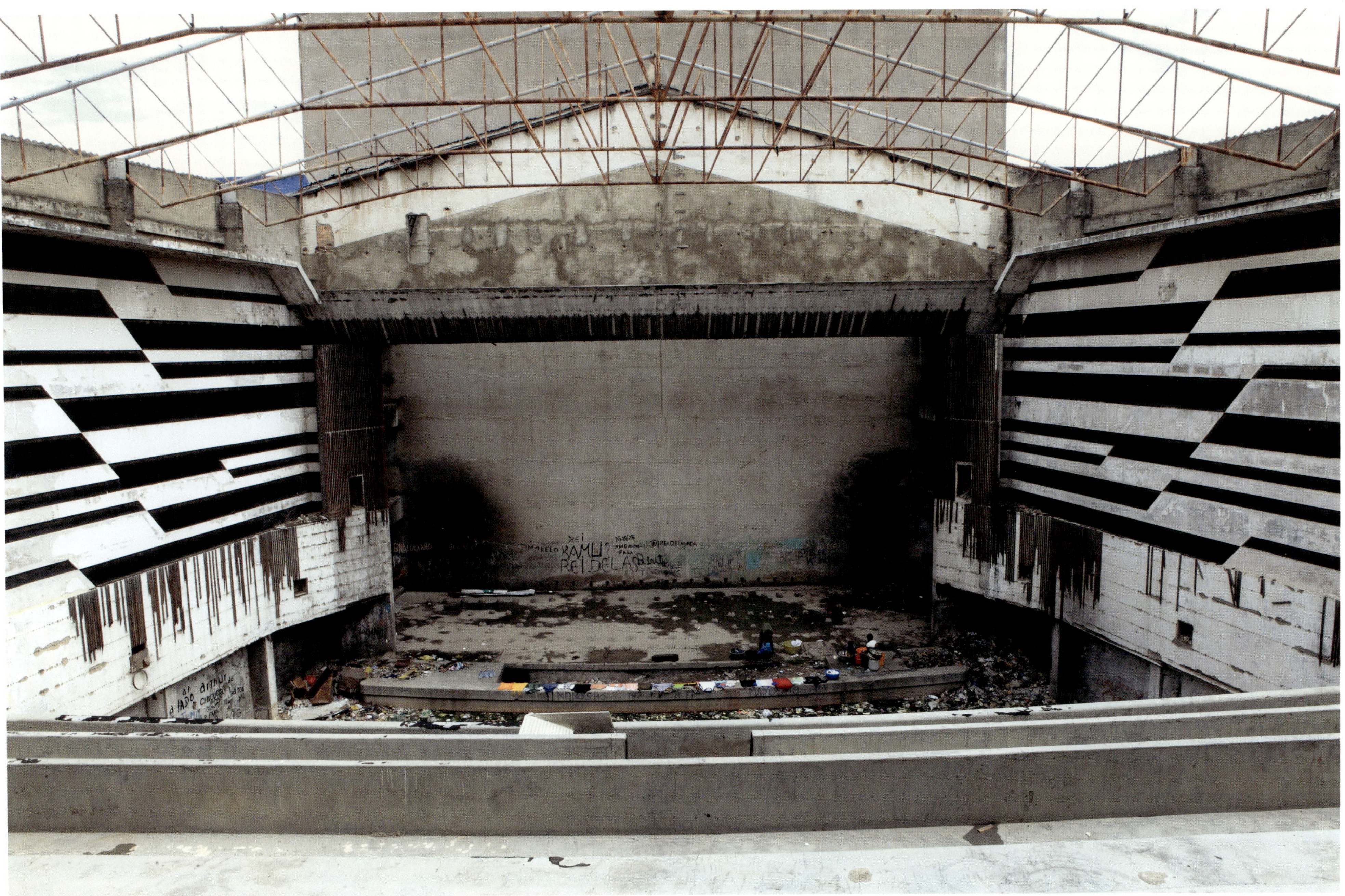

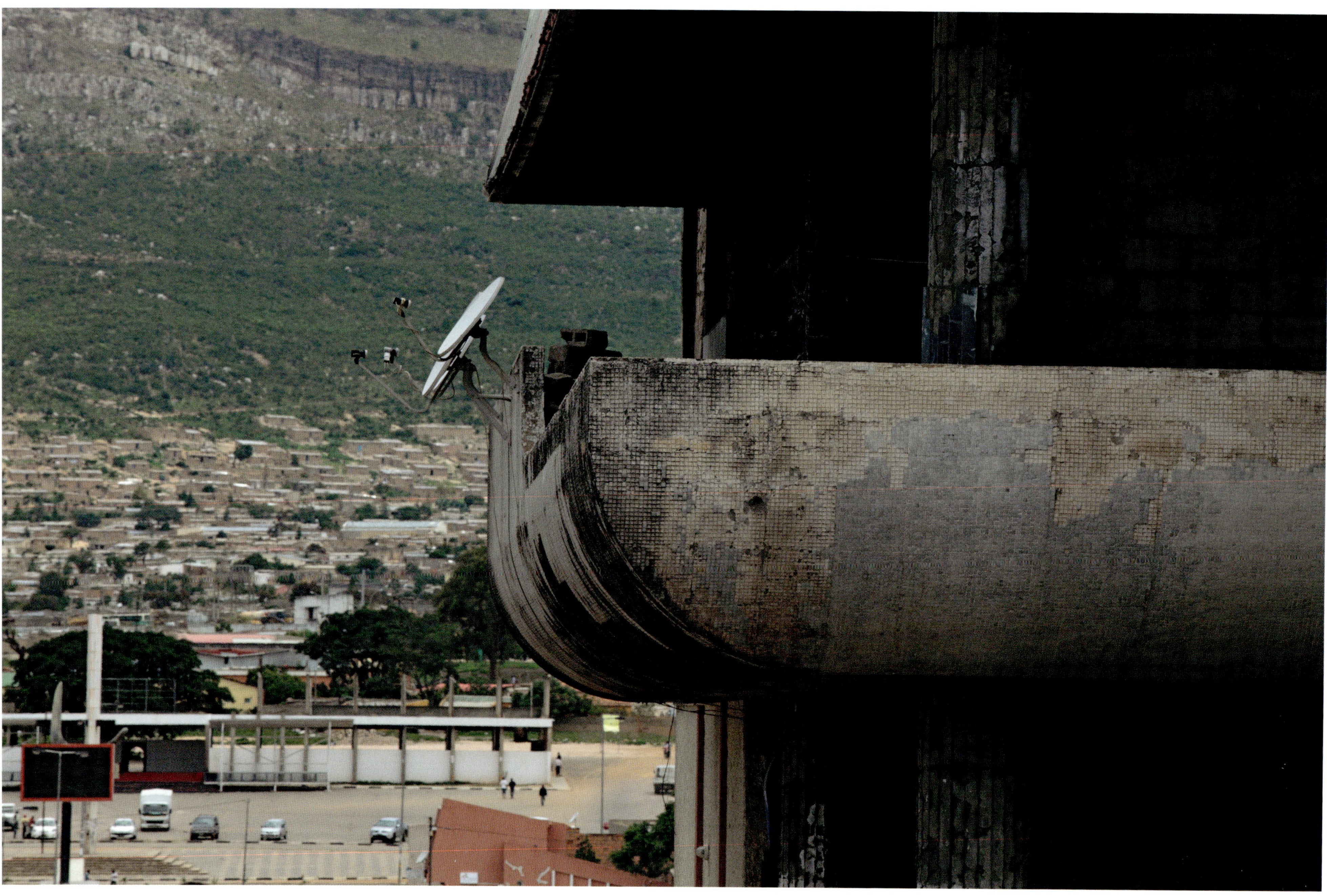

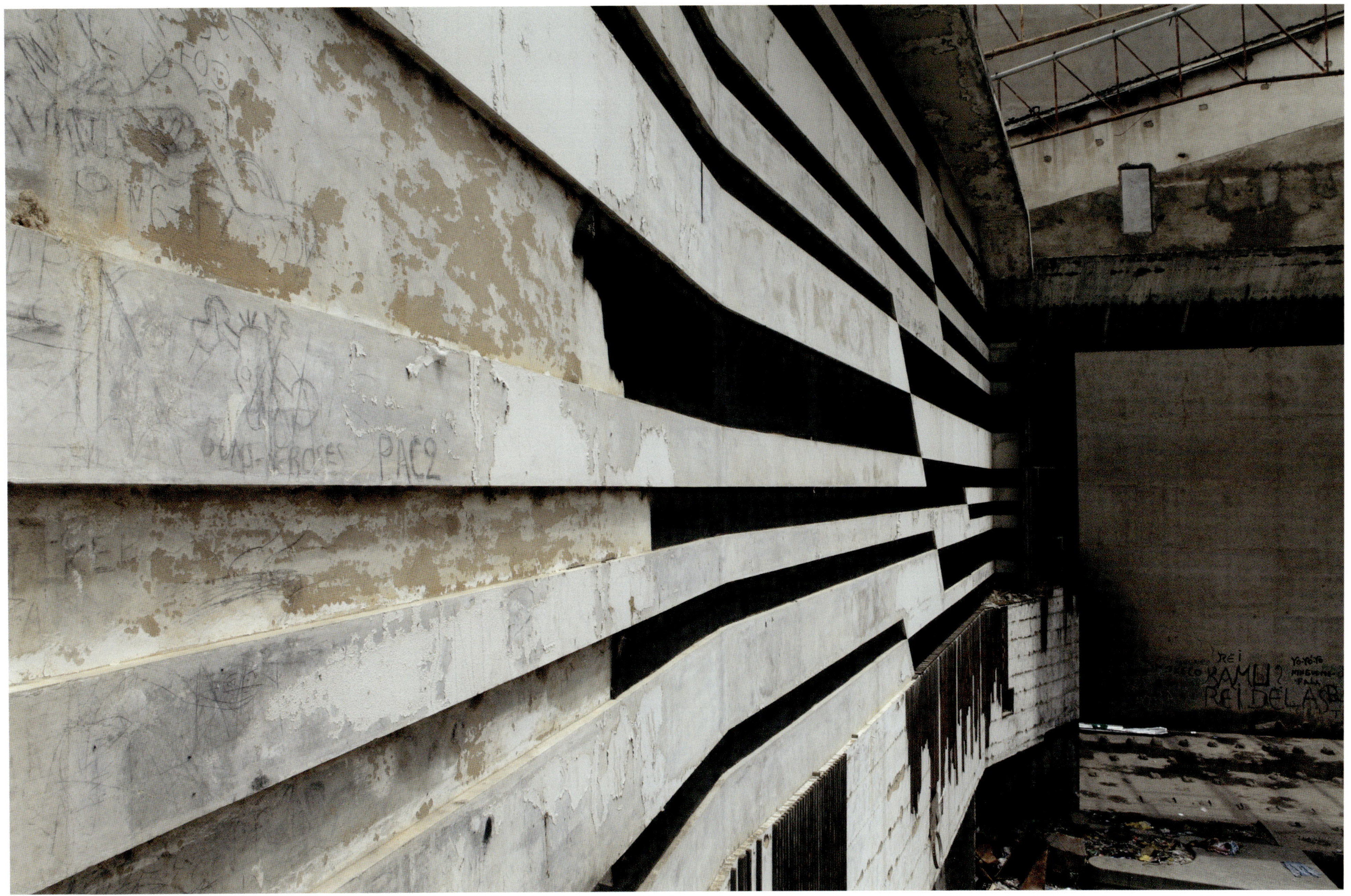

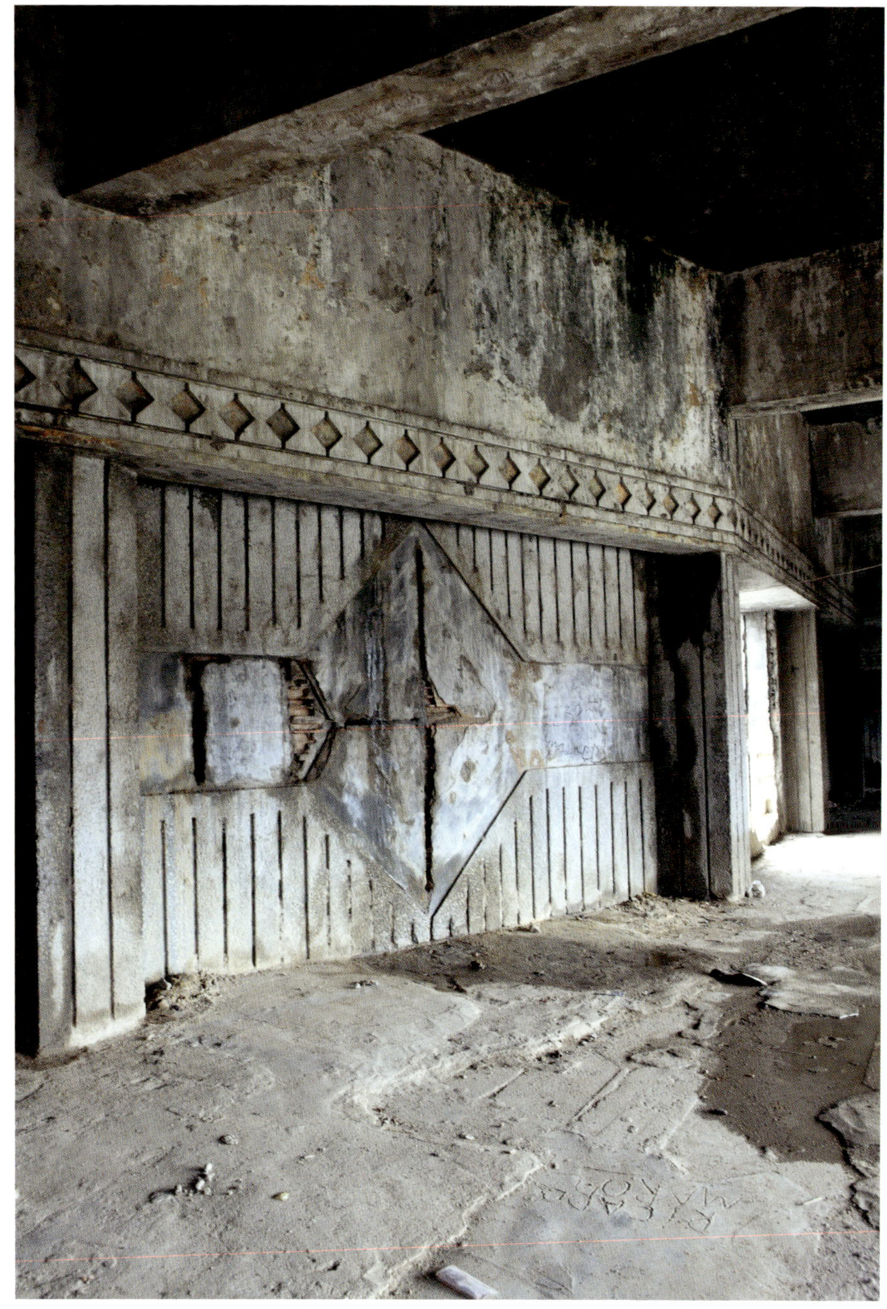

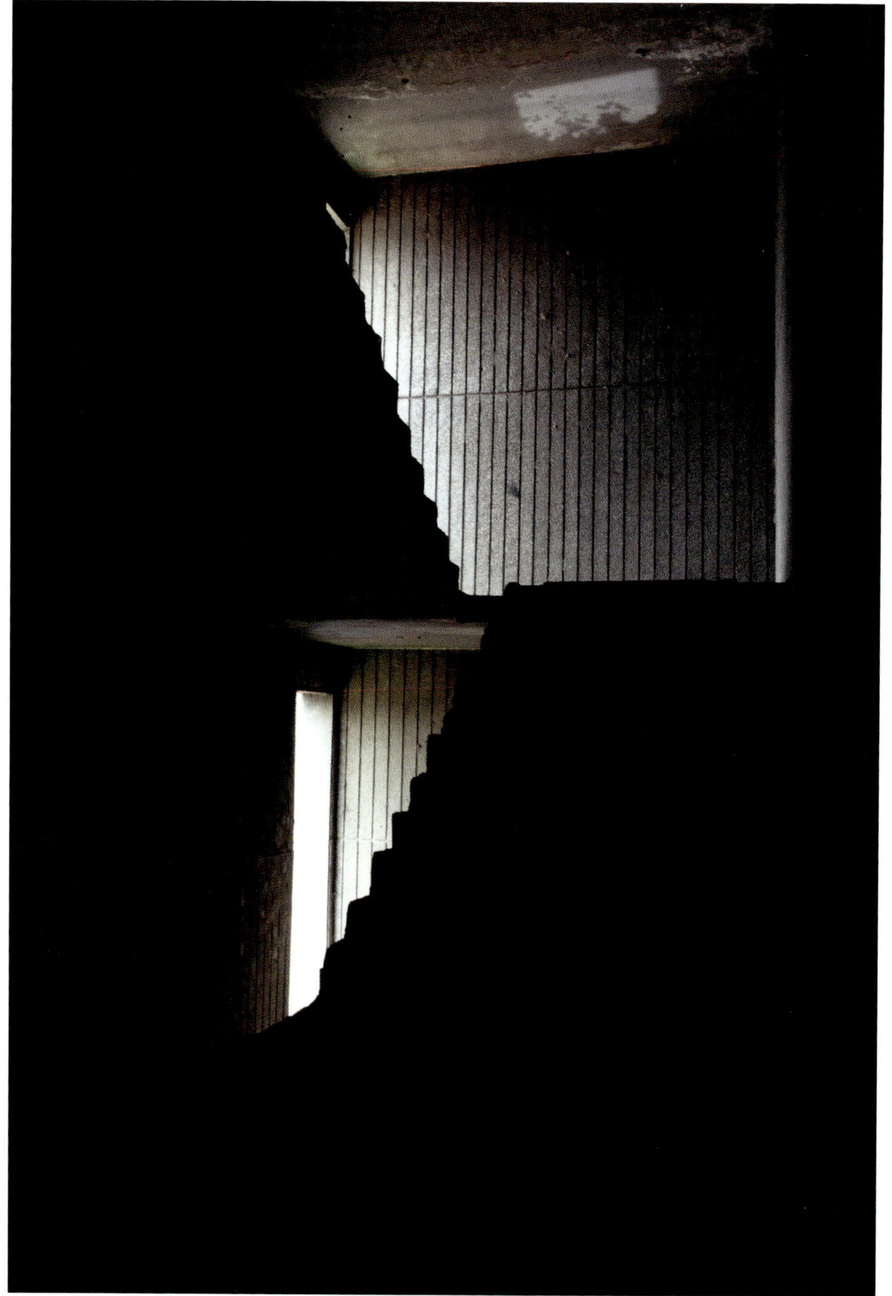

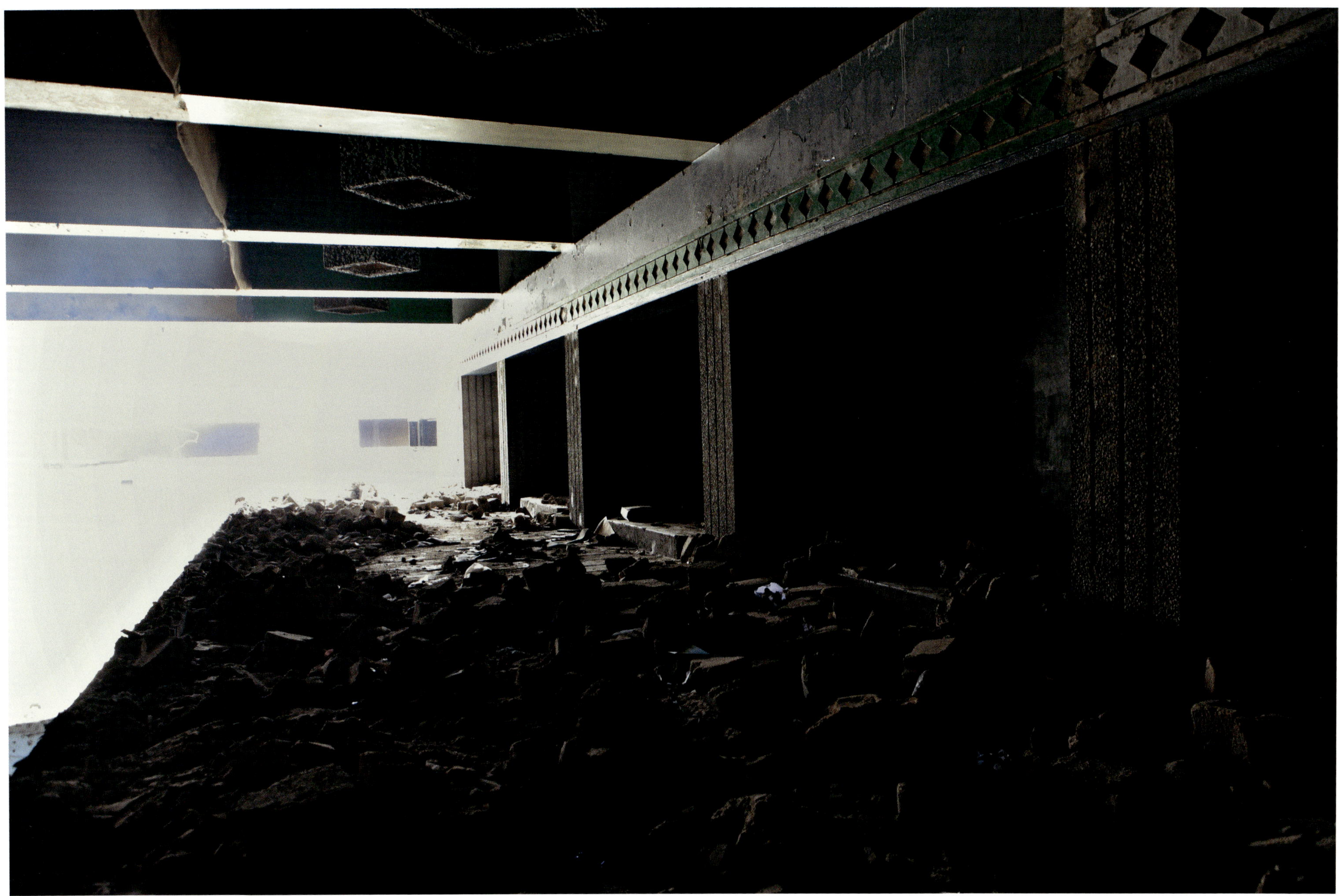

Cine Tivoli, Luanda, Província / Province Luanda

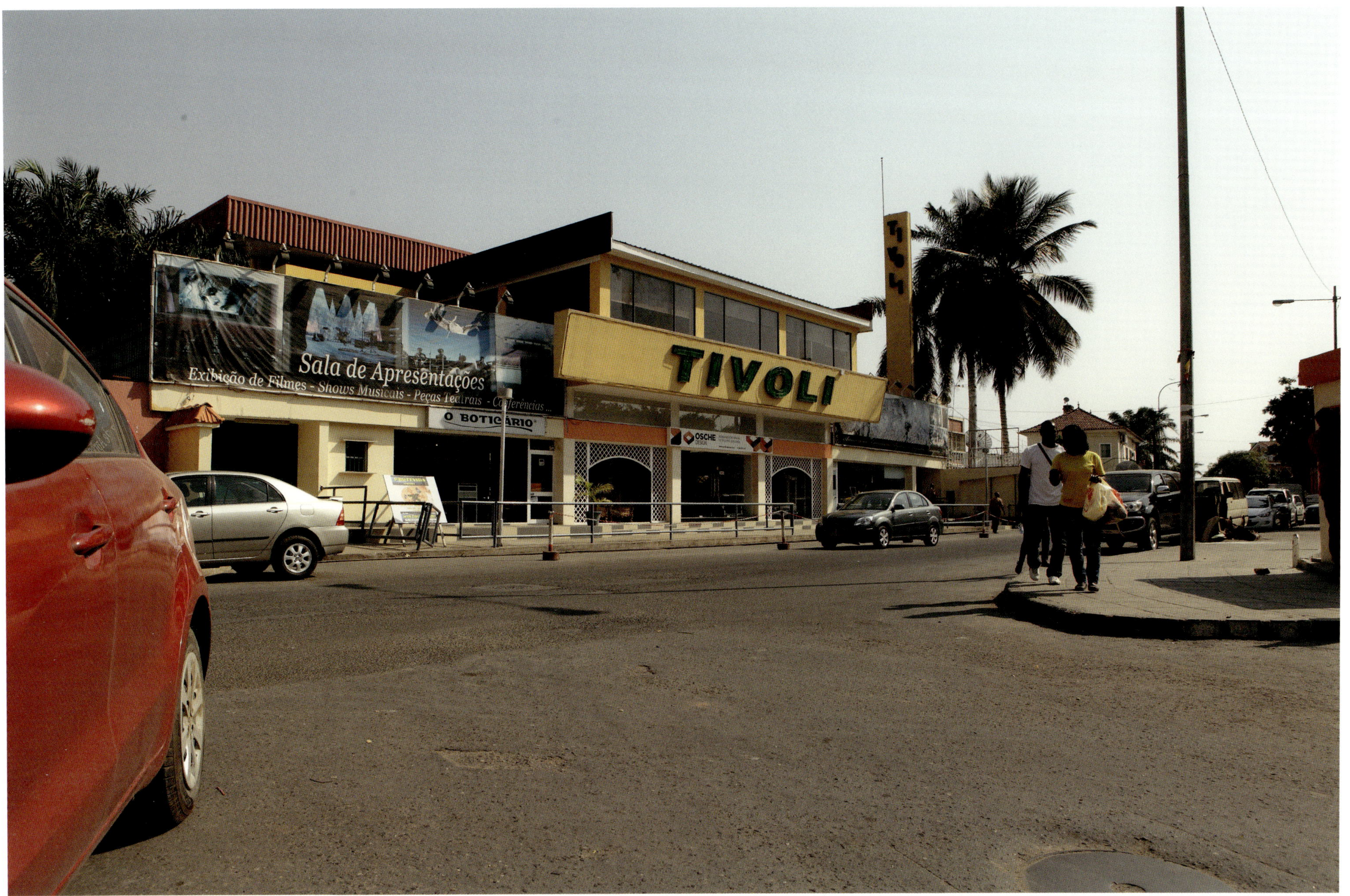

Sala de Apresentações
Exibição de Filmes · Shows Musicais · Peças Teatrais · Conferências ...
O BOTICÁRIO
TIVOLI
OSCHE

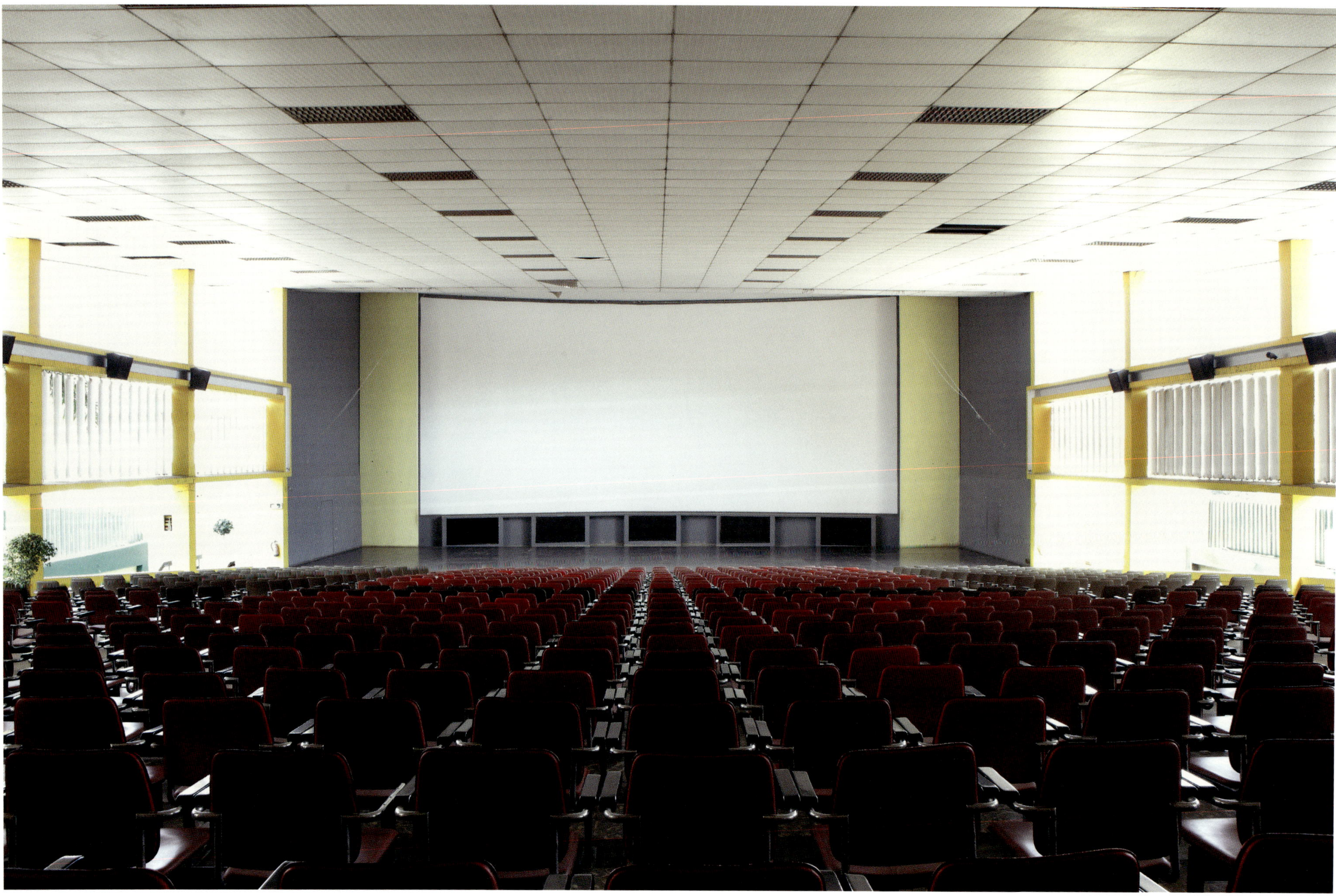

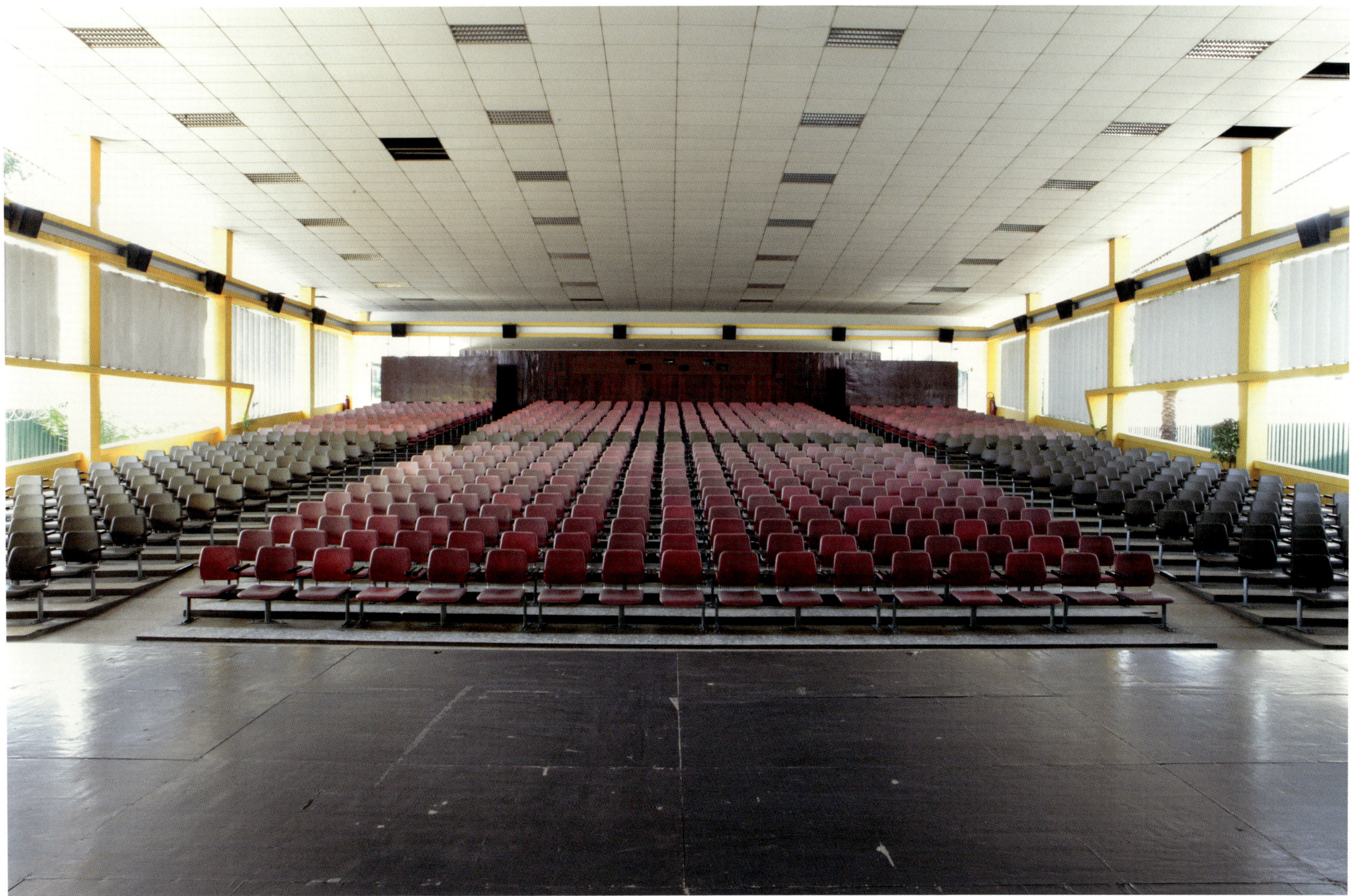

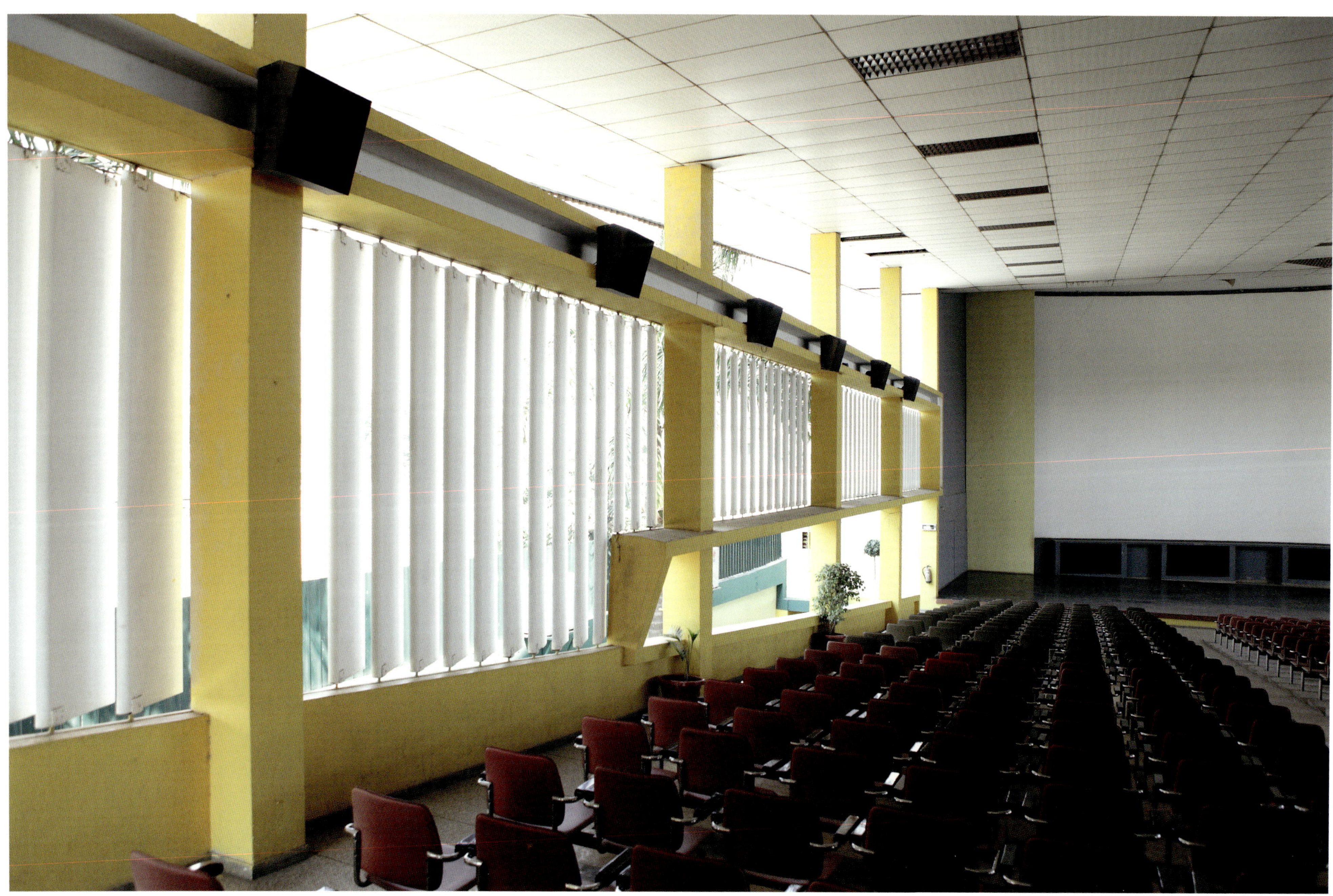

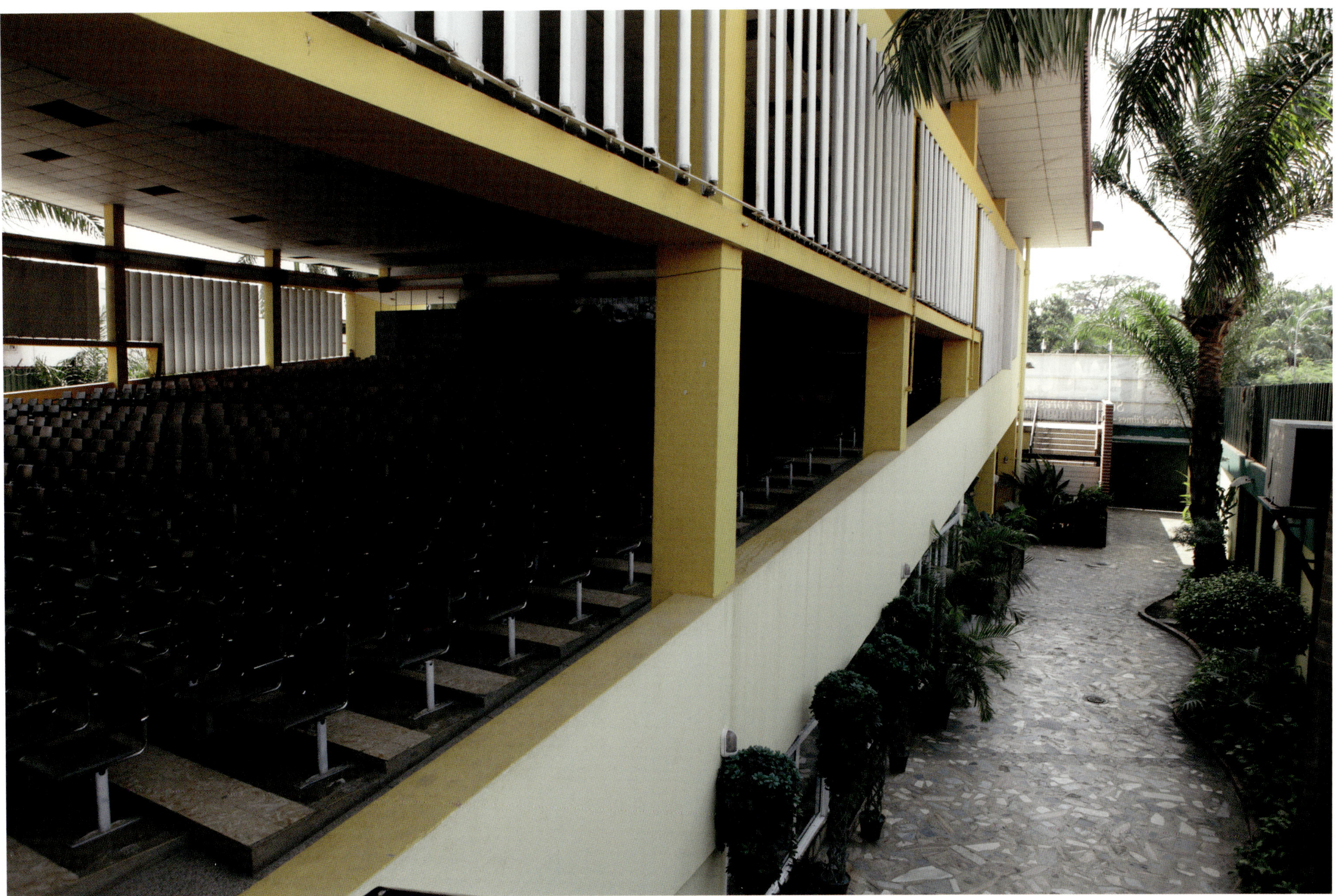

Cine-Teatro Arco-Íris, Lubango, Província / Province Huíla

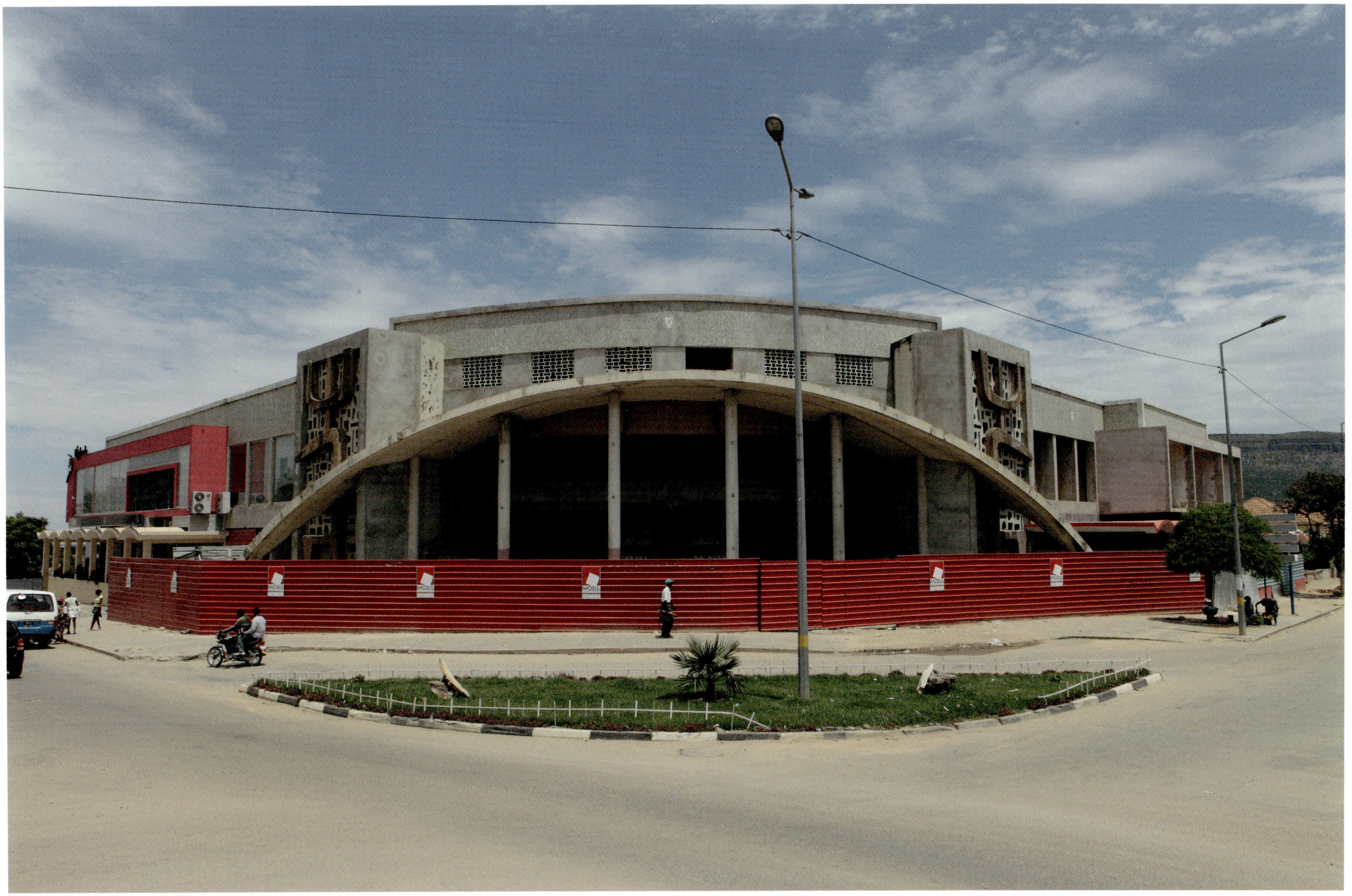

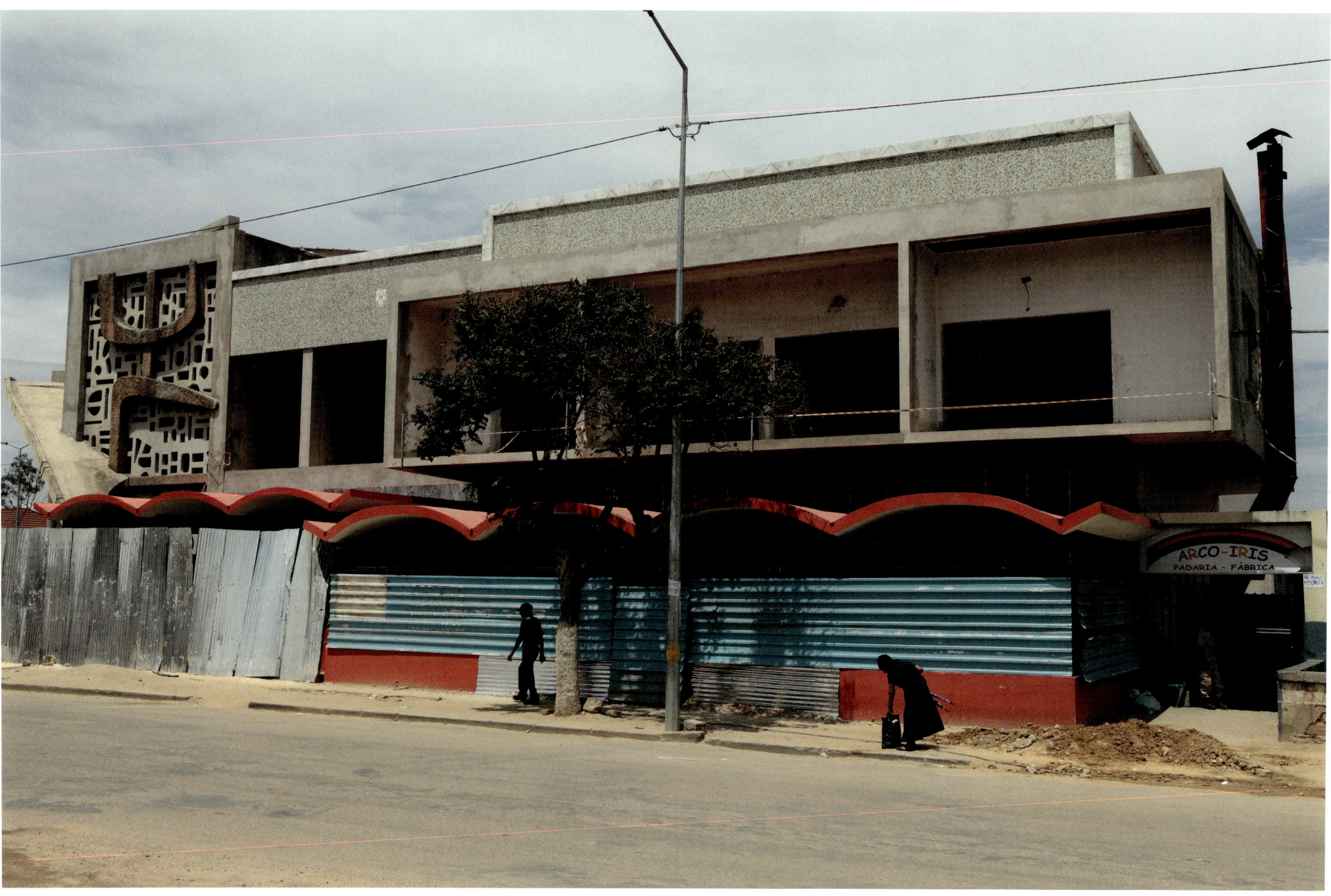

ARCO-IRIS
PADARIA - FÁBRICA

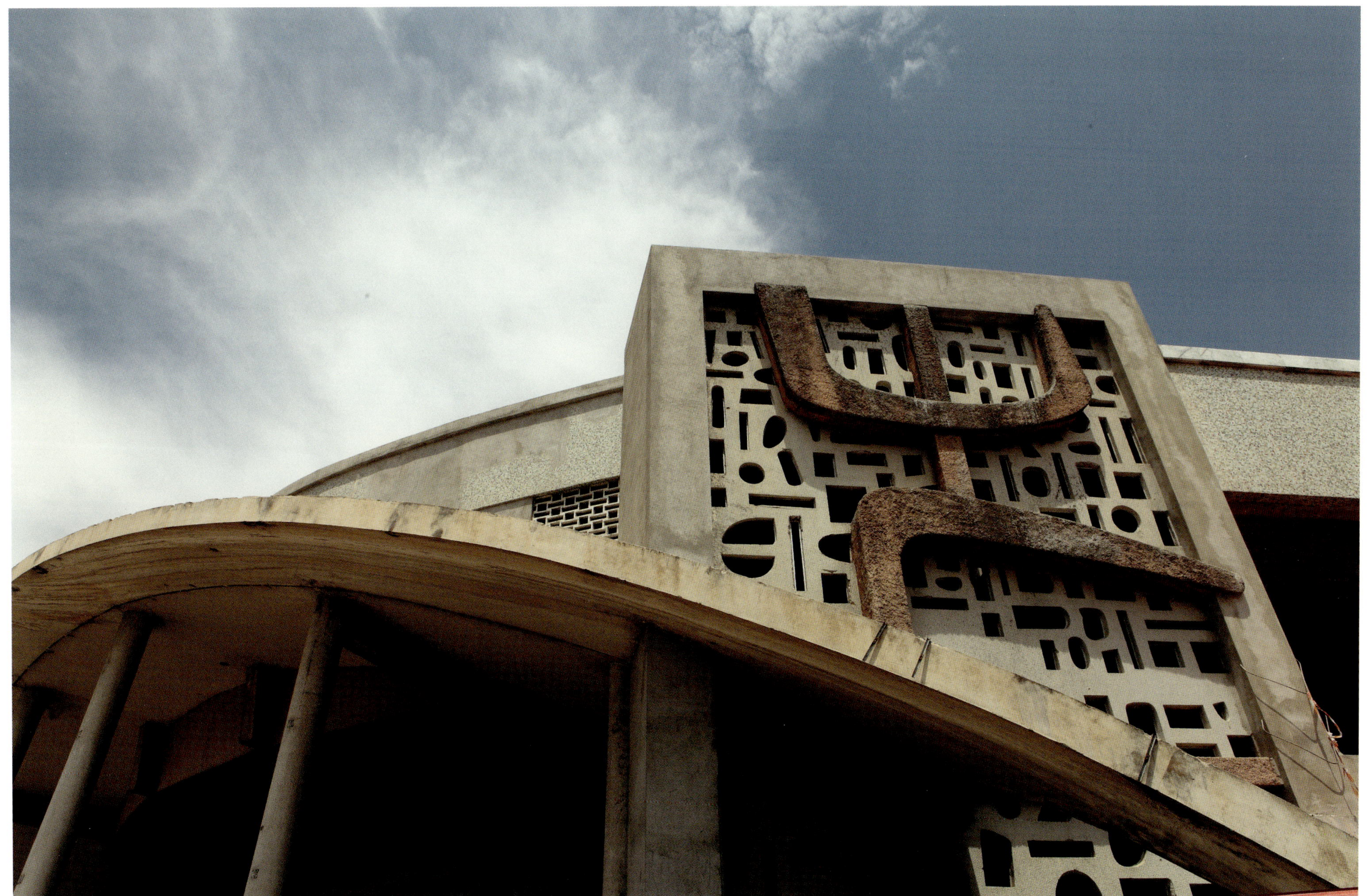

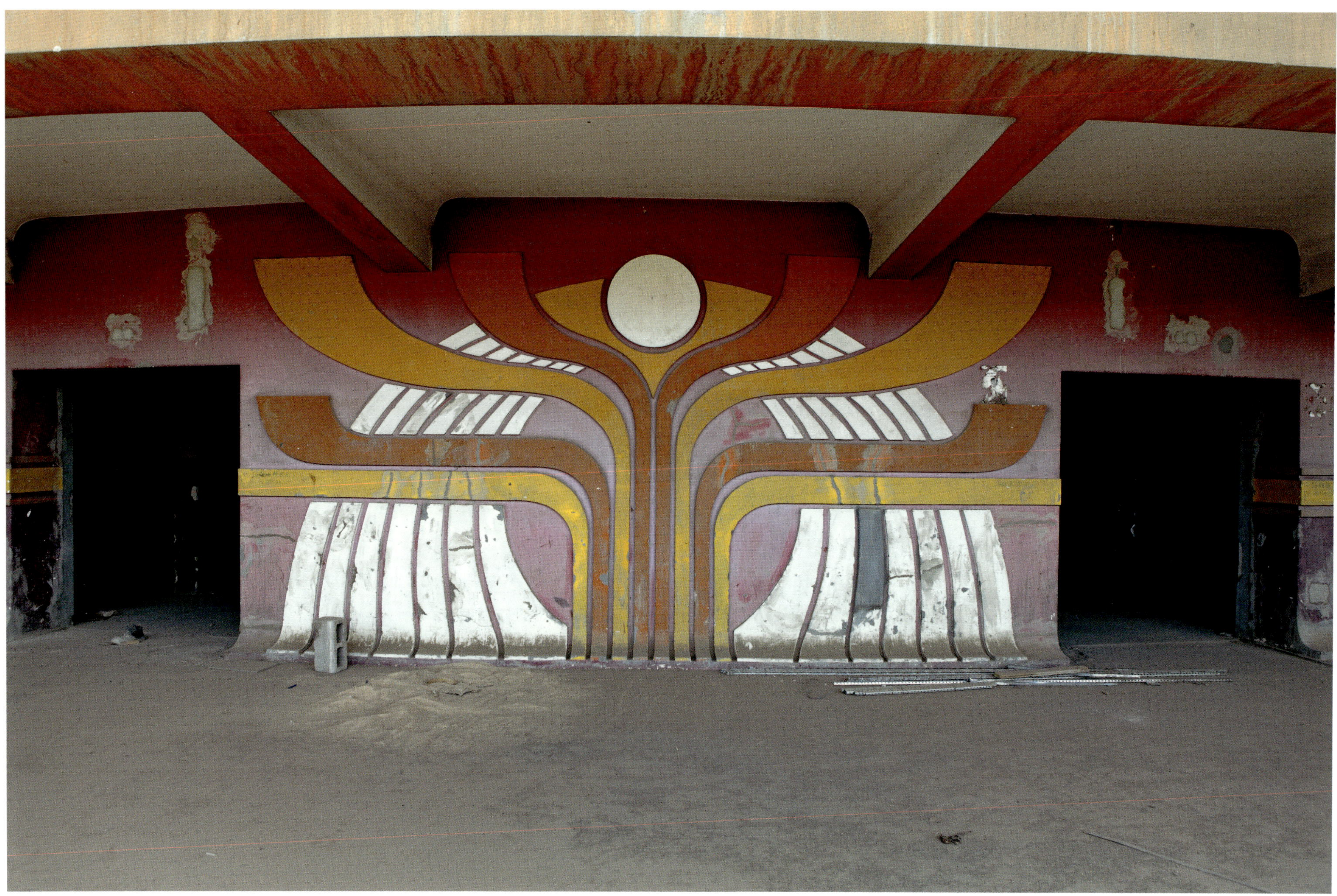

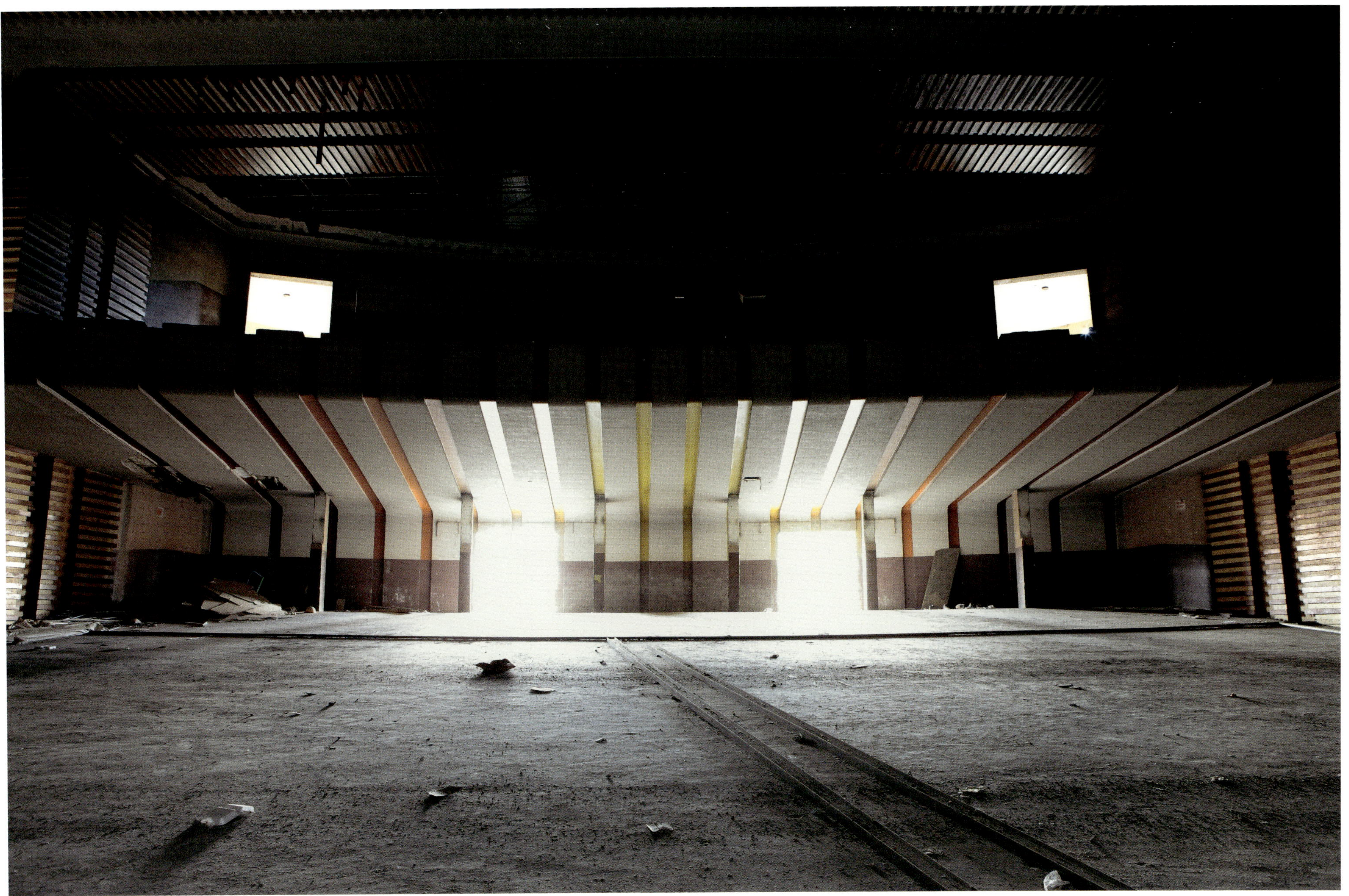

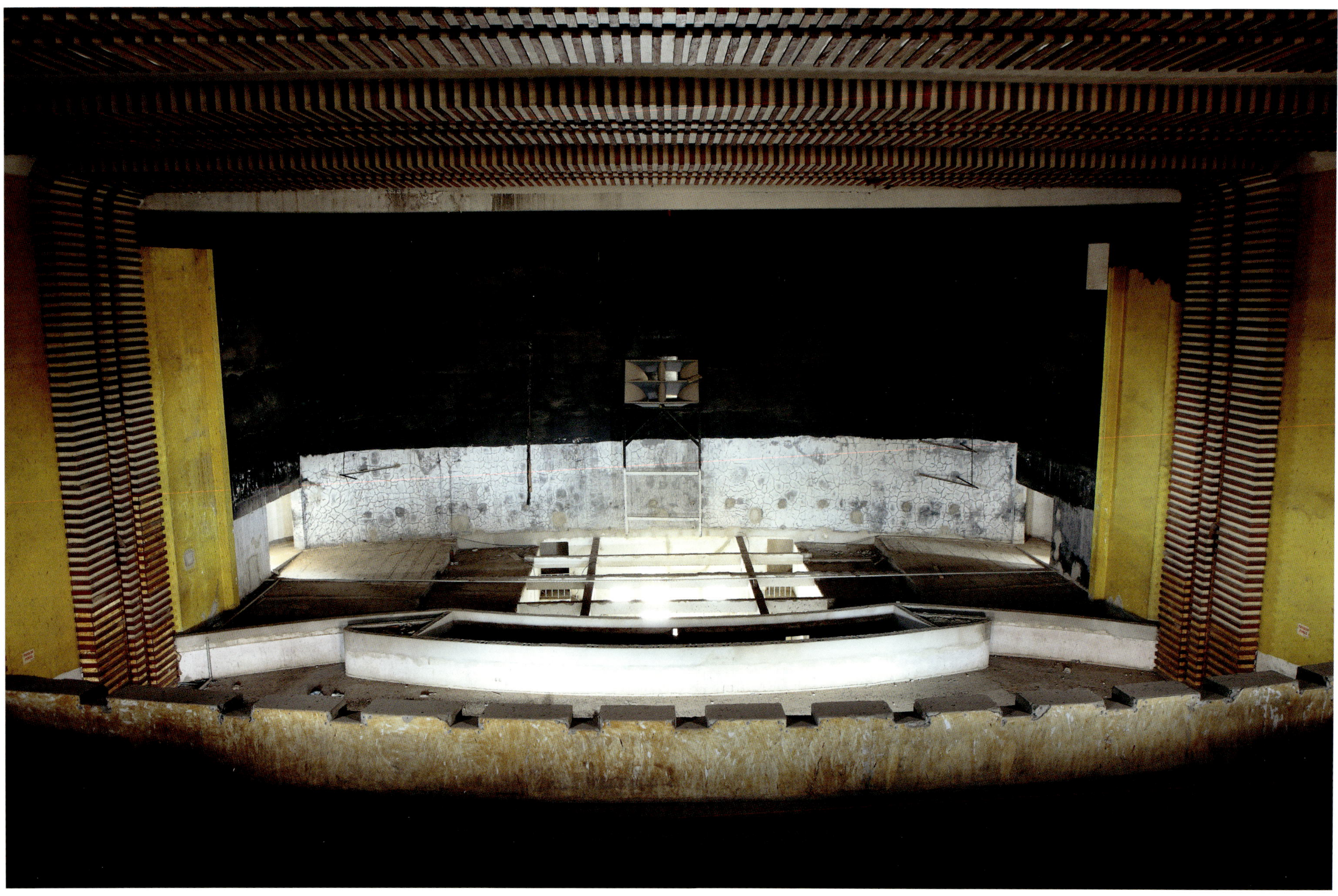

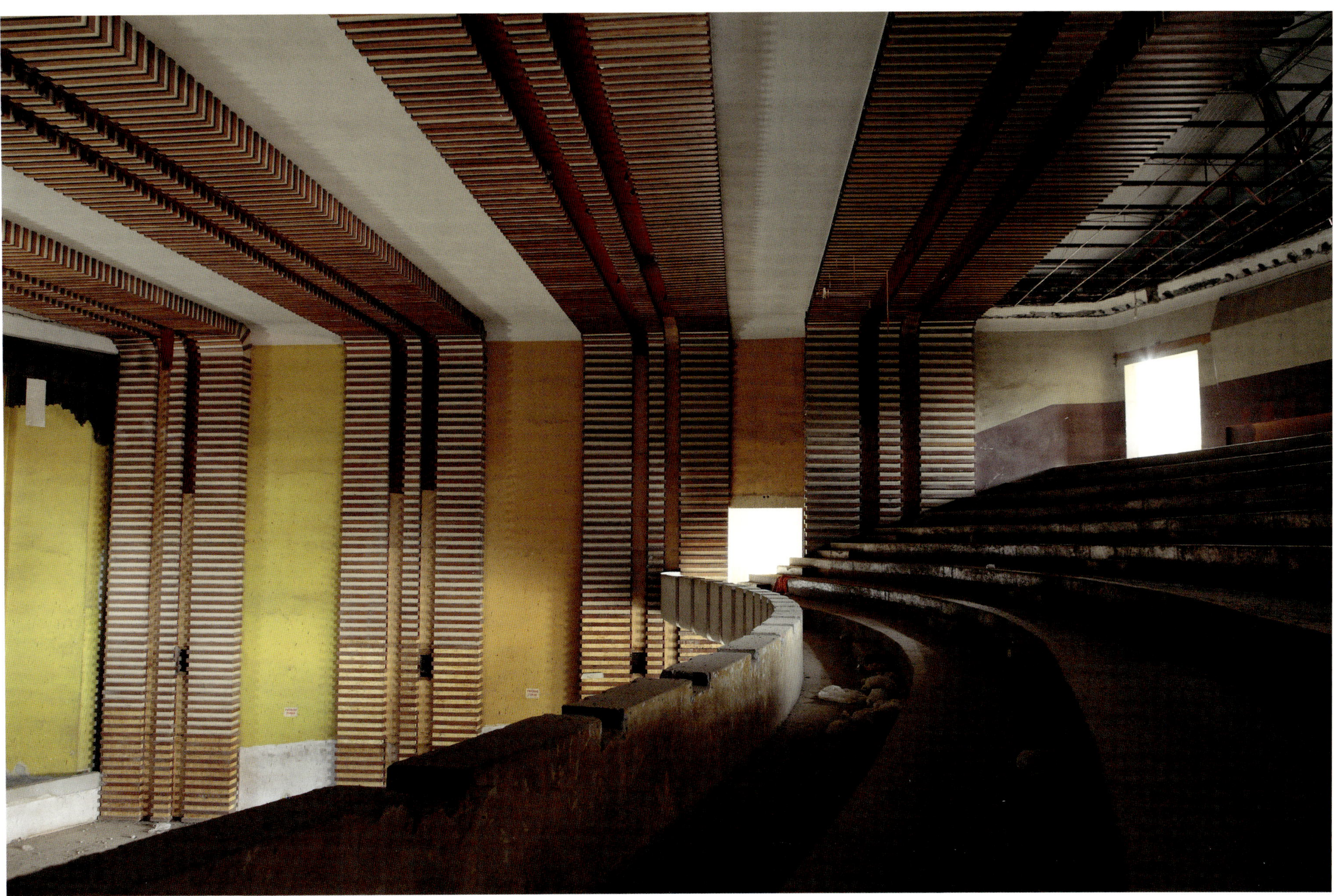

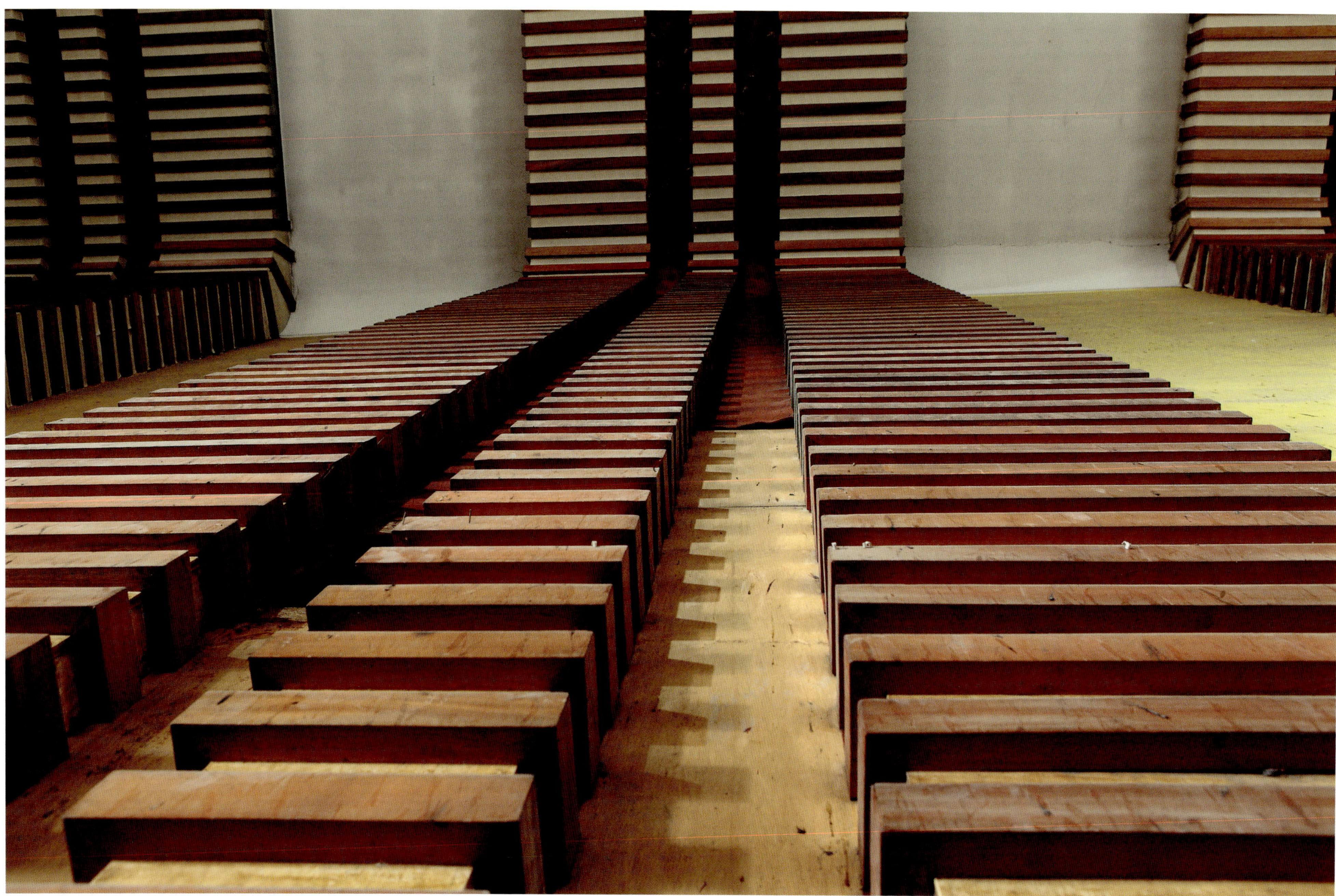

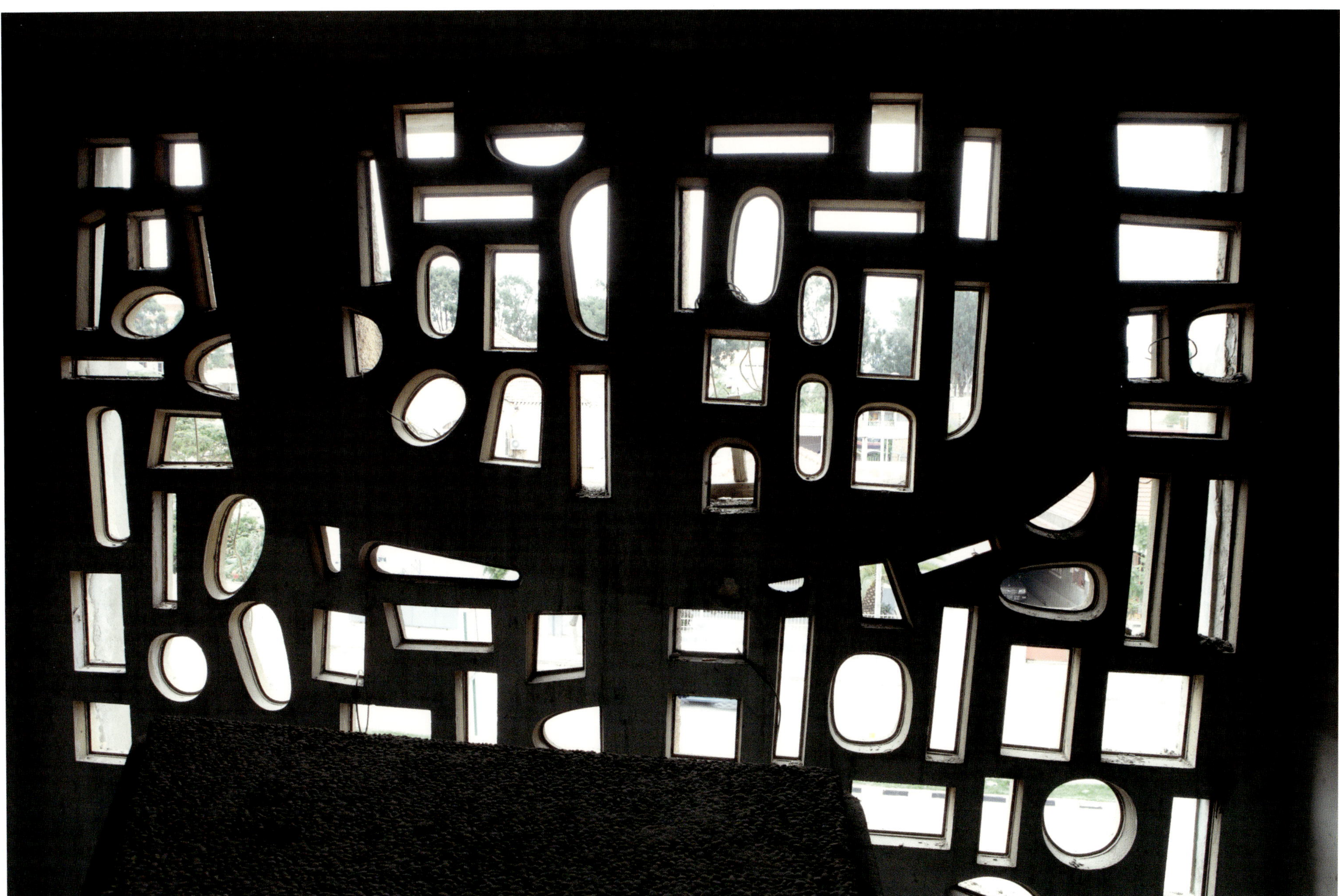

Cine Moreno, Uíge, Província / Province Uíge

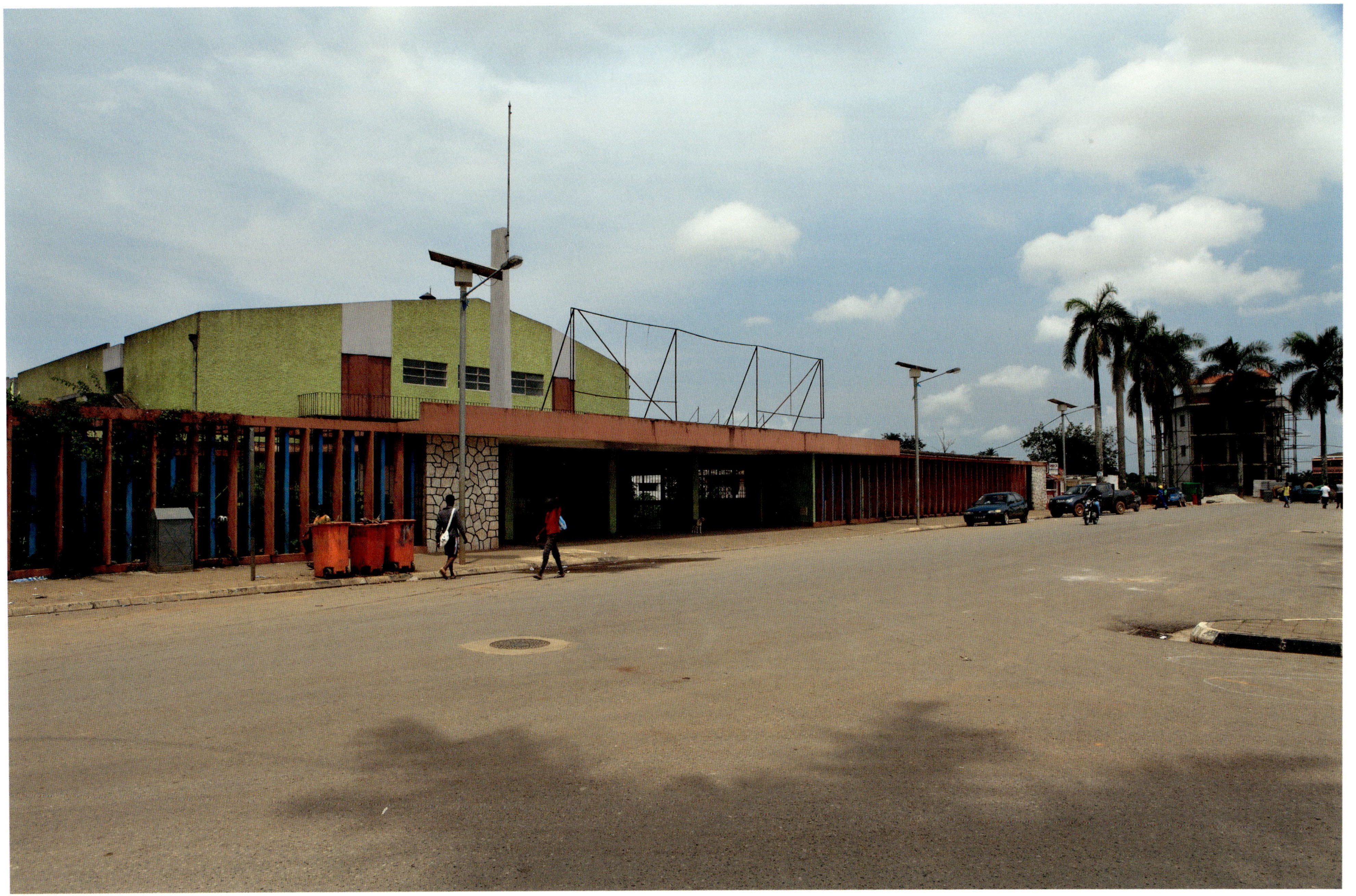

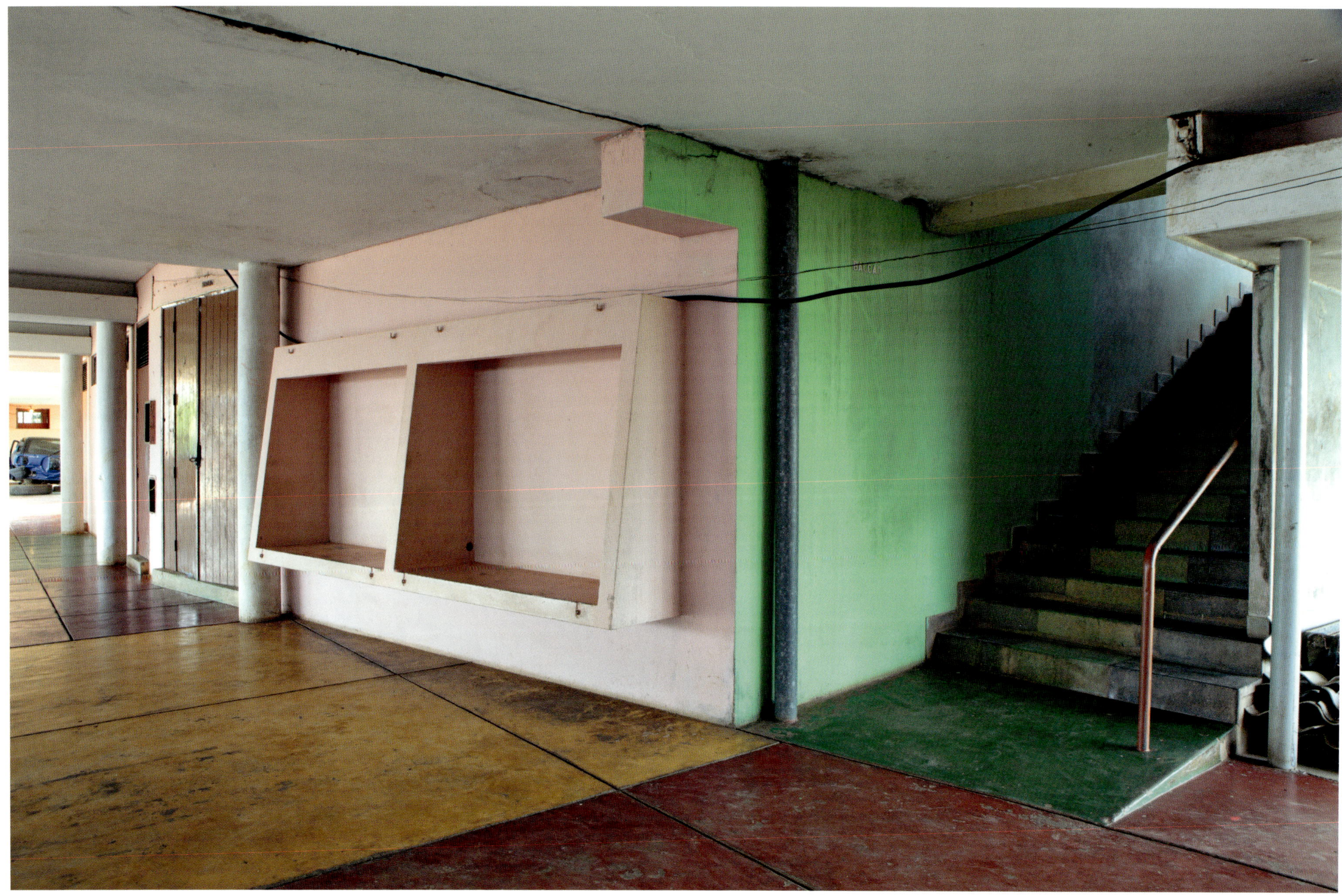

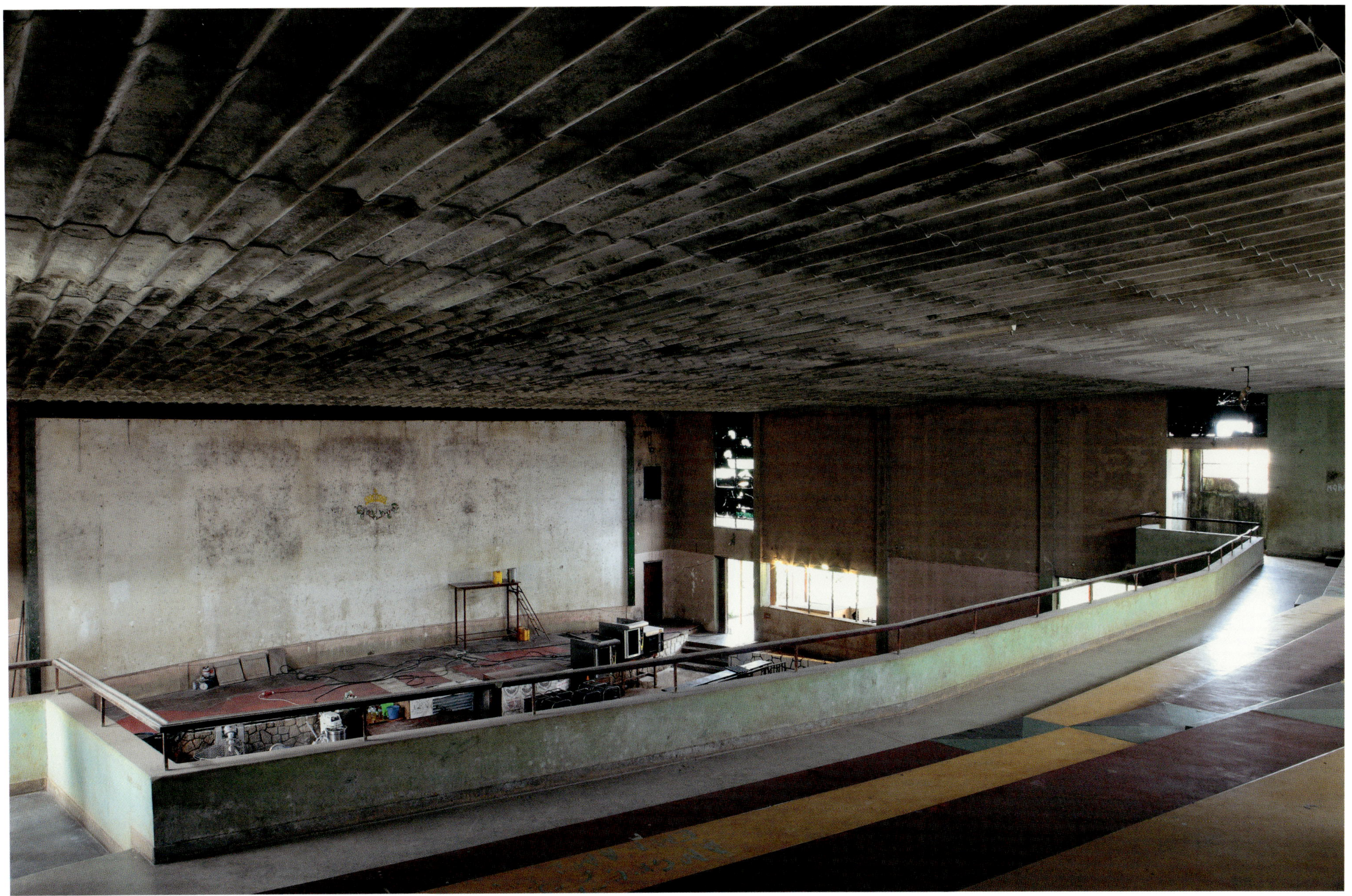

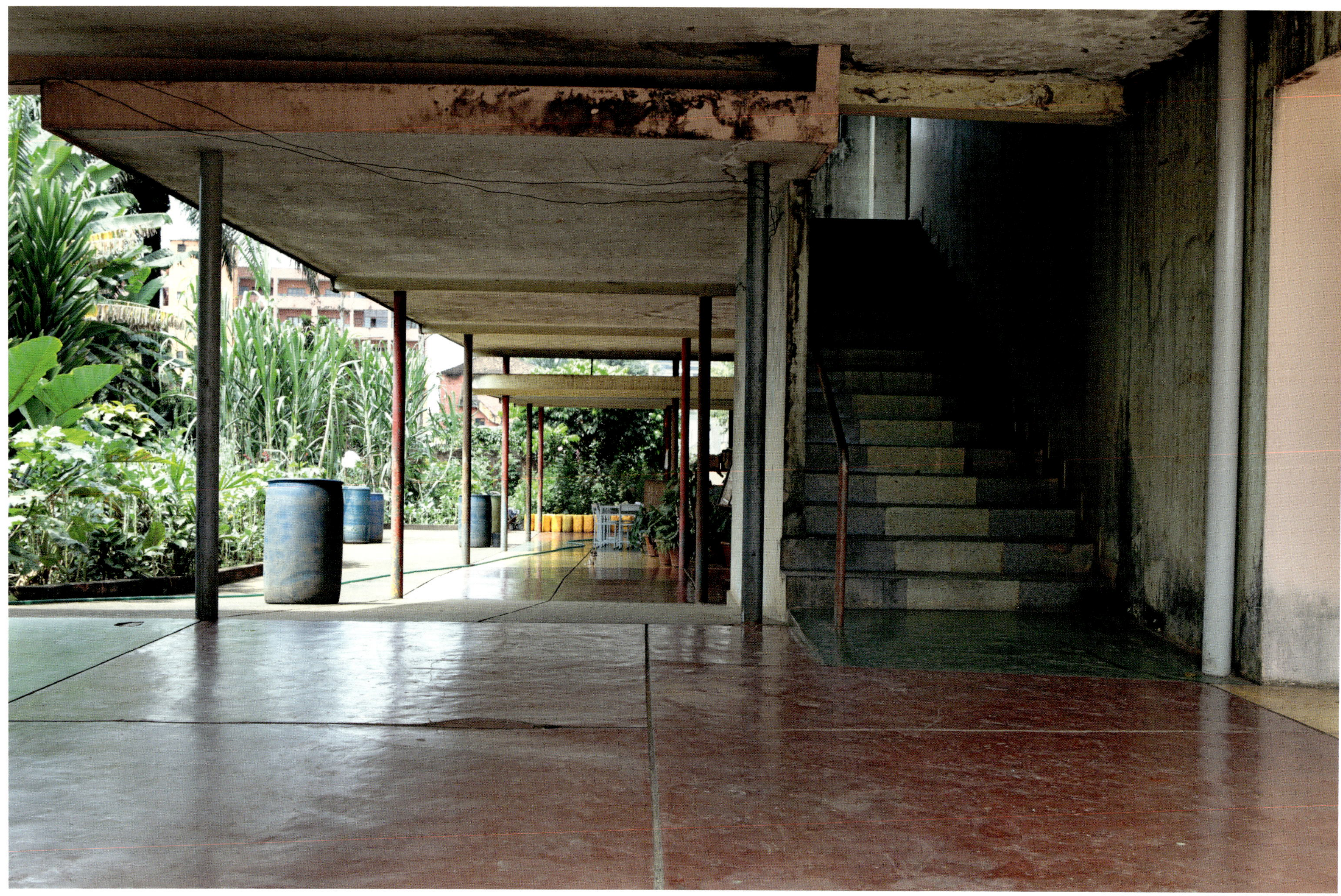

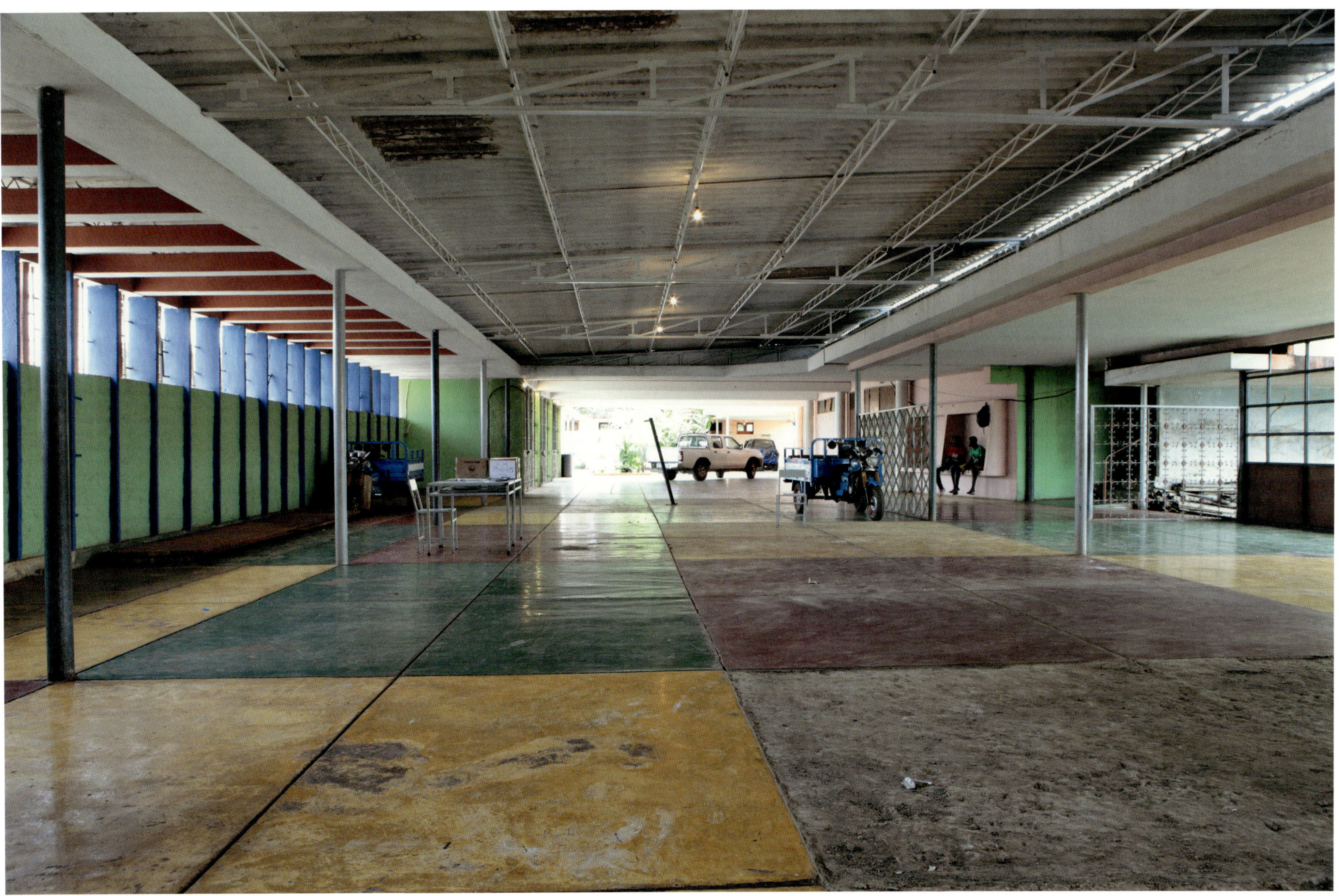

Cine África, Luanda, Província / Province Luanda

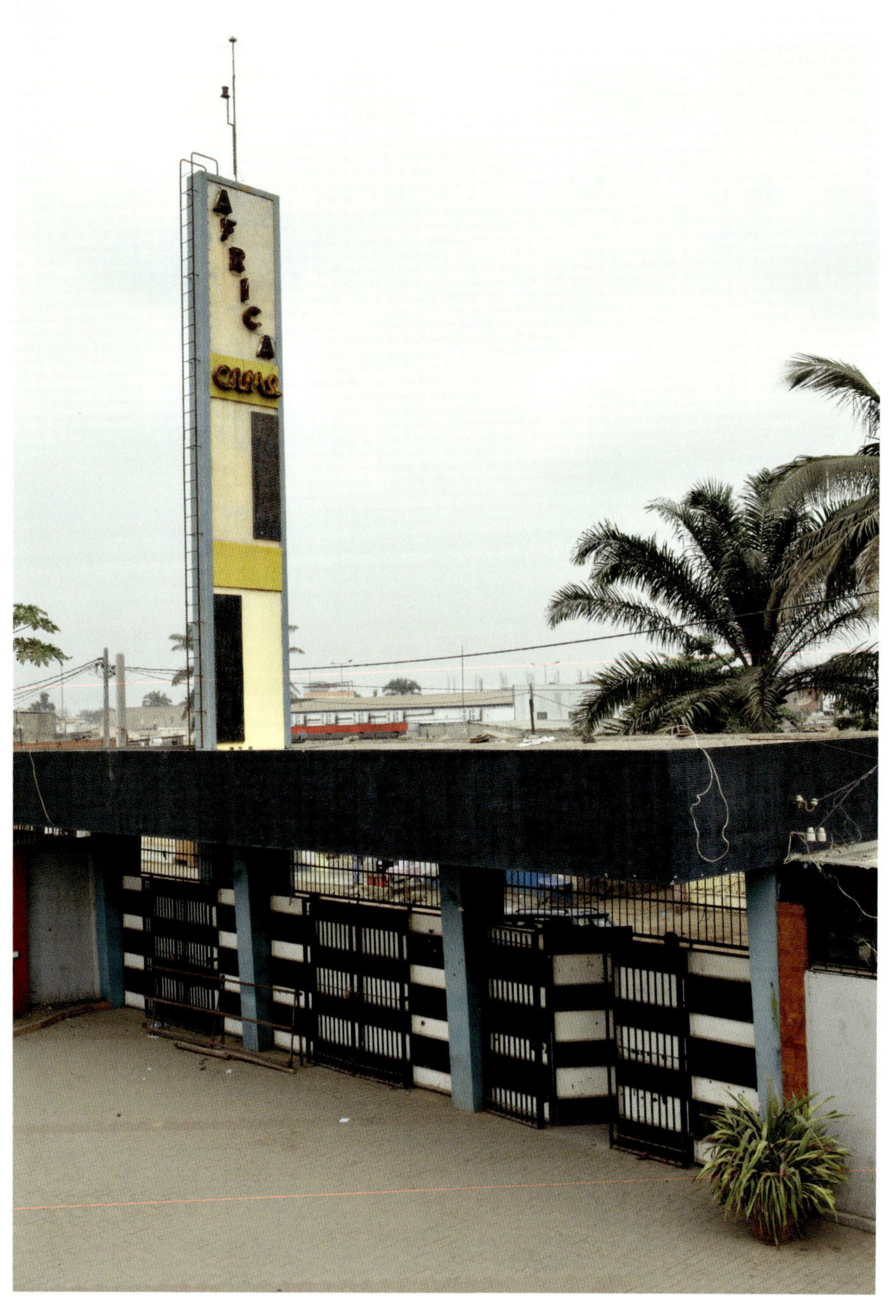
AFRICA
CLUB

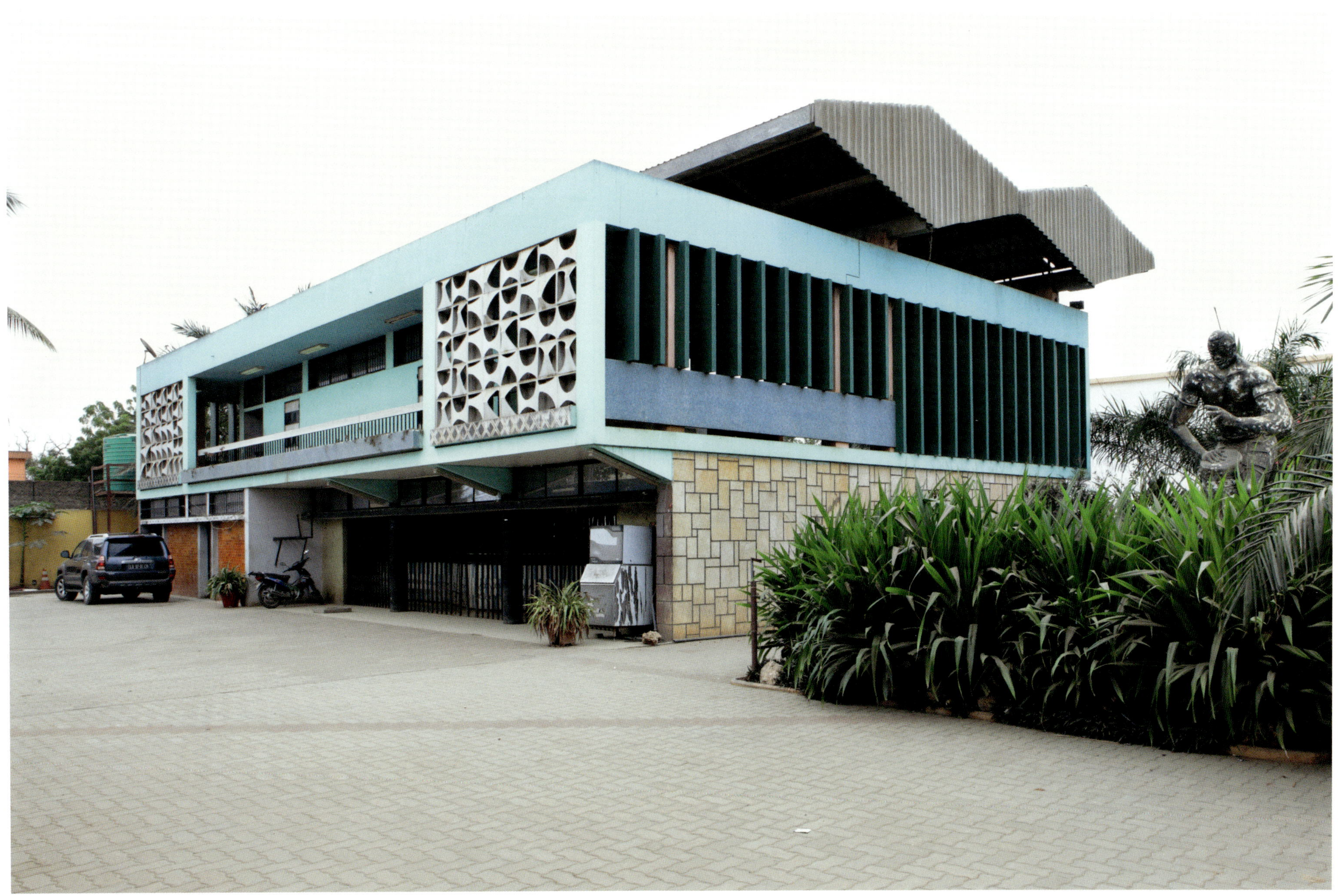

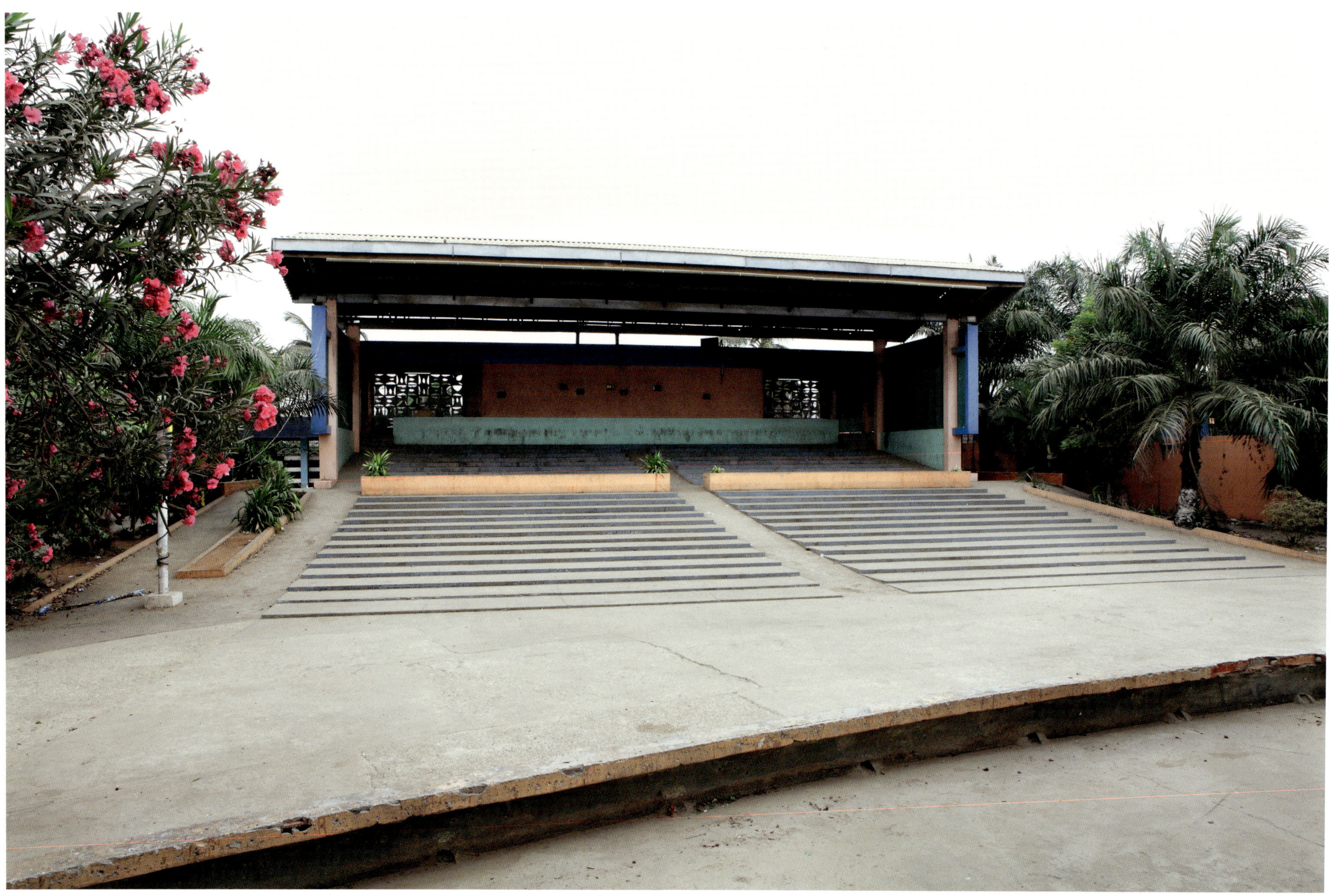

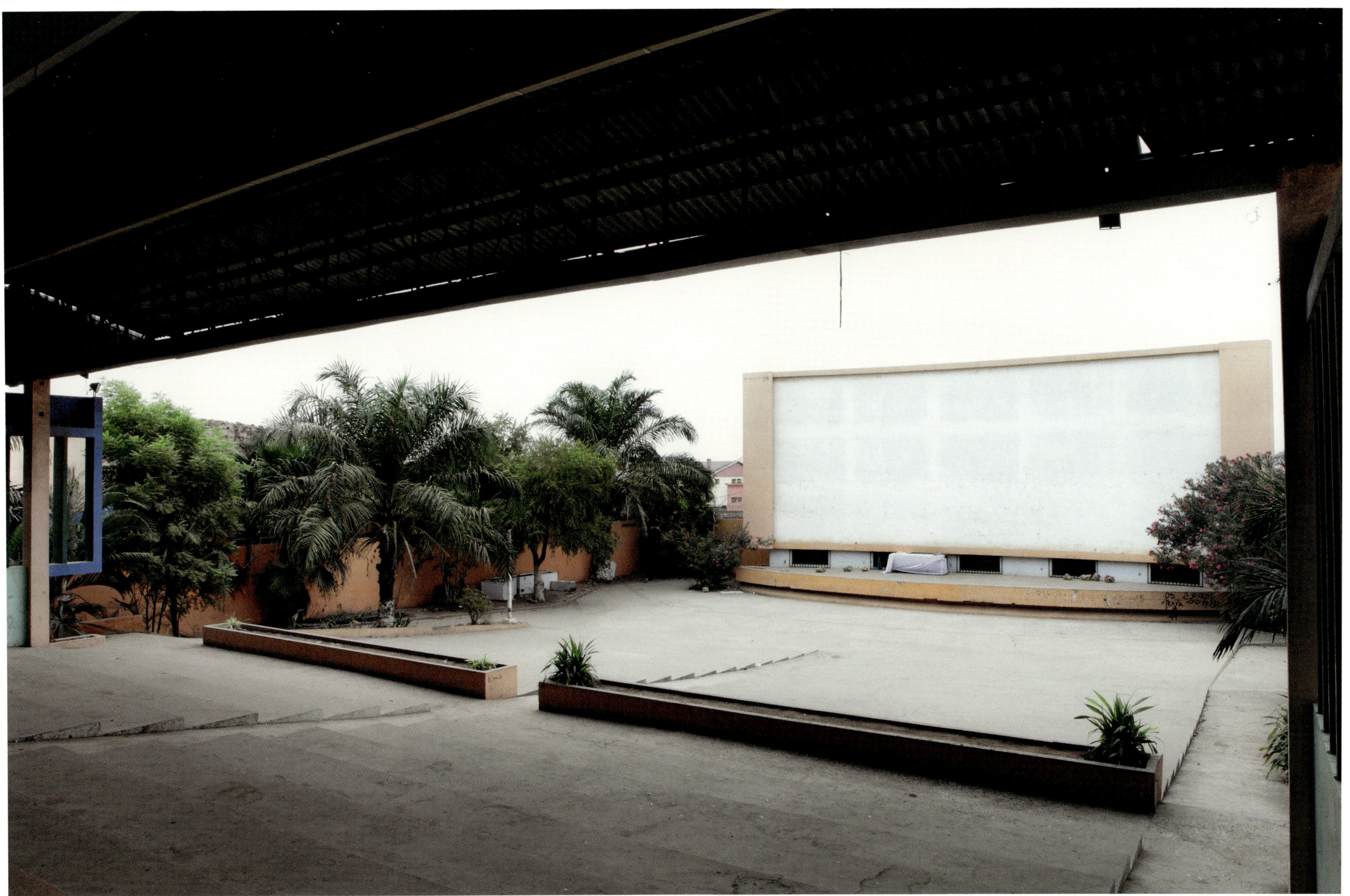

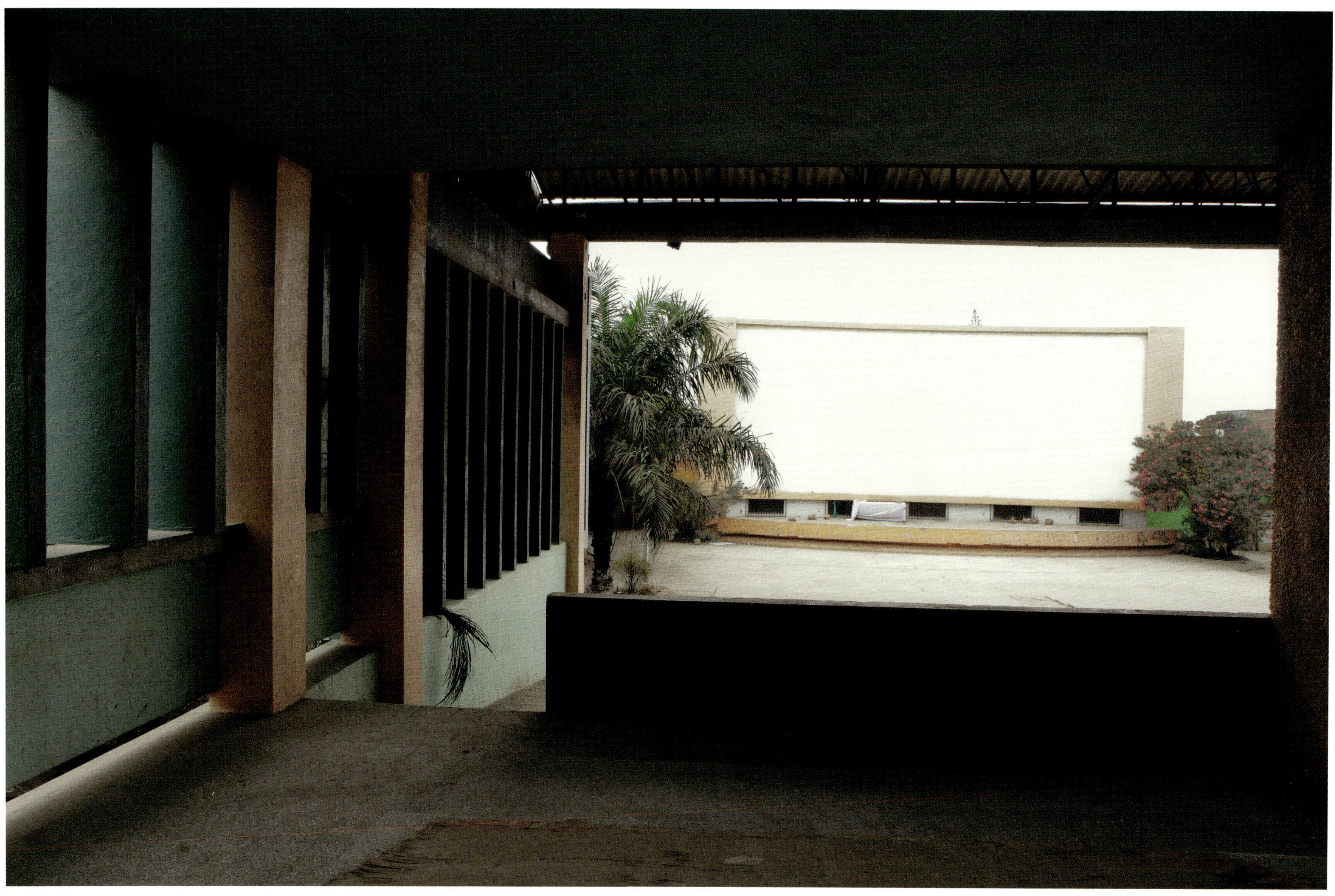

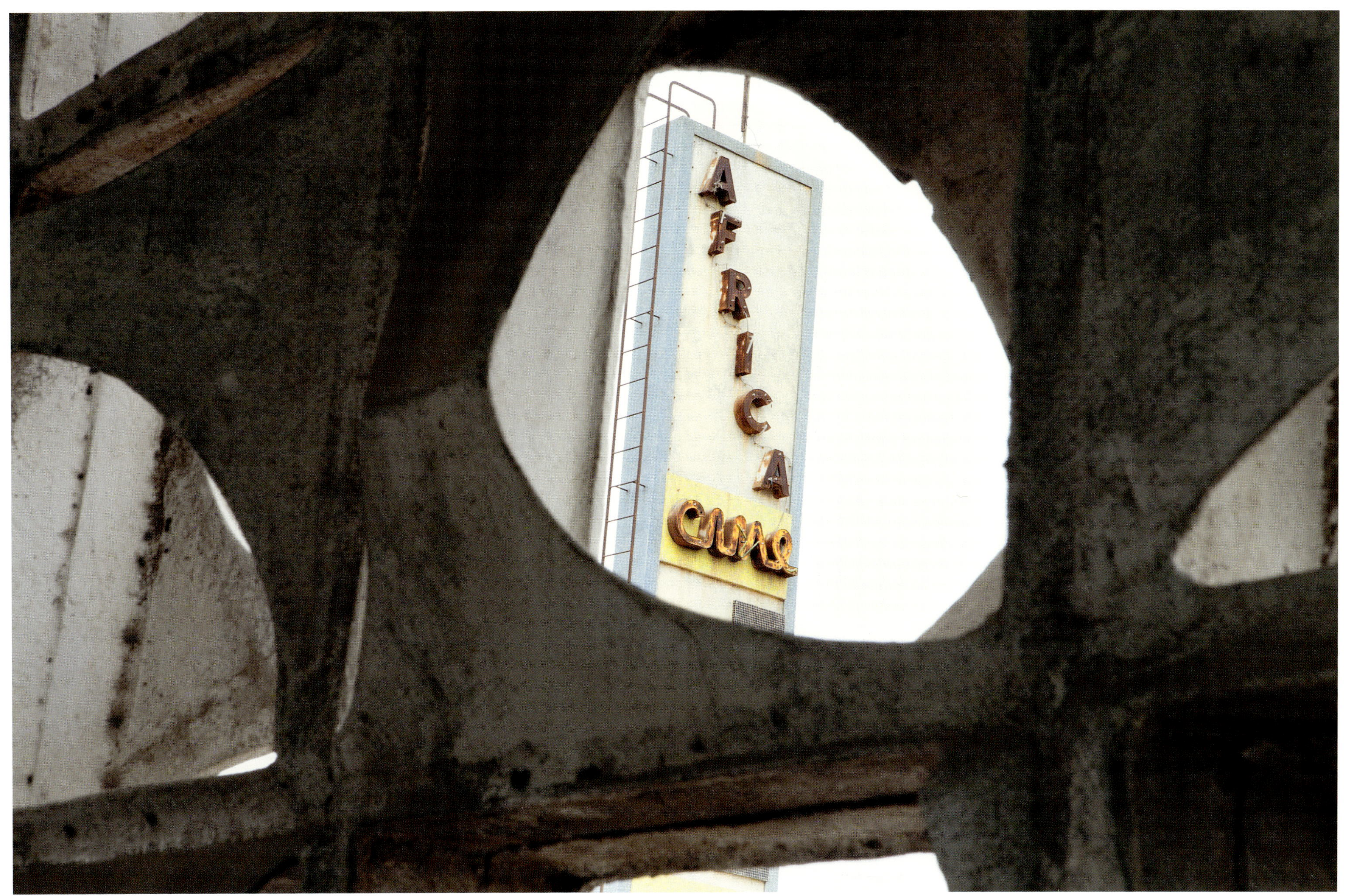
AFRICA
Cine

Cine Estúdio, Namibe, Província / Province Namibe

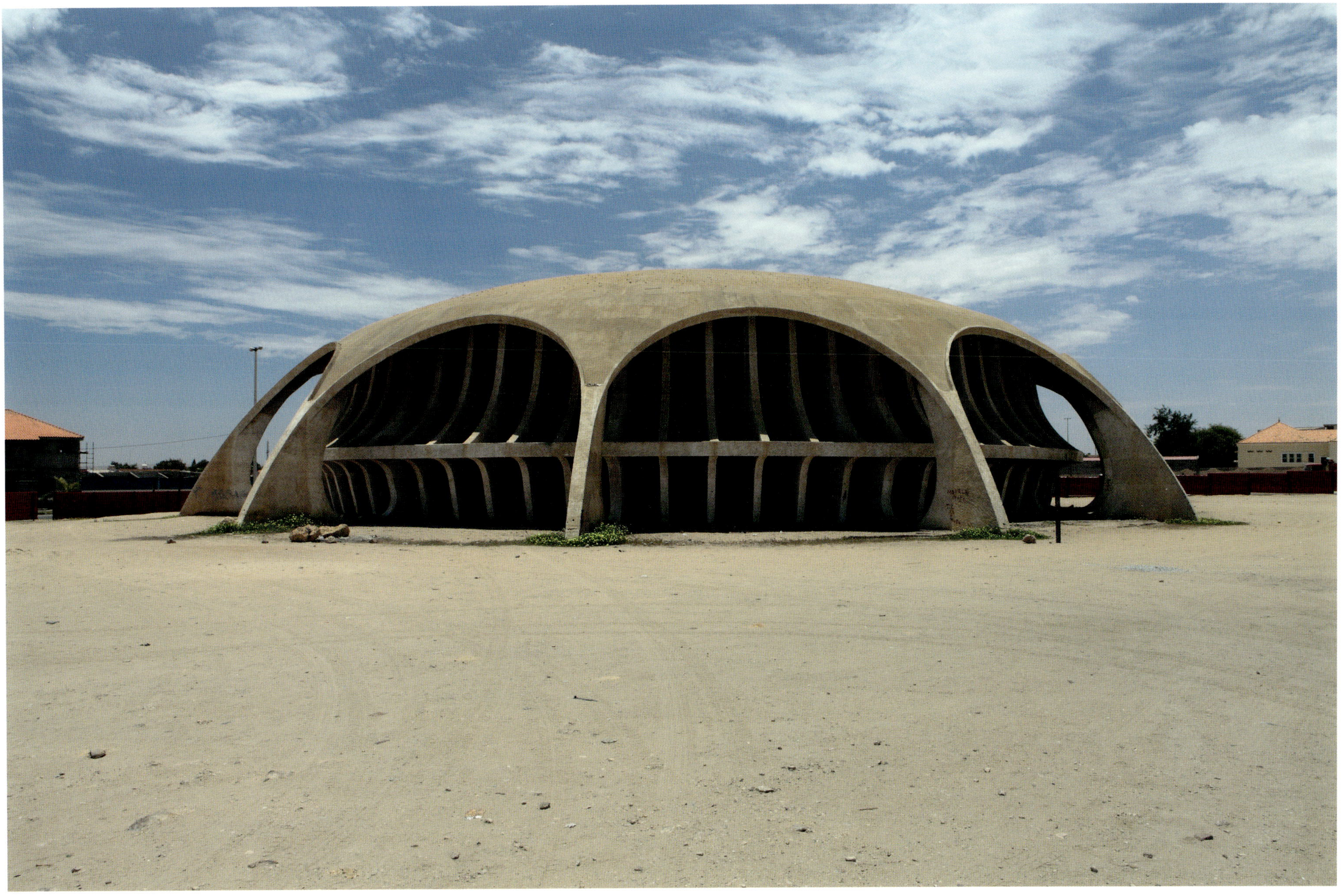

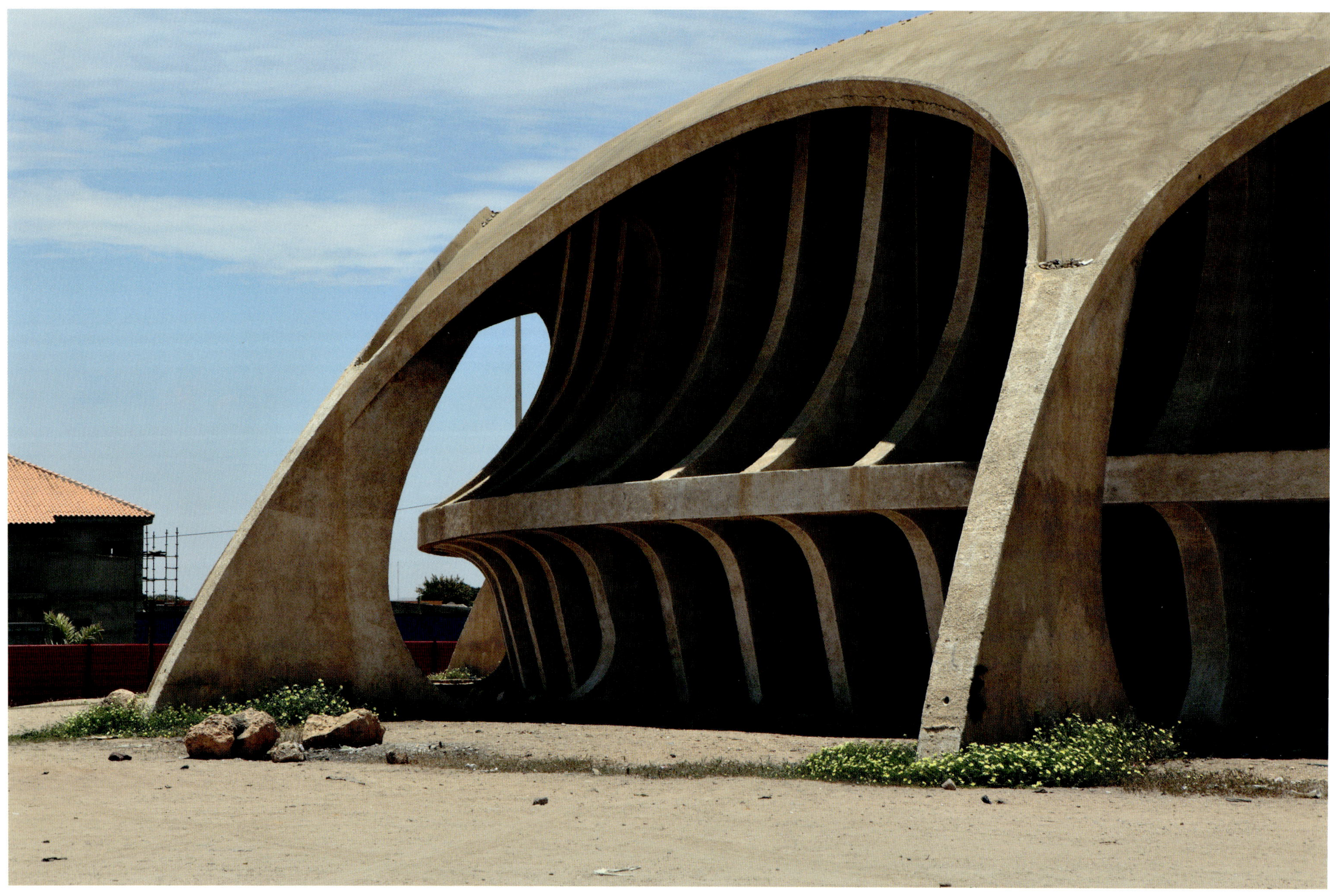

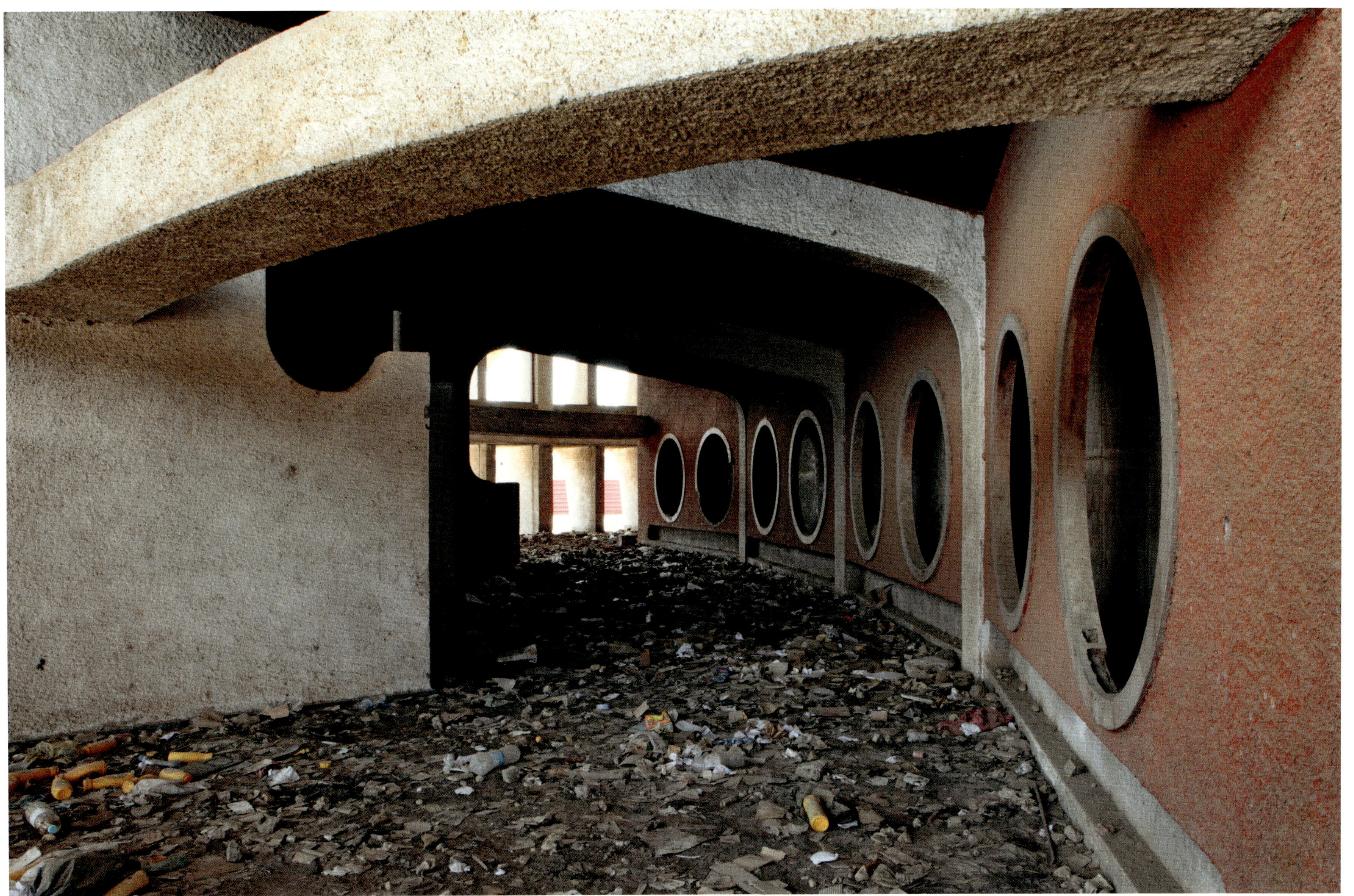

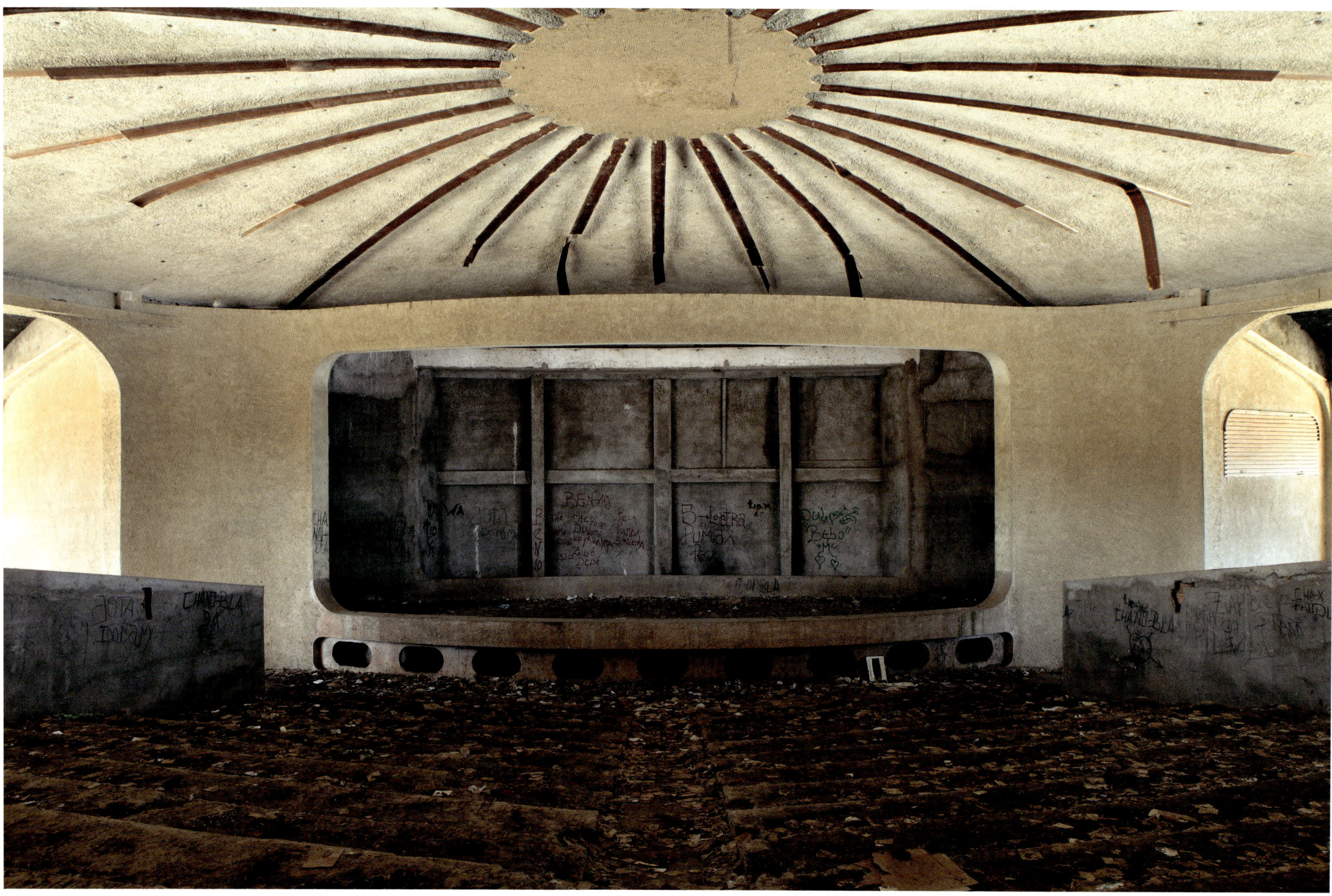

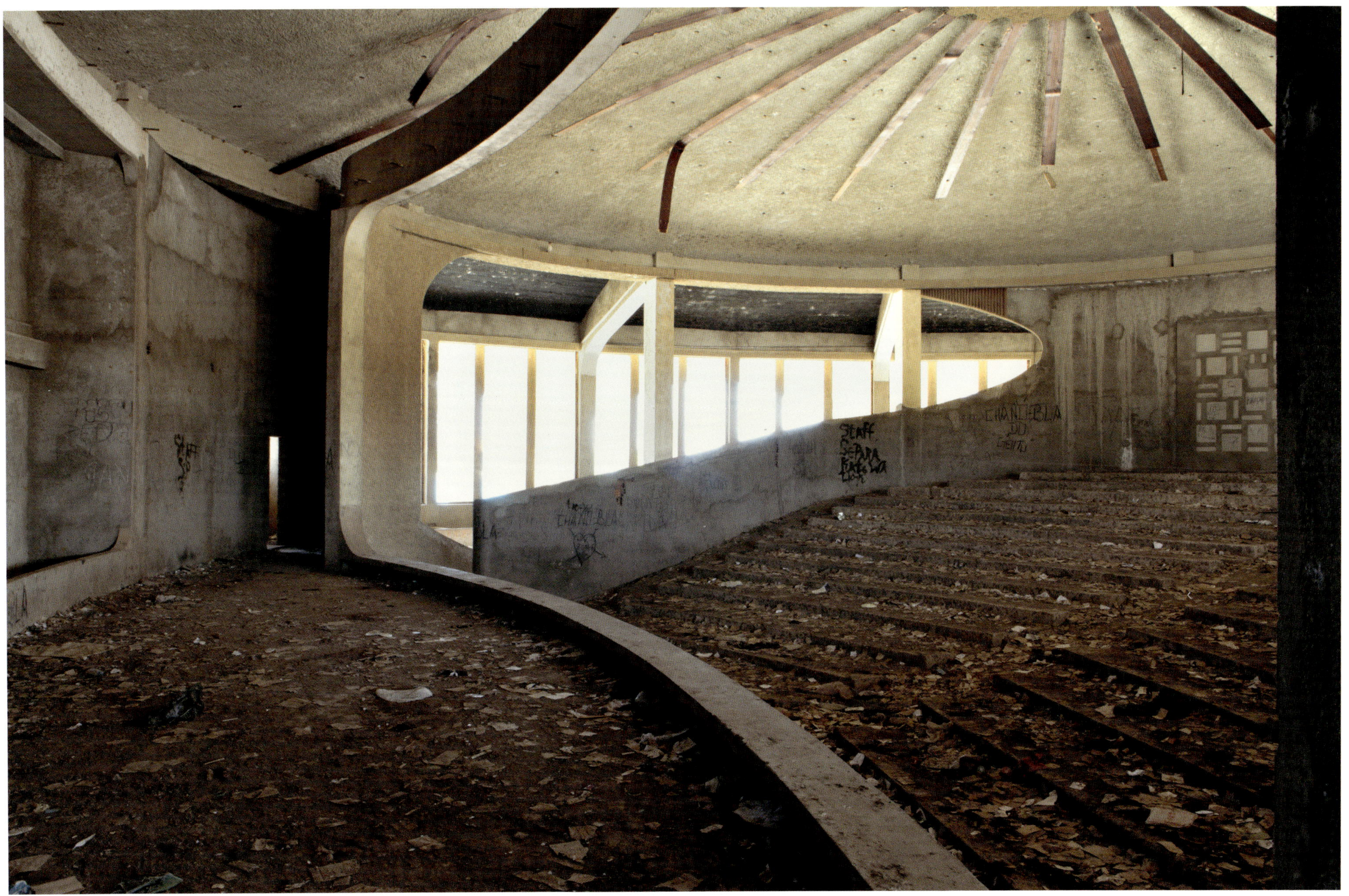

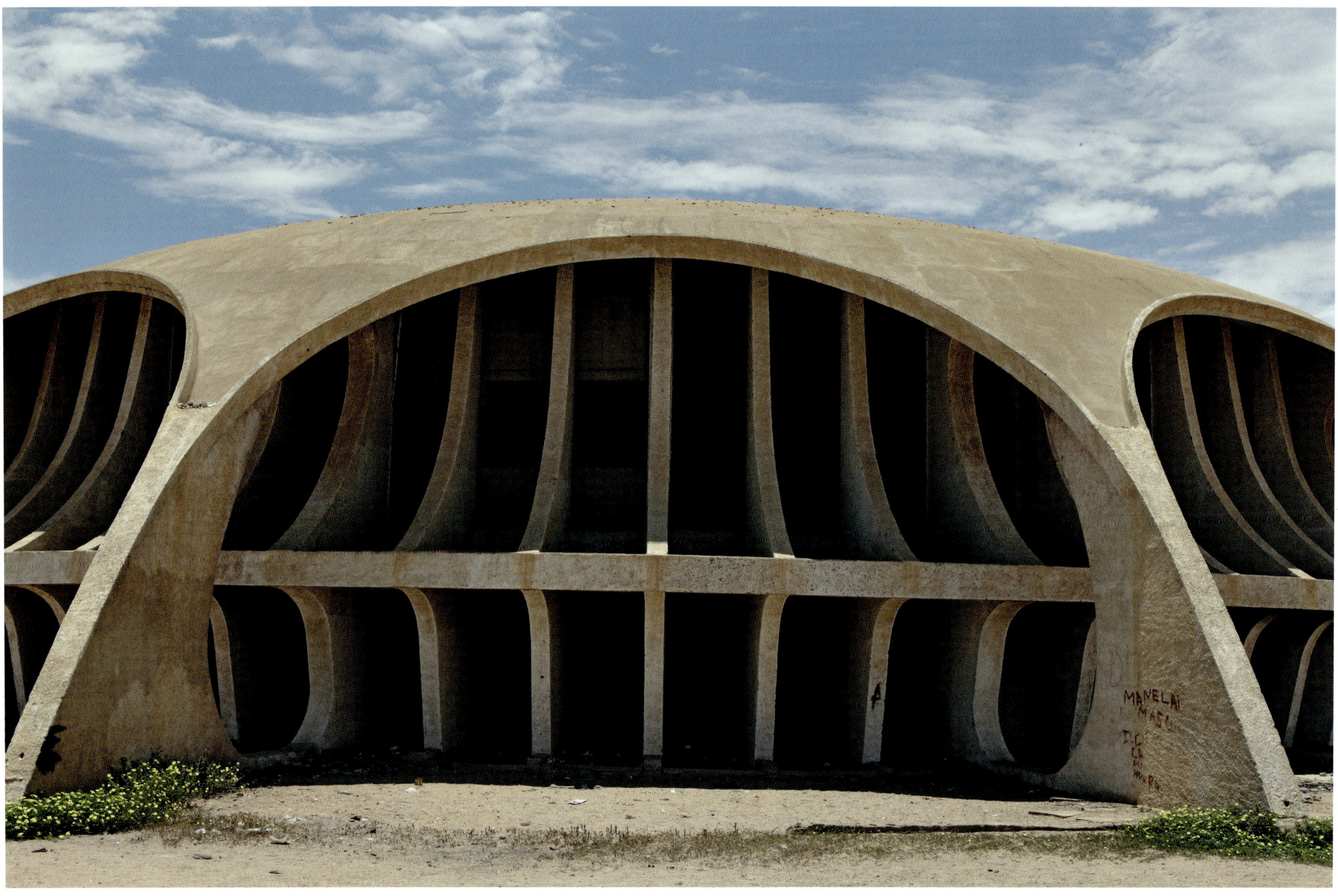

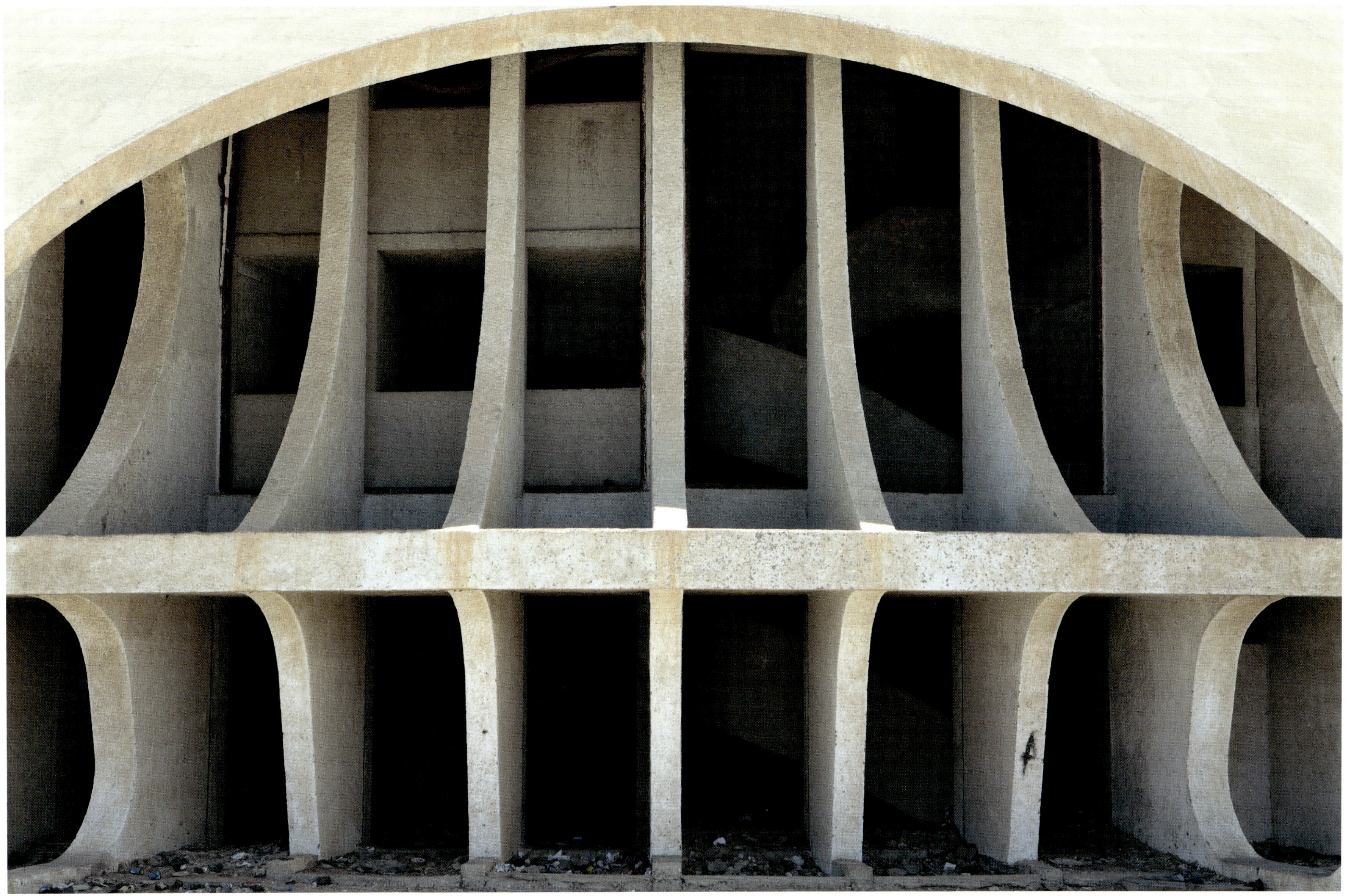

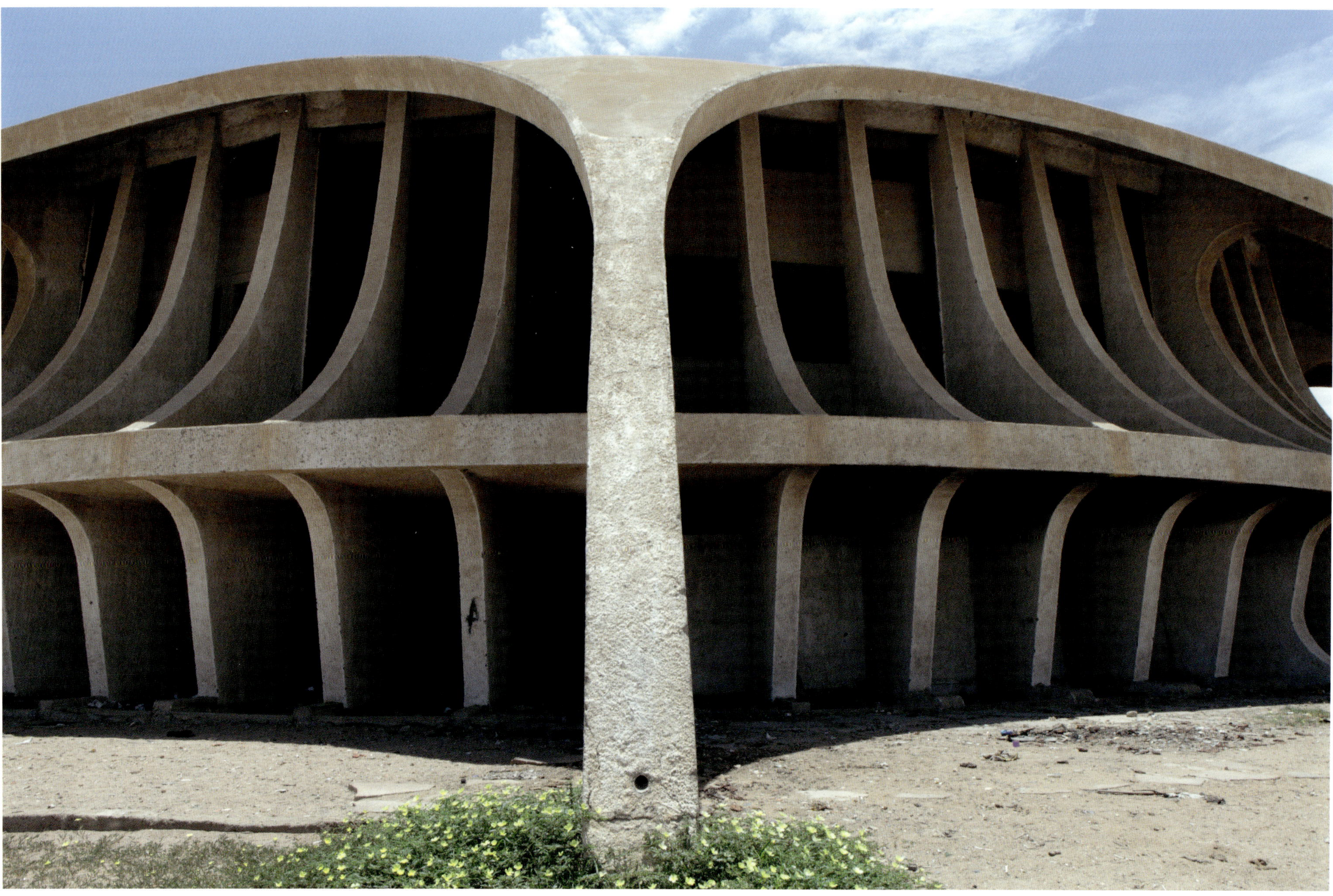

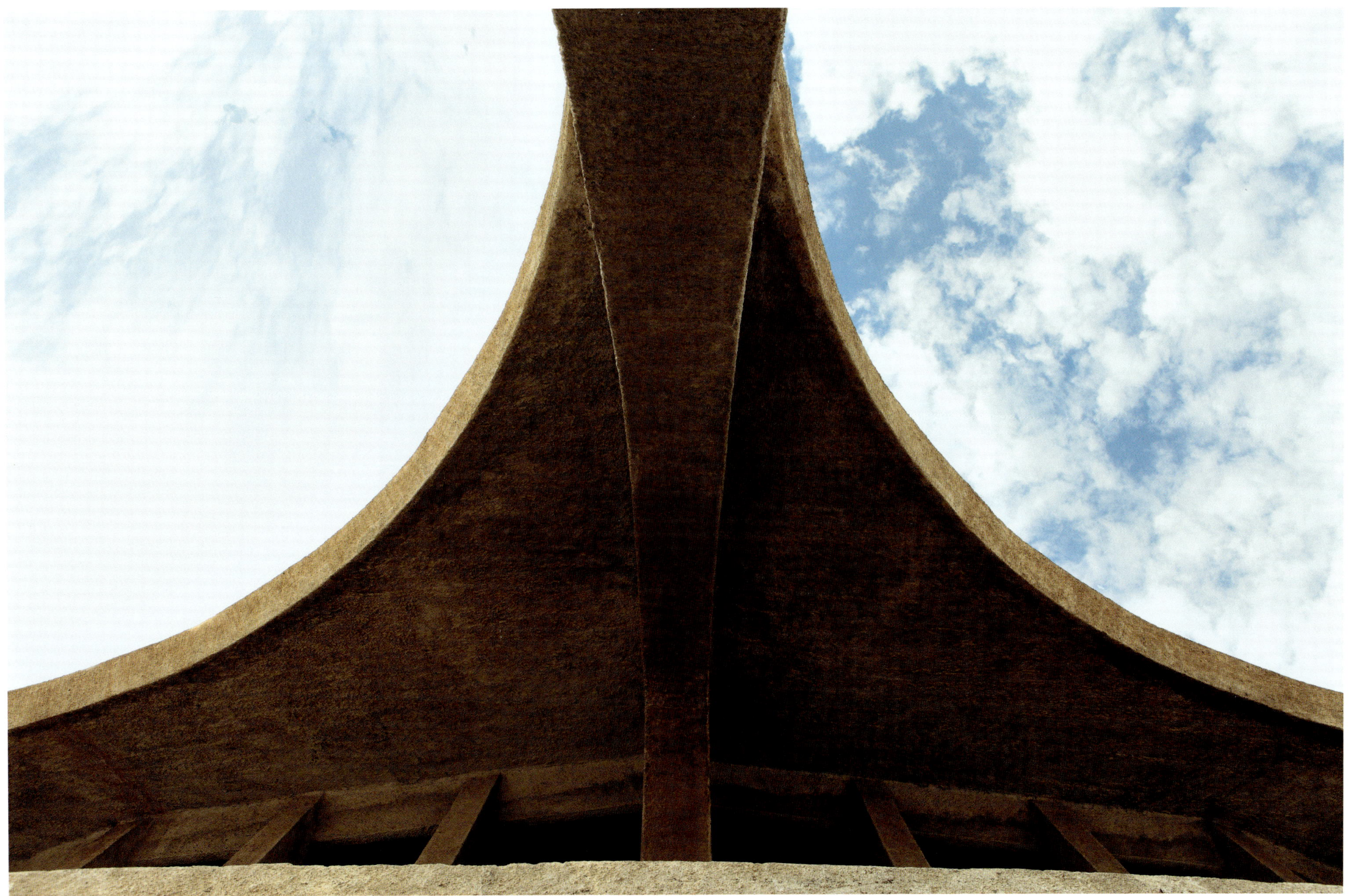

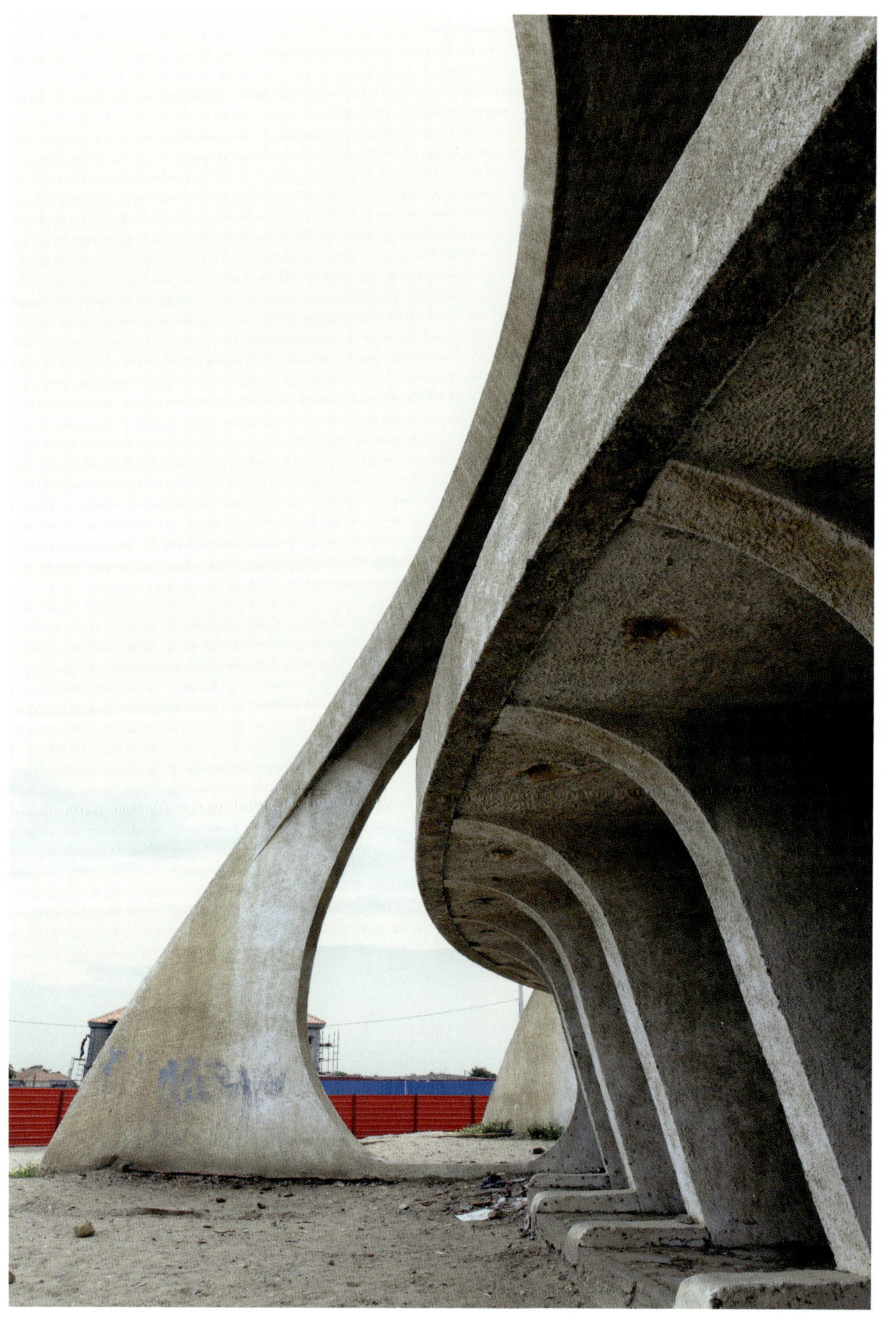

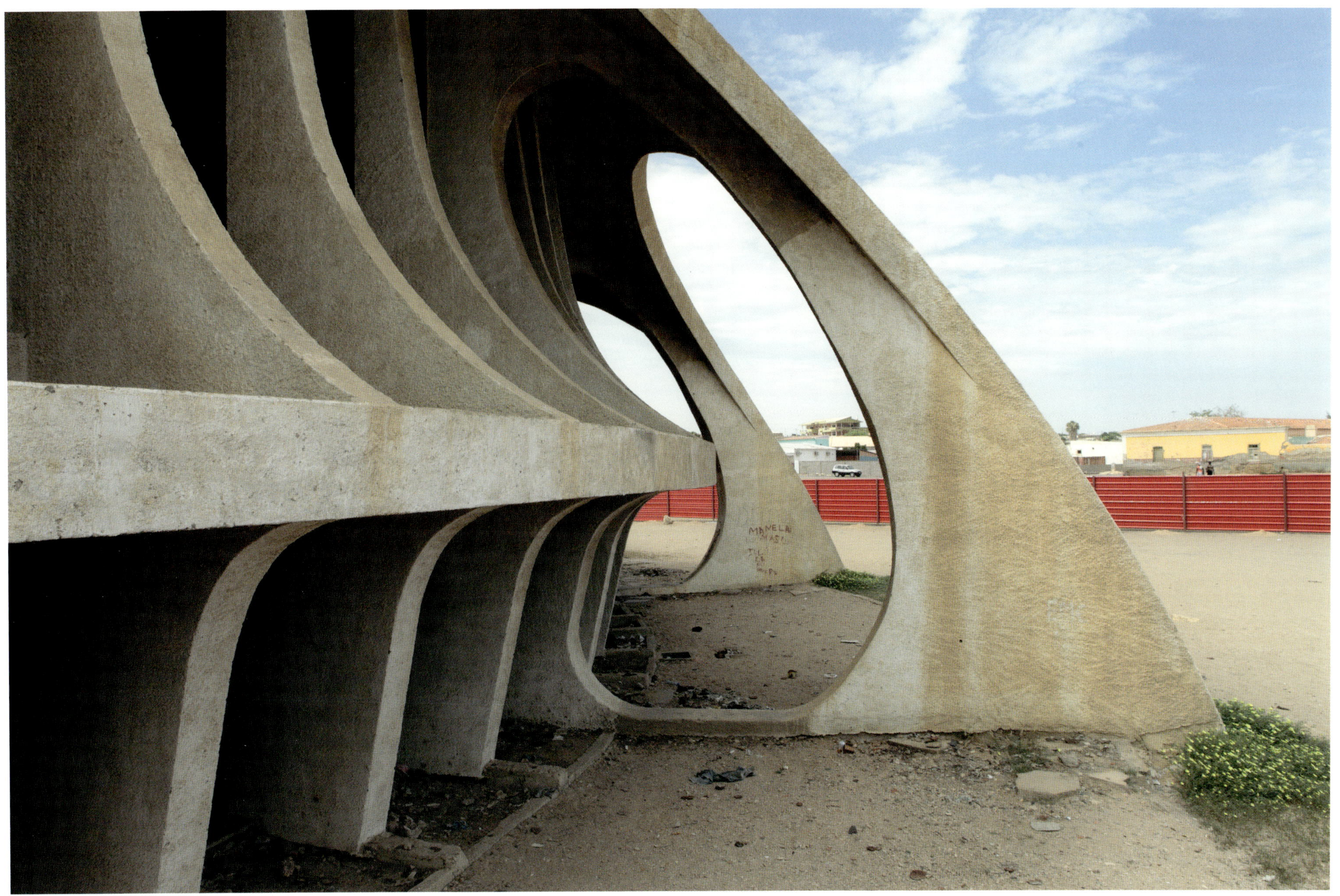

Cine Kalunga, Benguela, Província / Province Benguela

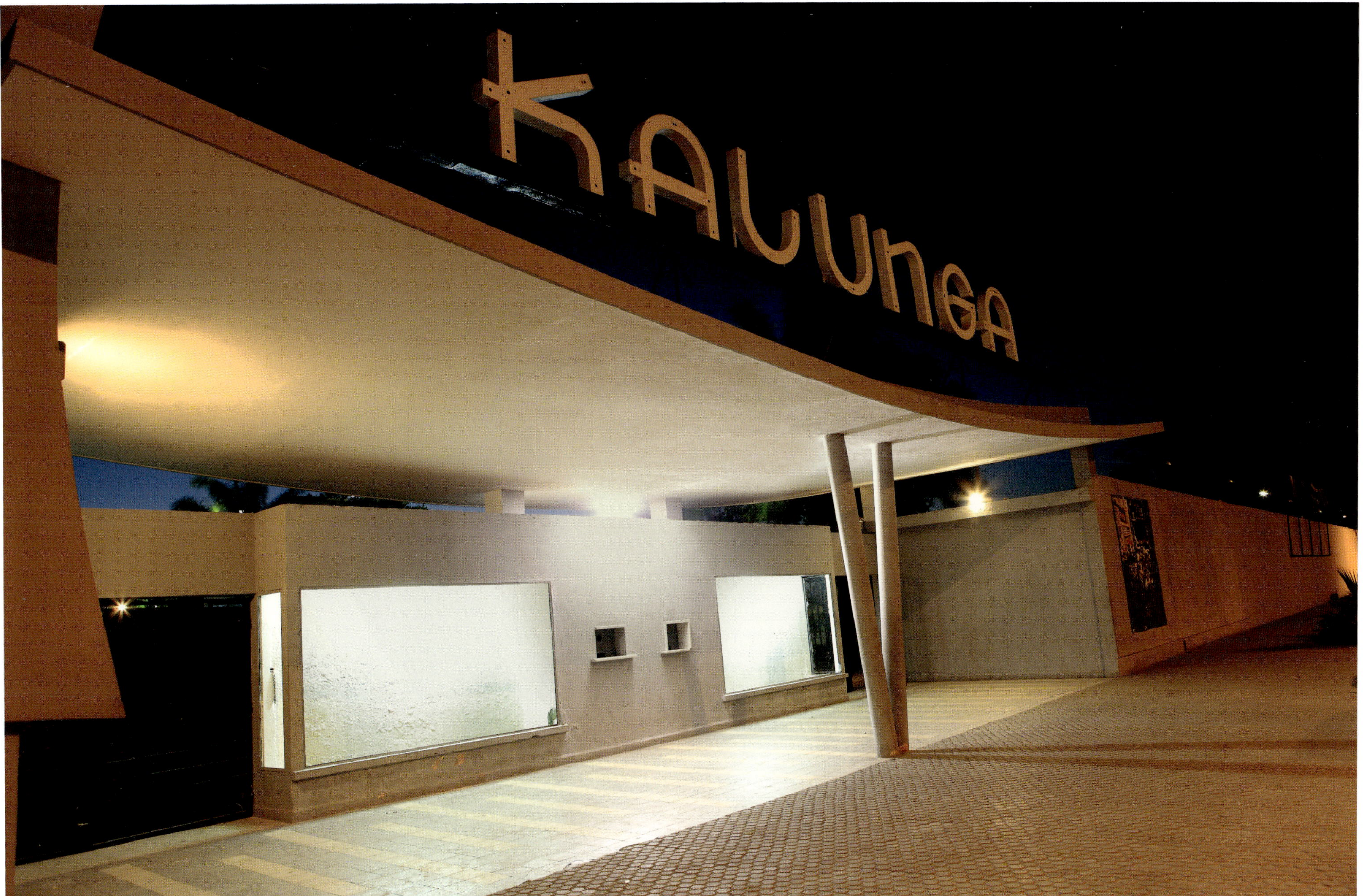
KALUNGA

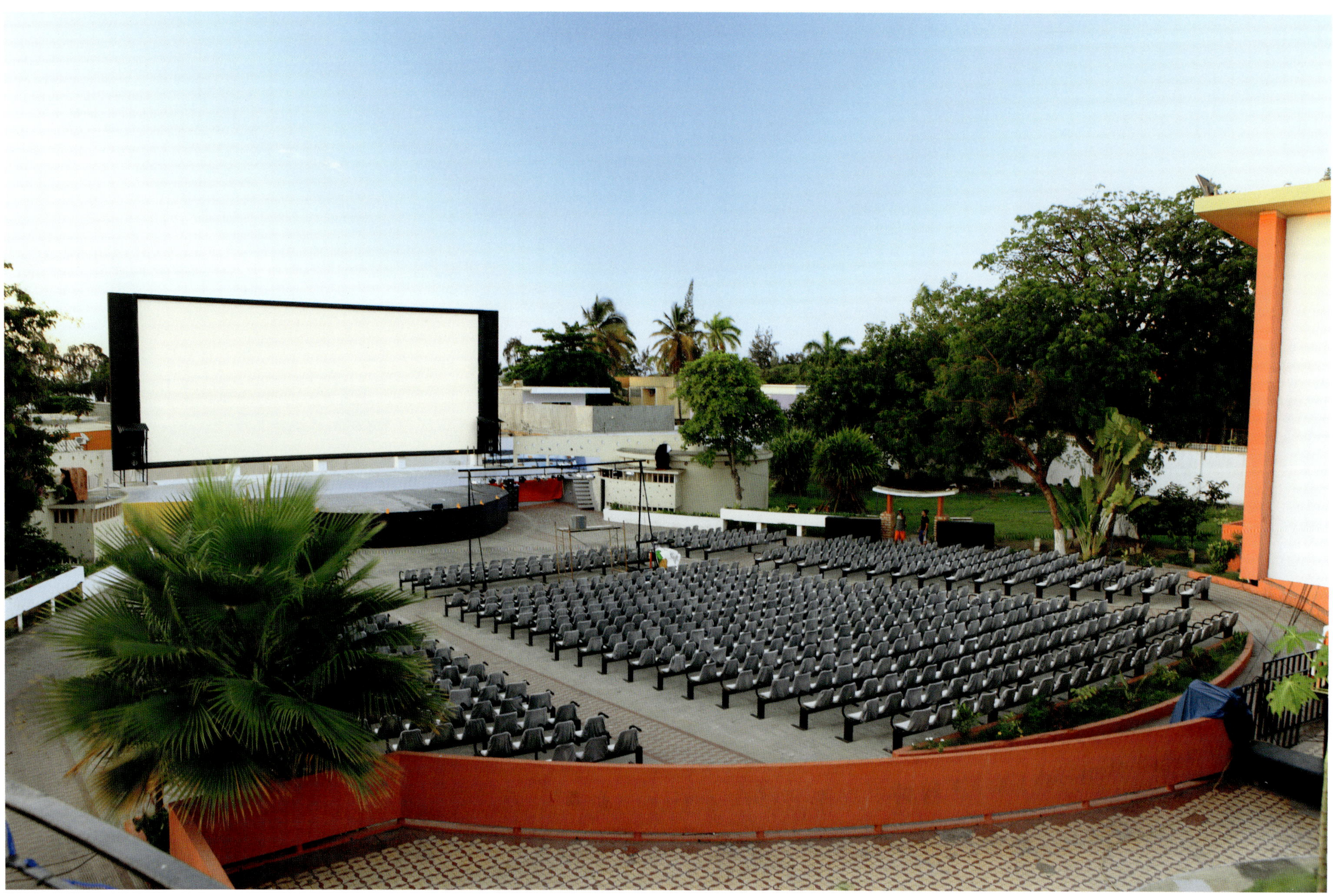

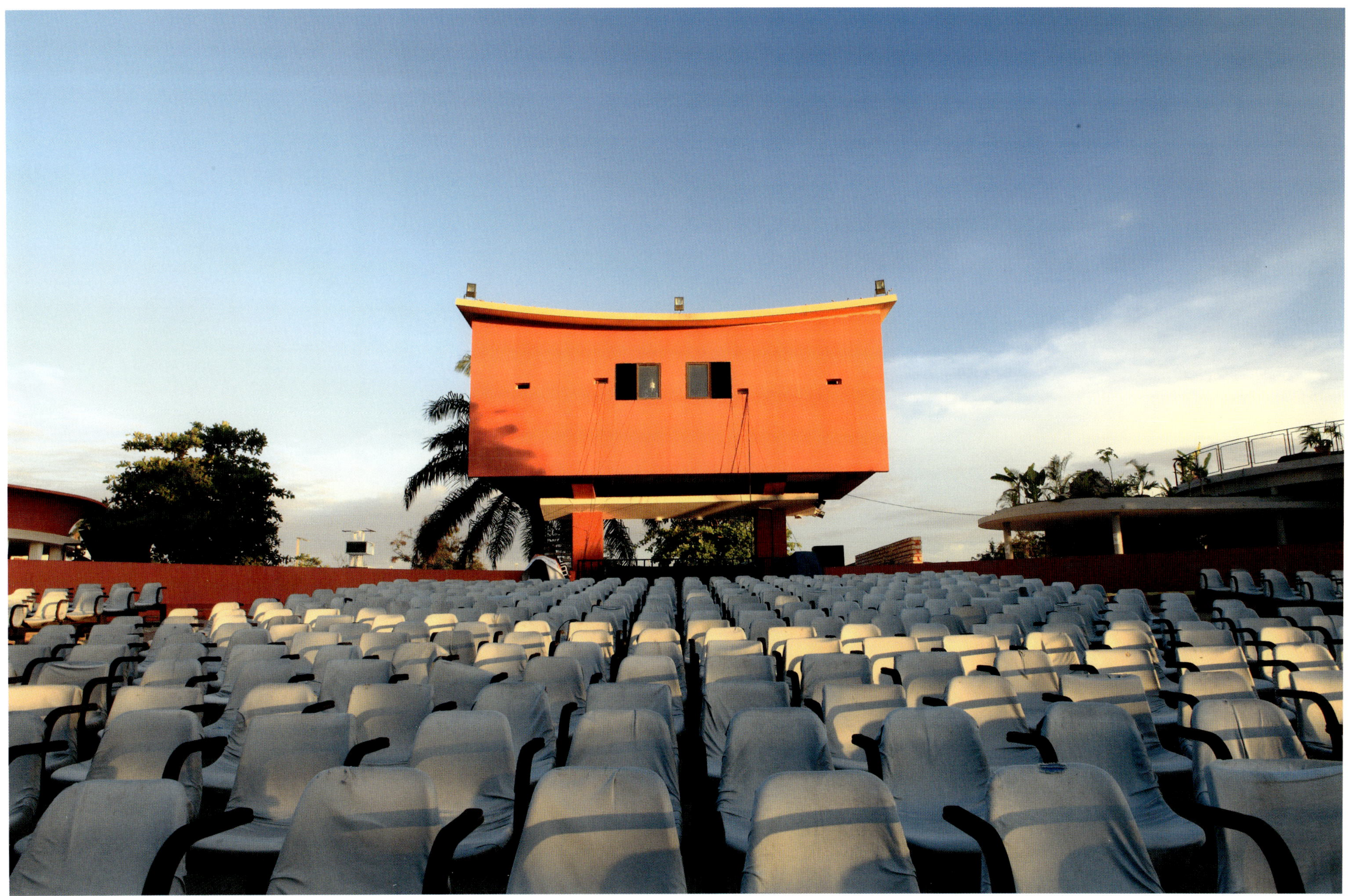

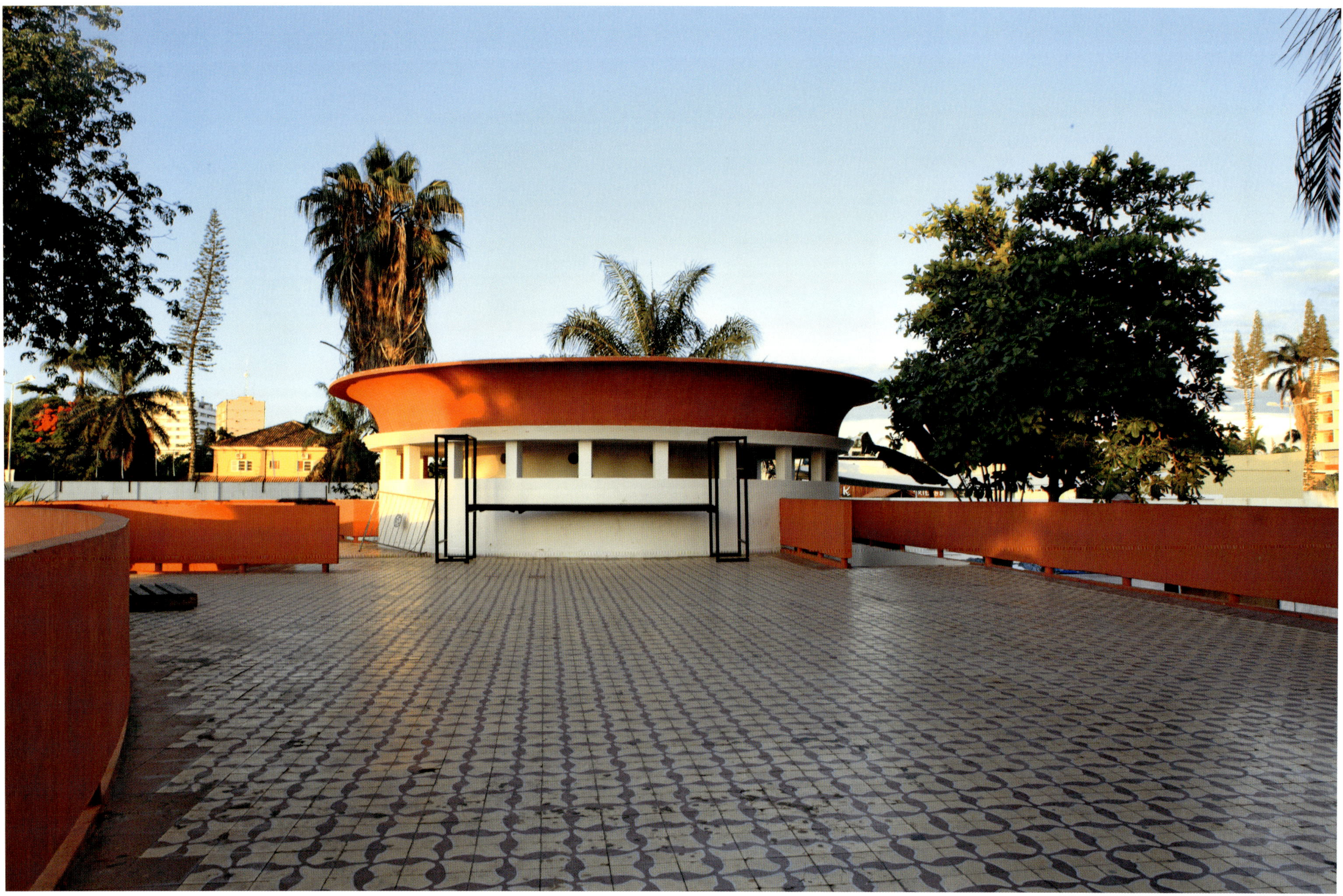

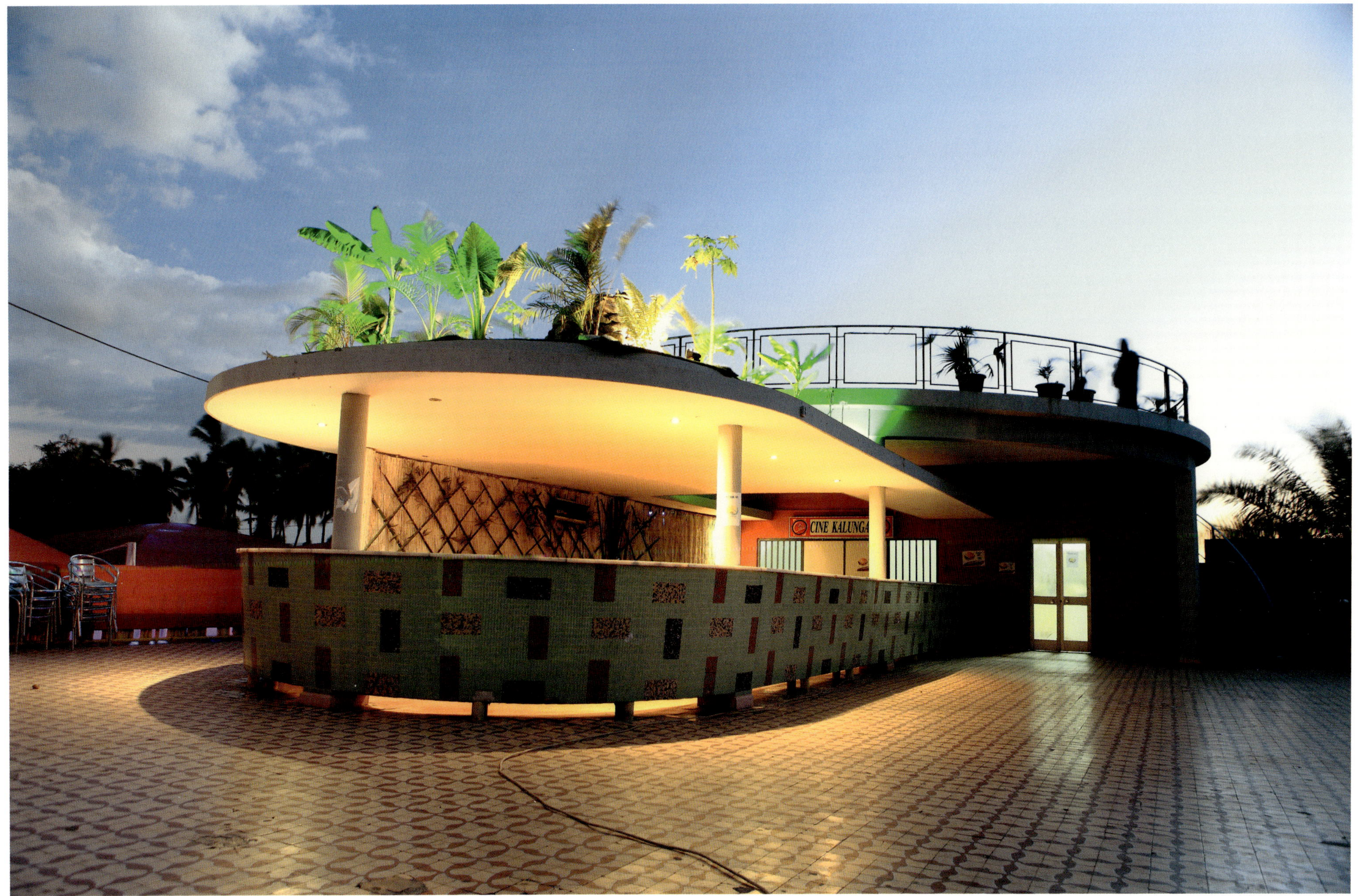
CINE KALUNGA

Cine Atlântico, Luanda, Província / Province Luanda

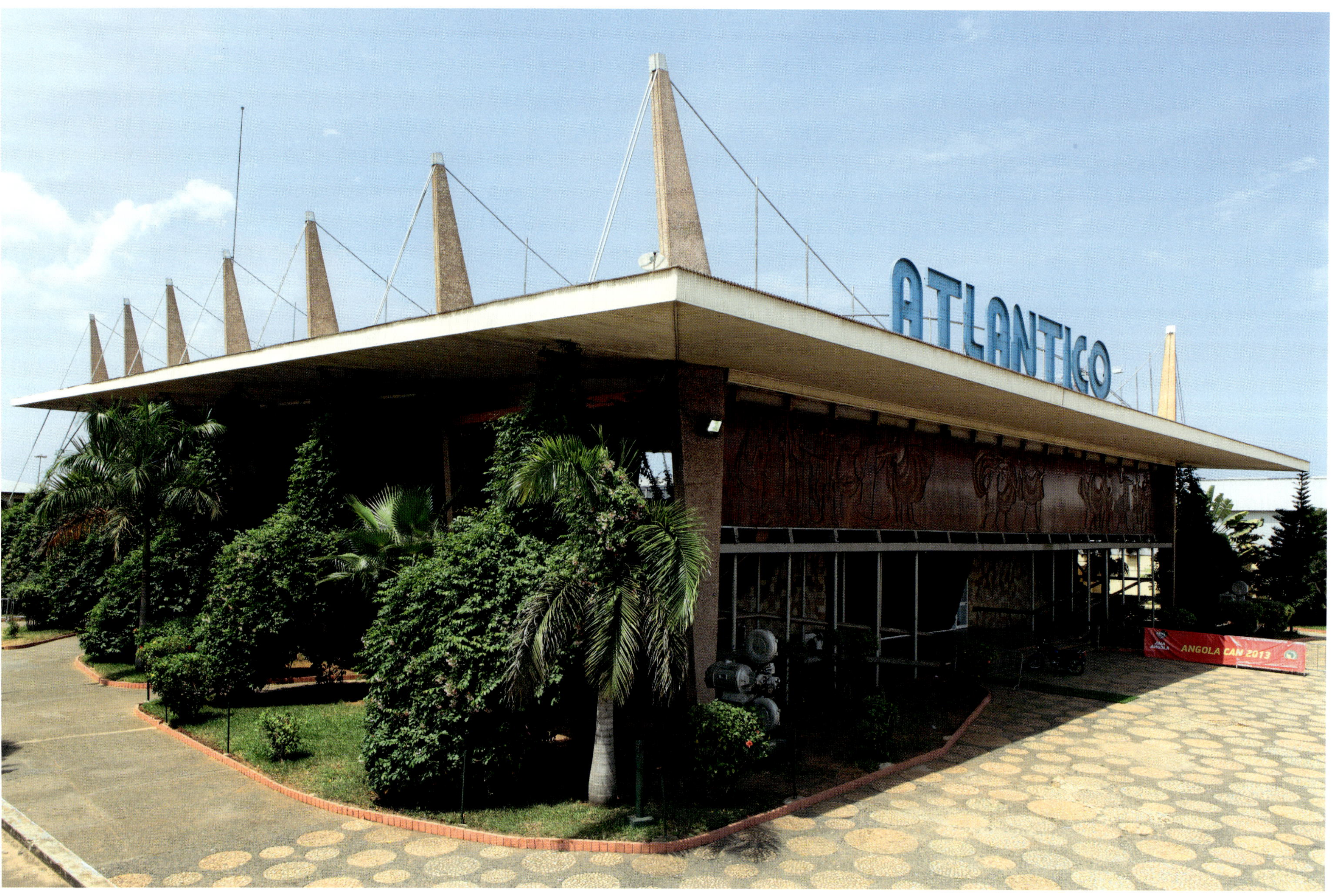

ATLANTICO
ANGOLA CAN 2013

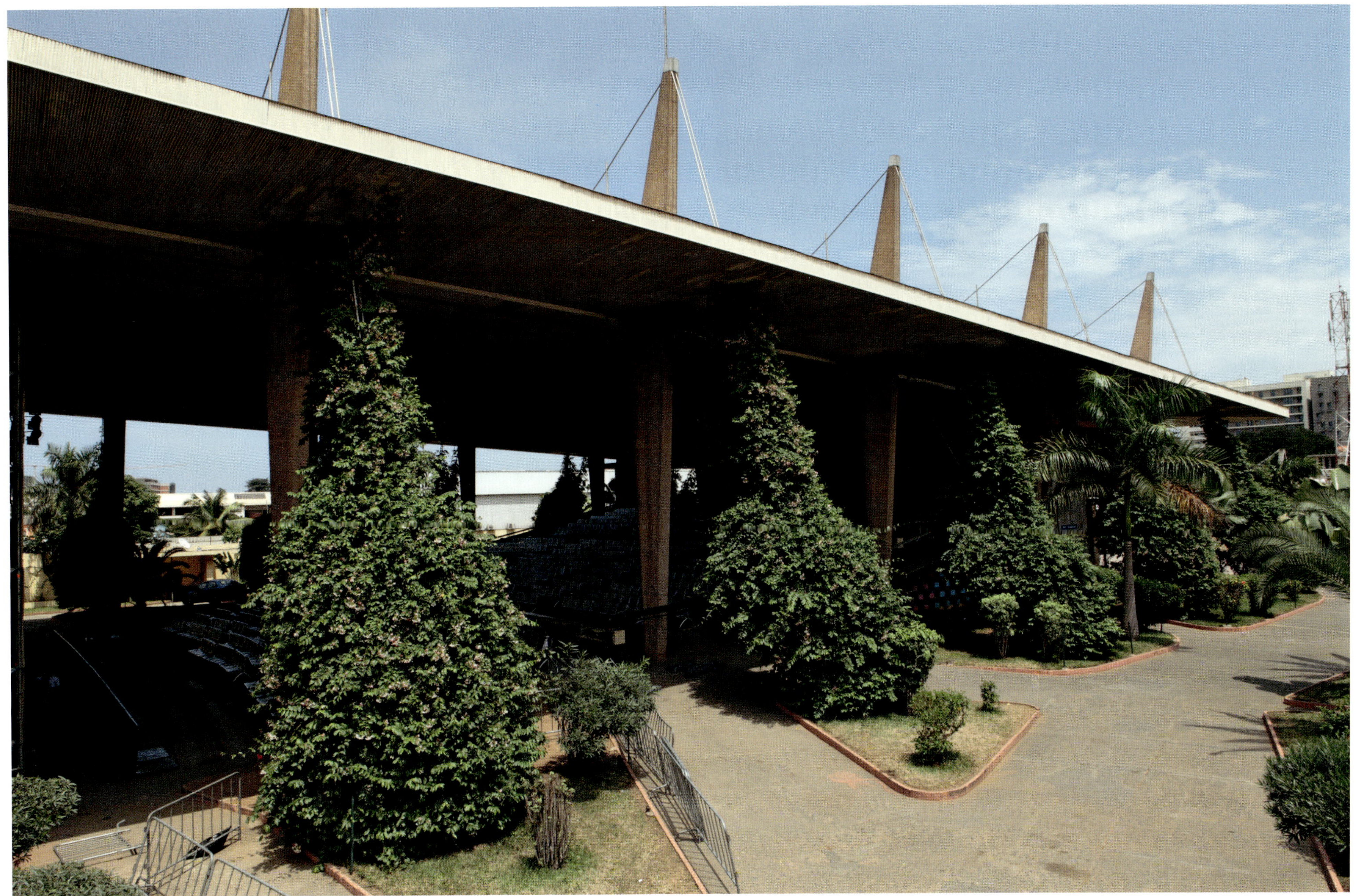

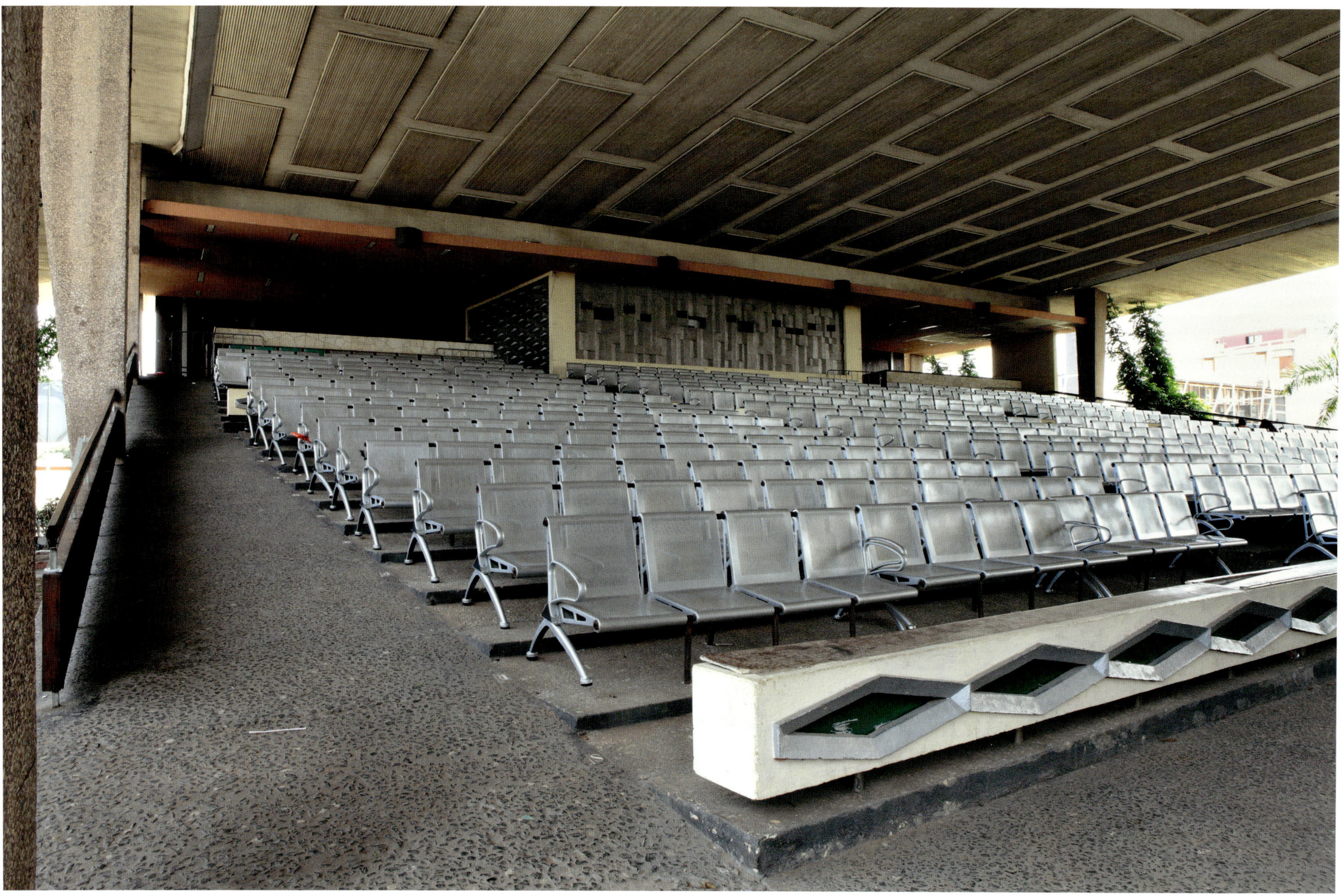

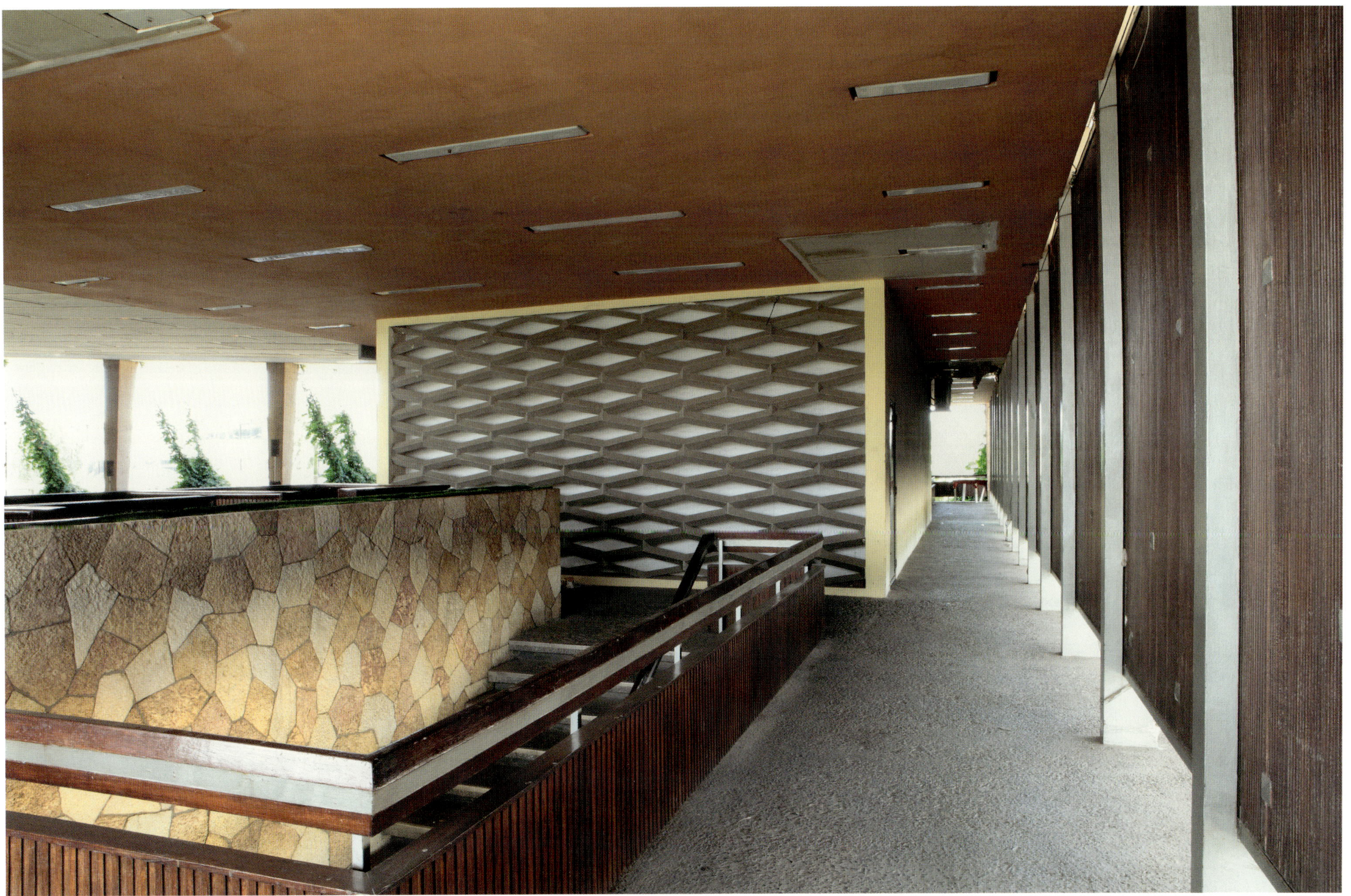

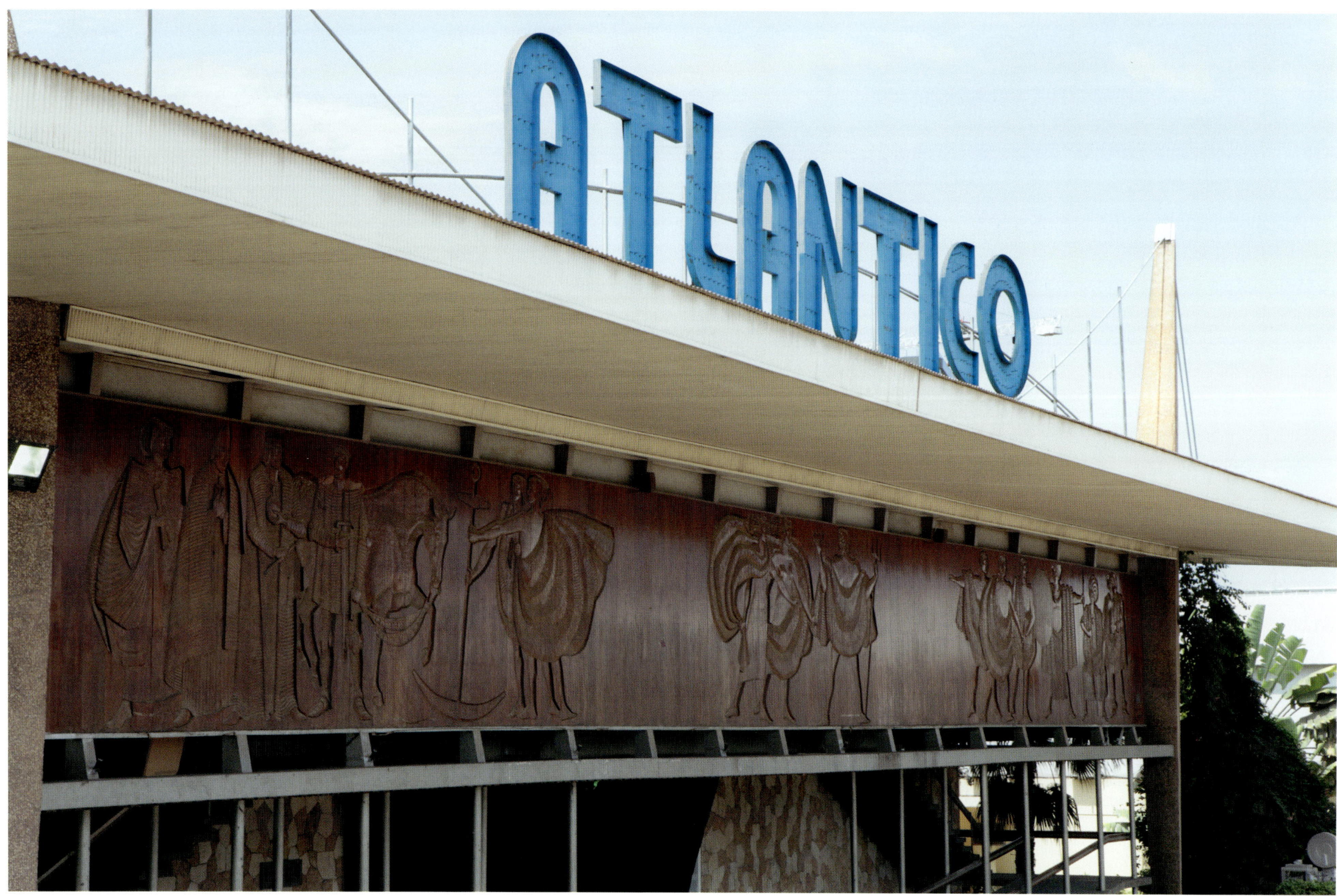
ATLANTICO

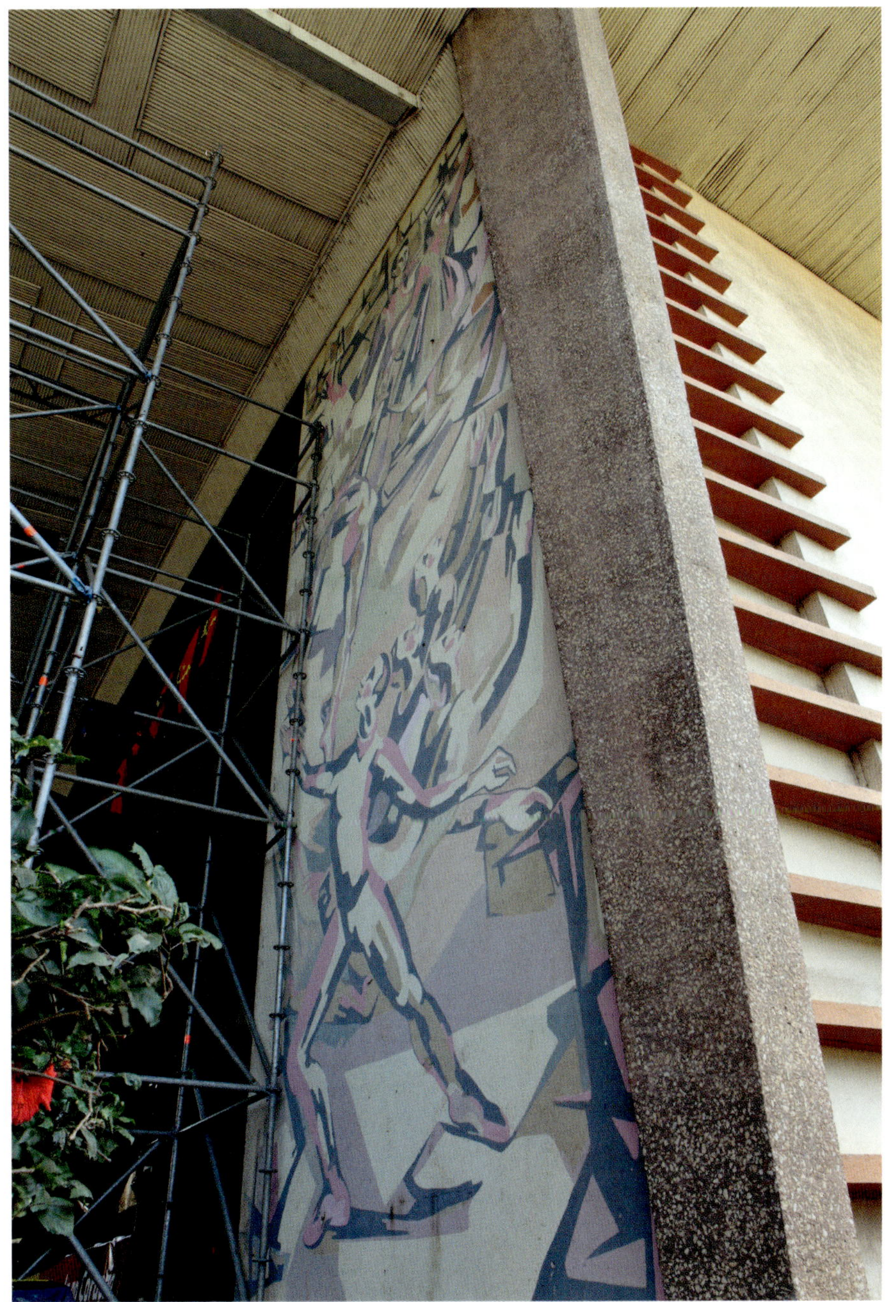

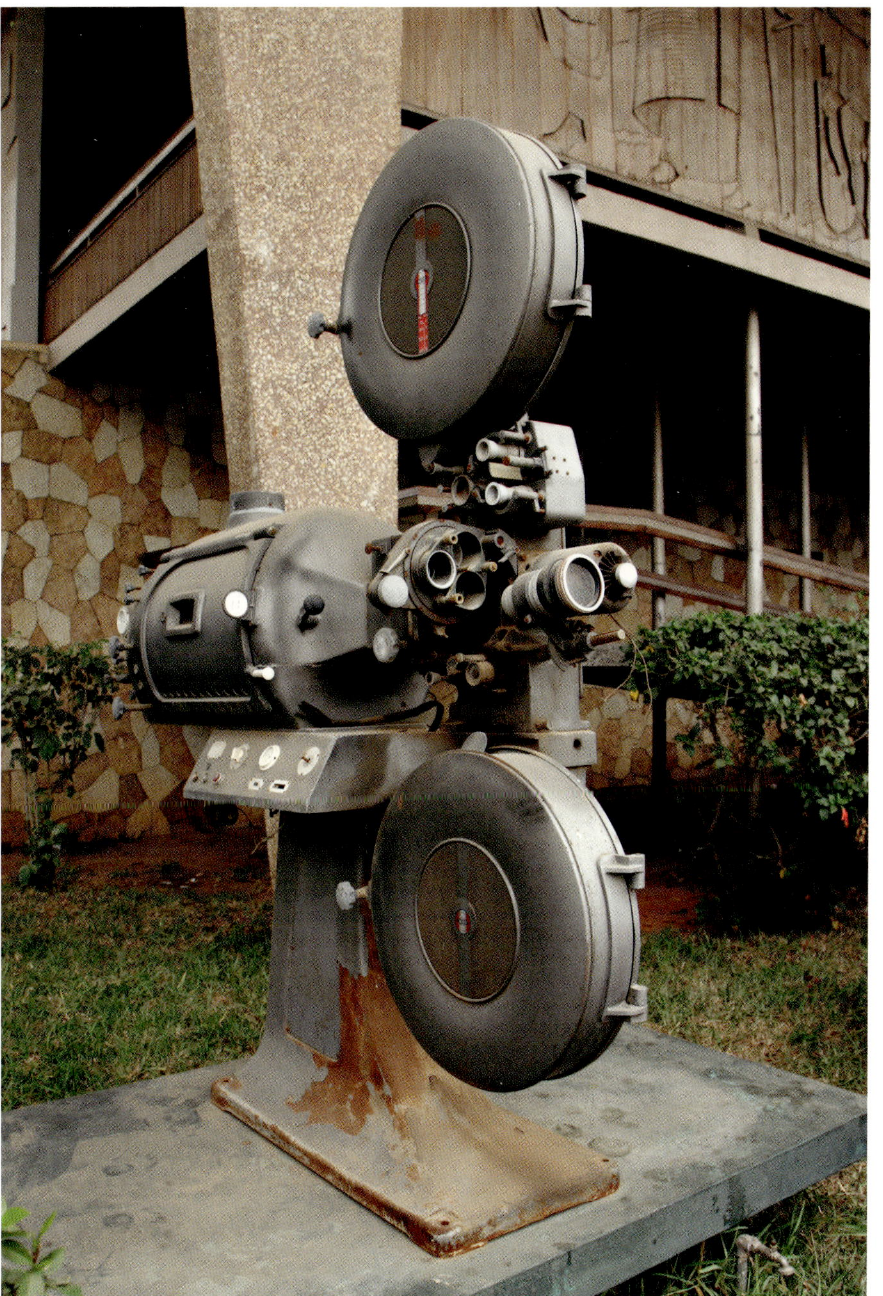

Cine Flamingo, Lobito, Província / Province Benguela

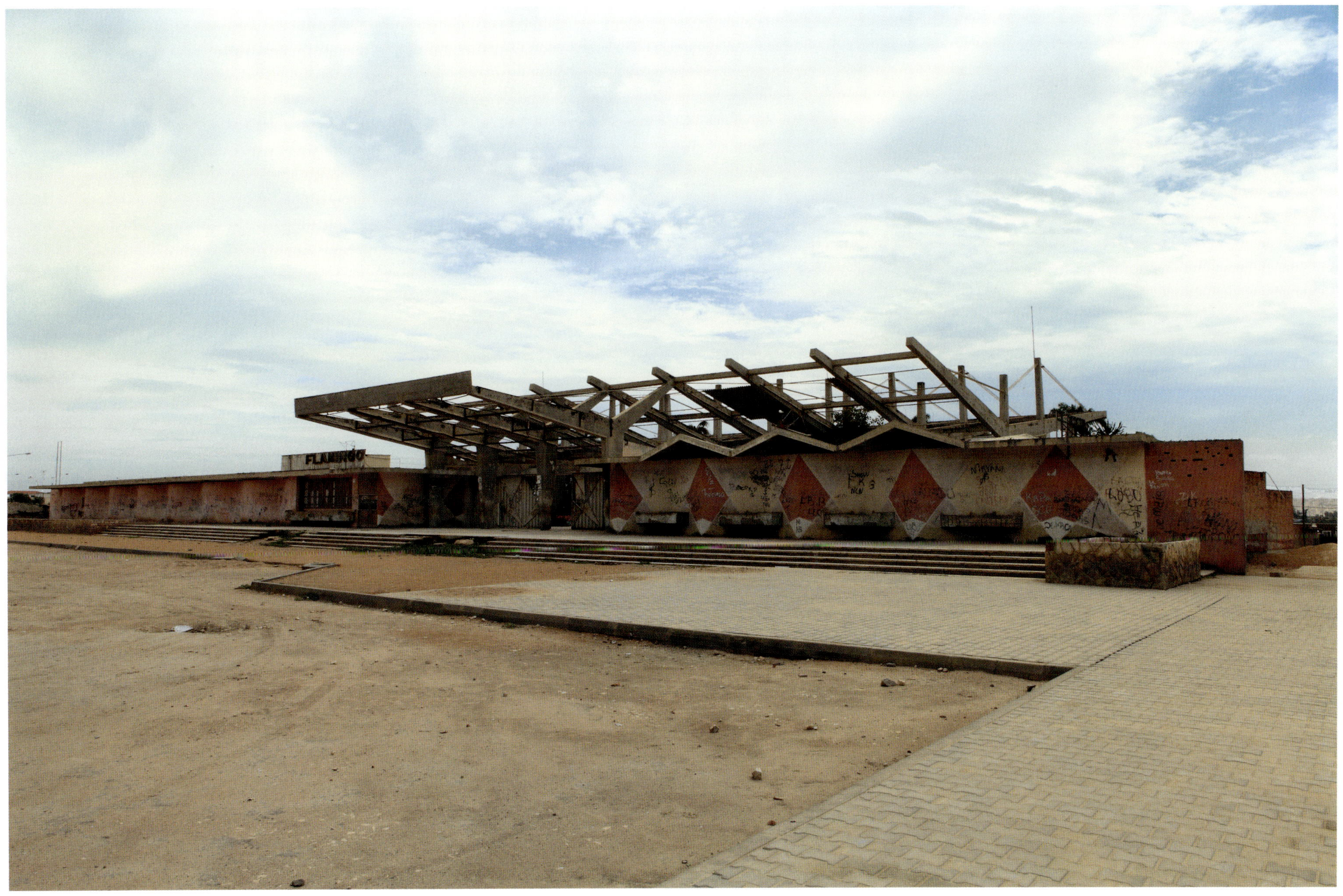

FLAMINGO

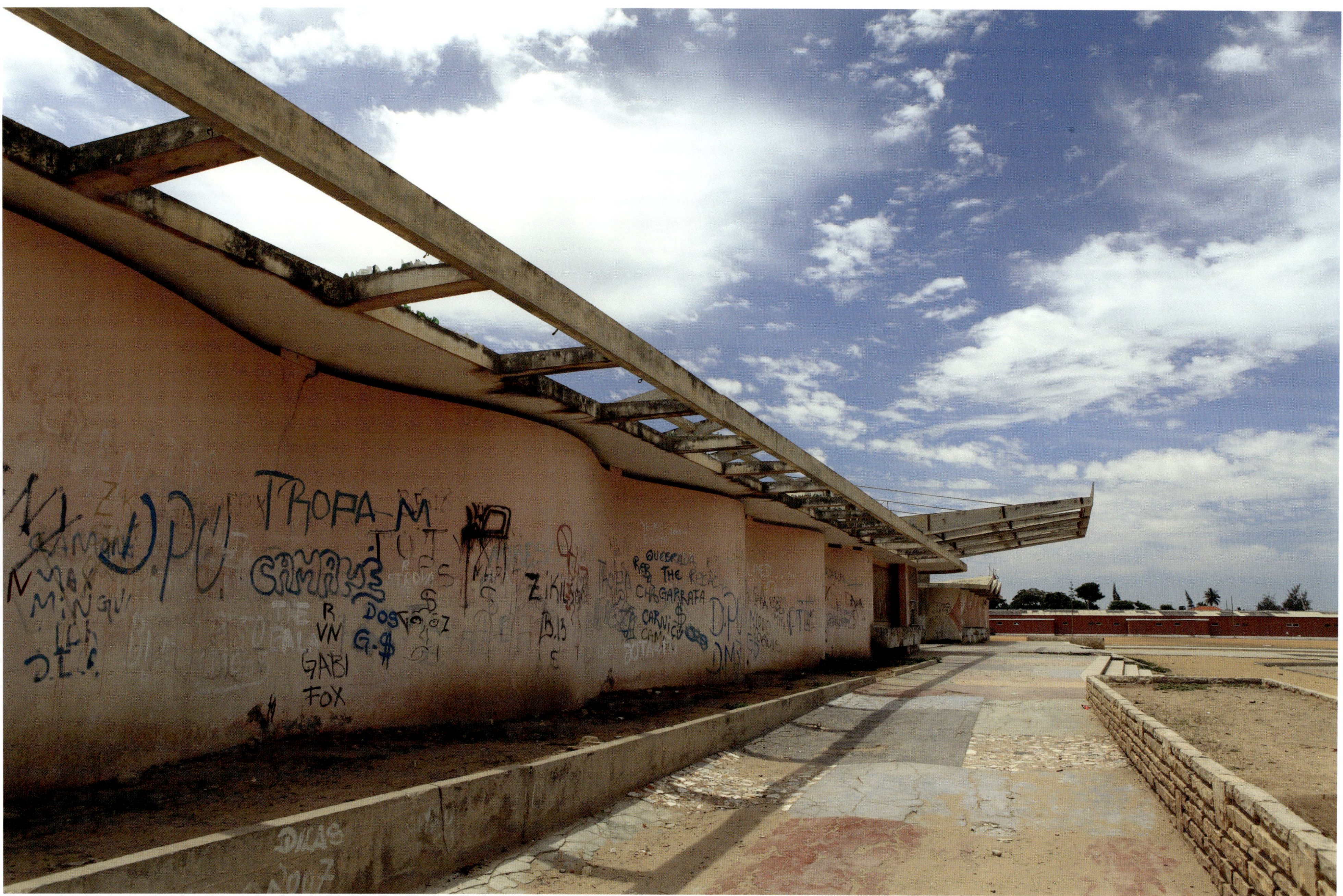

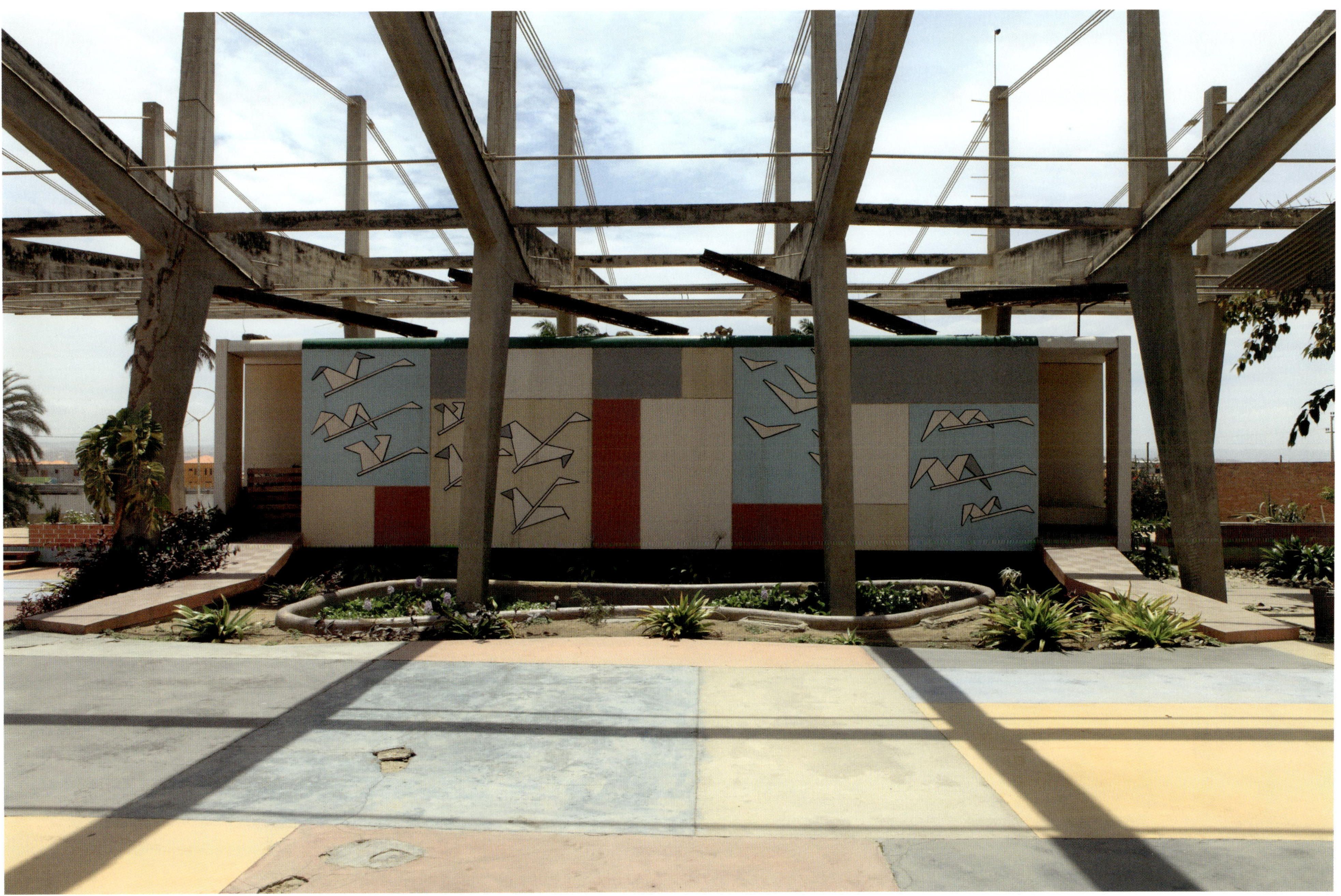

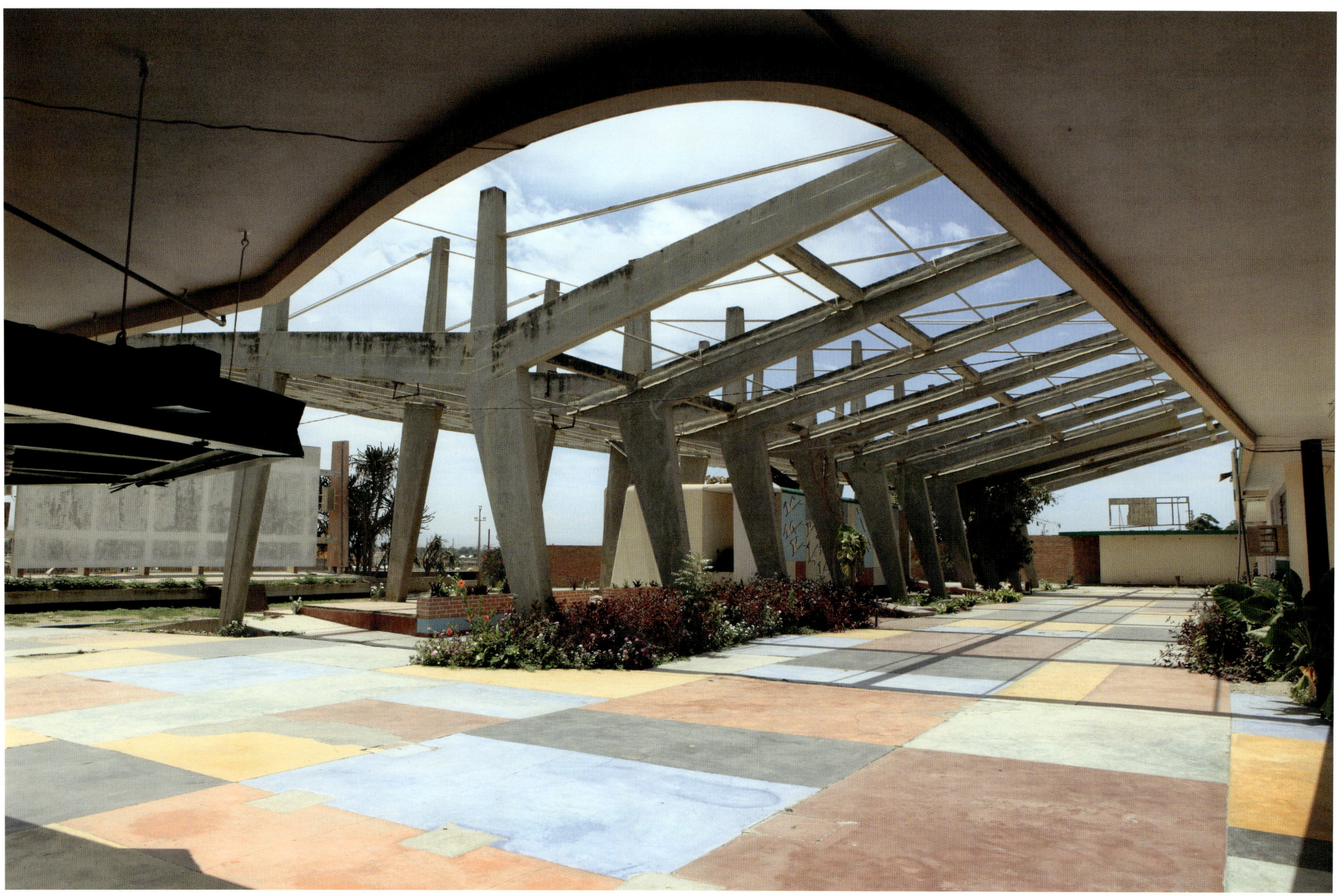

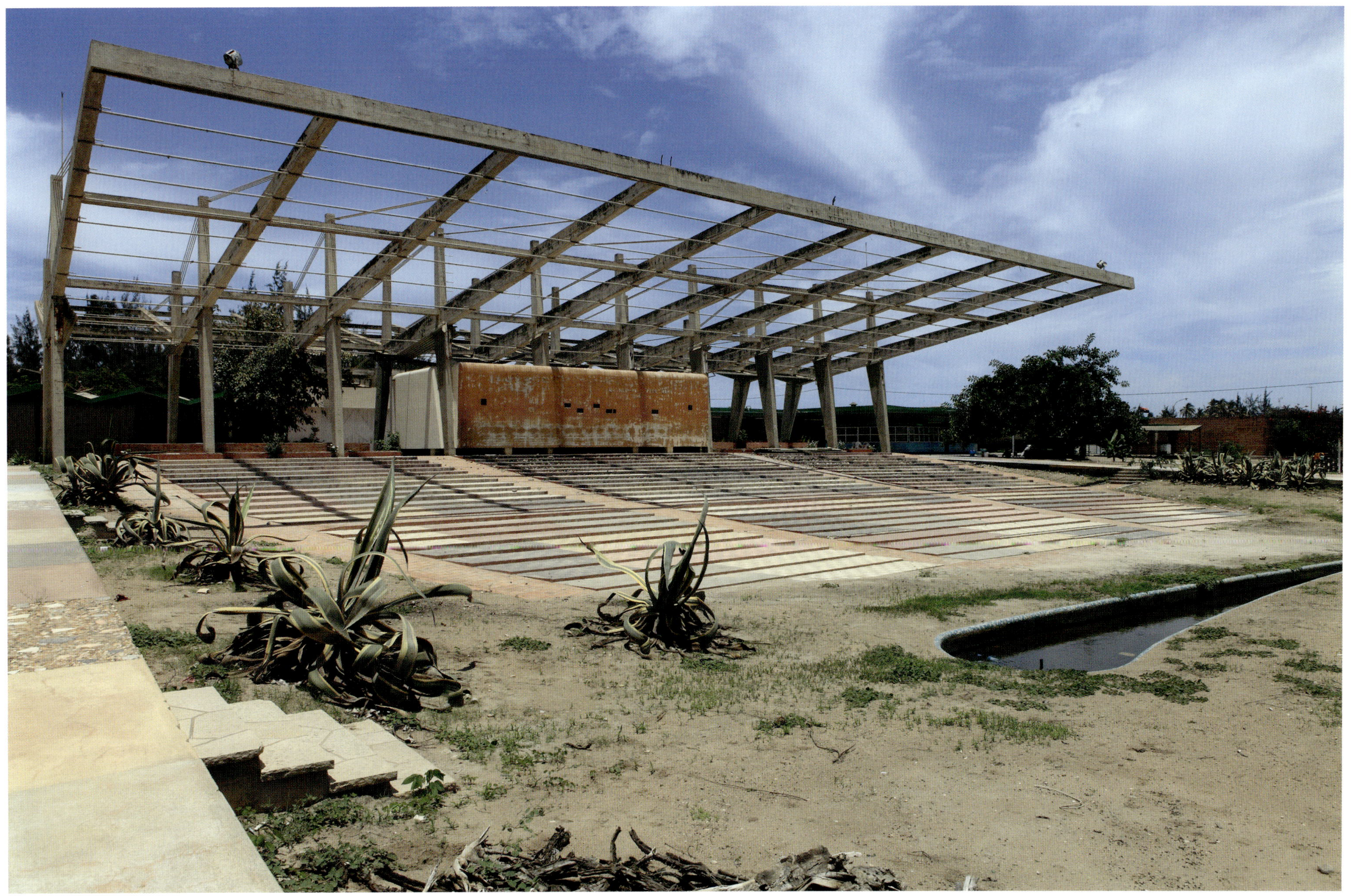

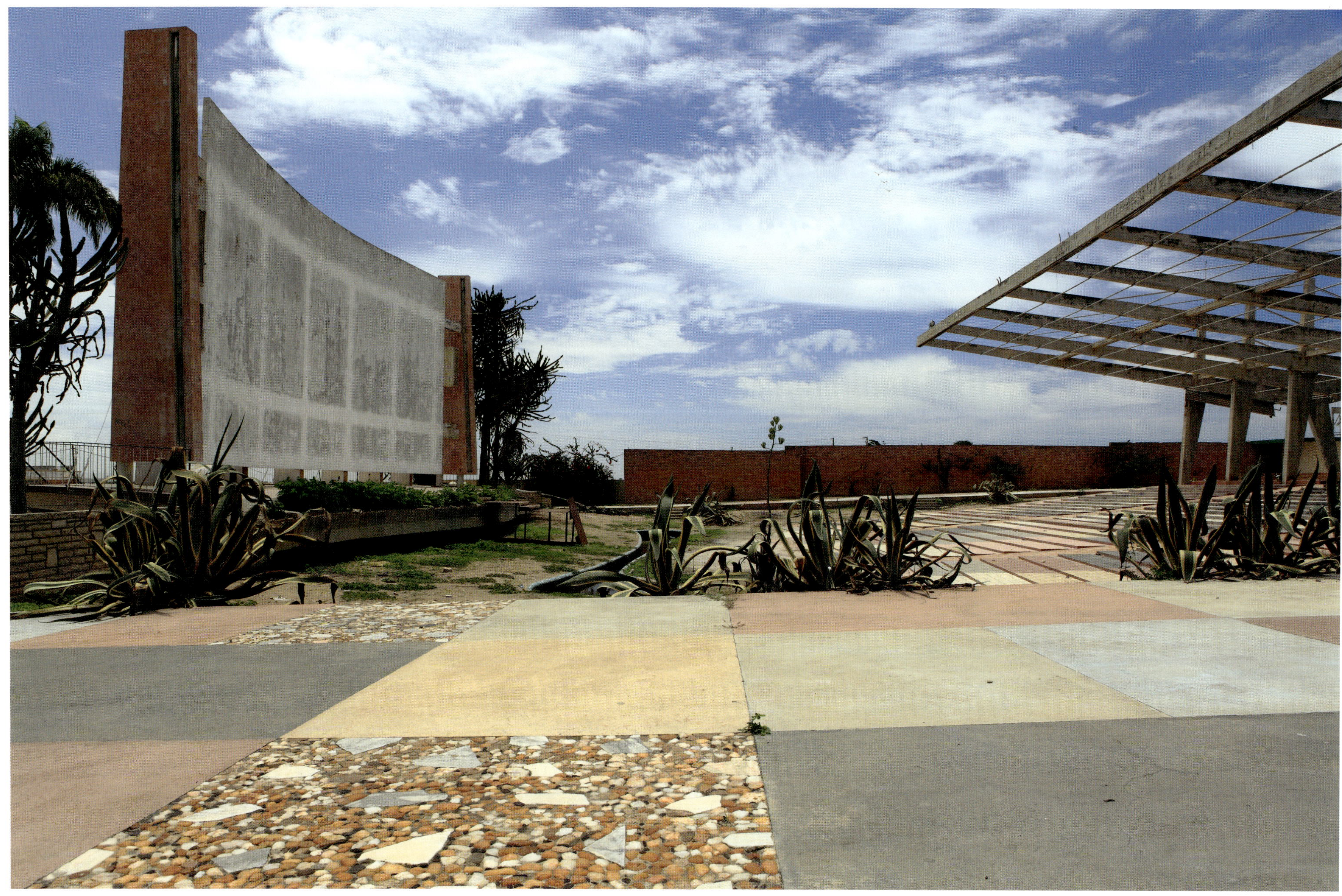

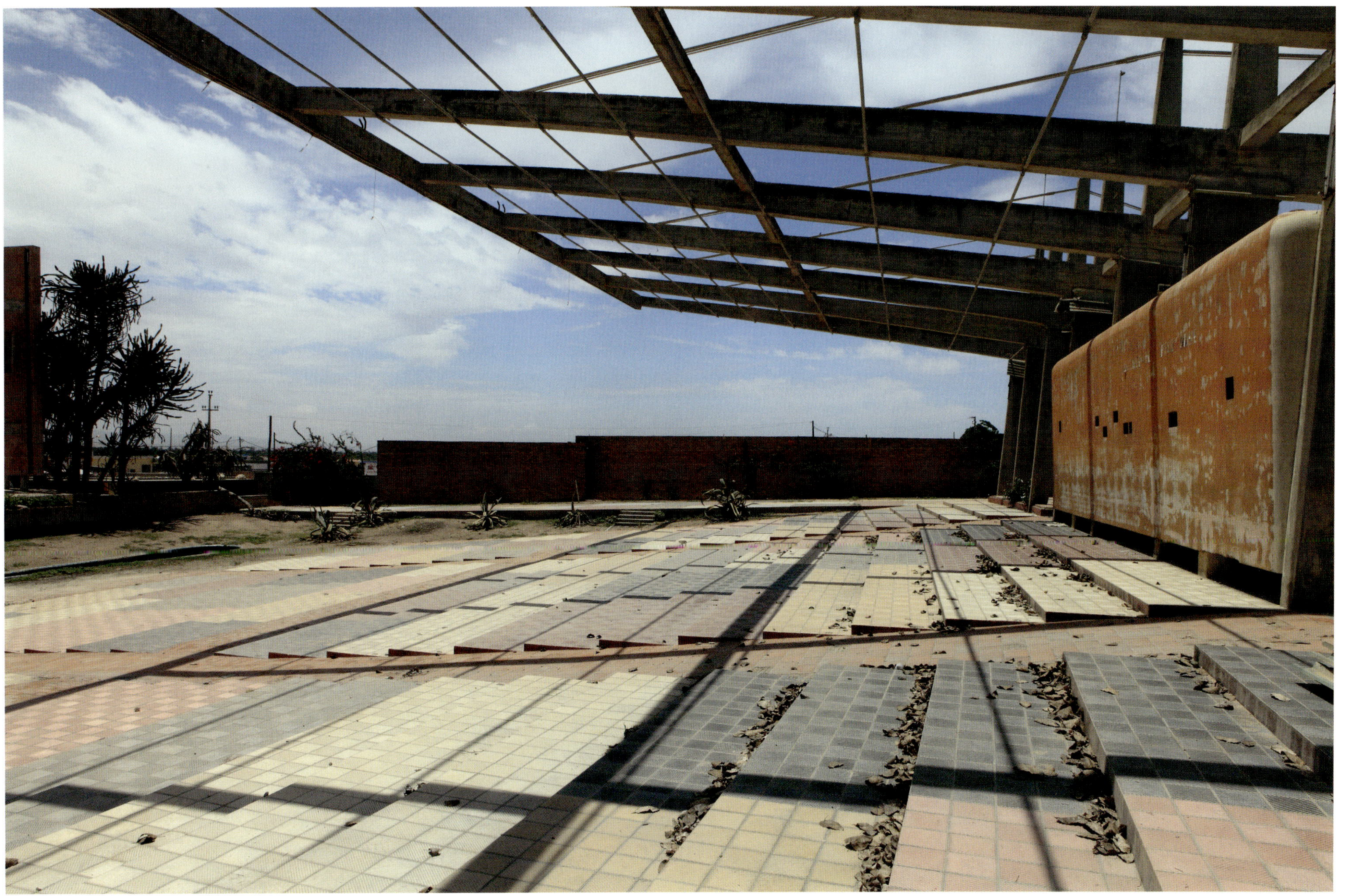

Cine Impala, Namibe, Província / Province Namibe

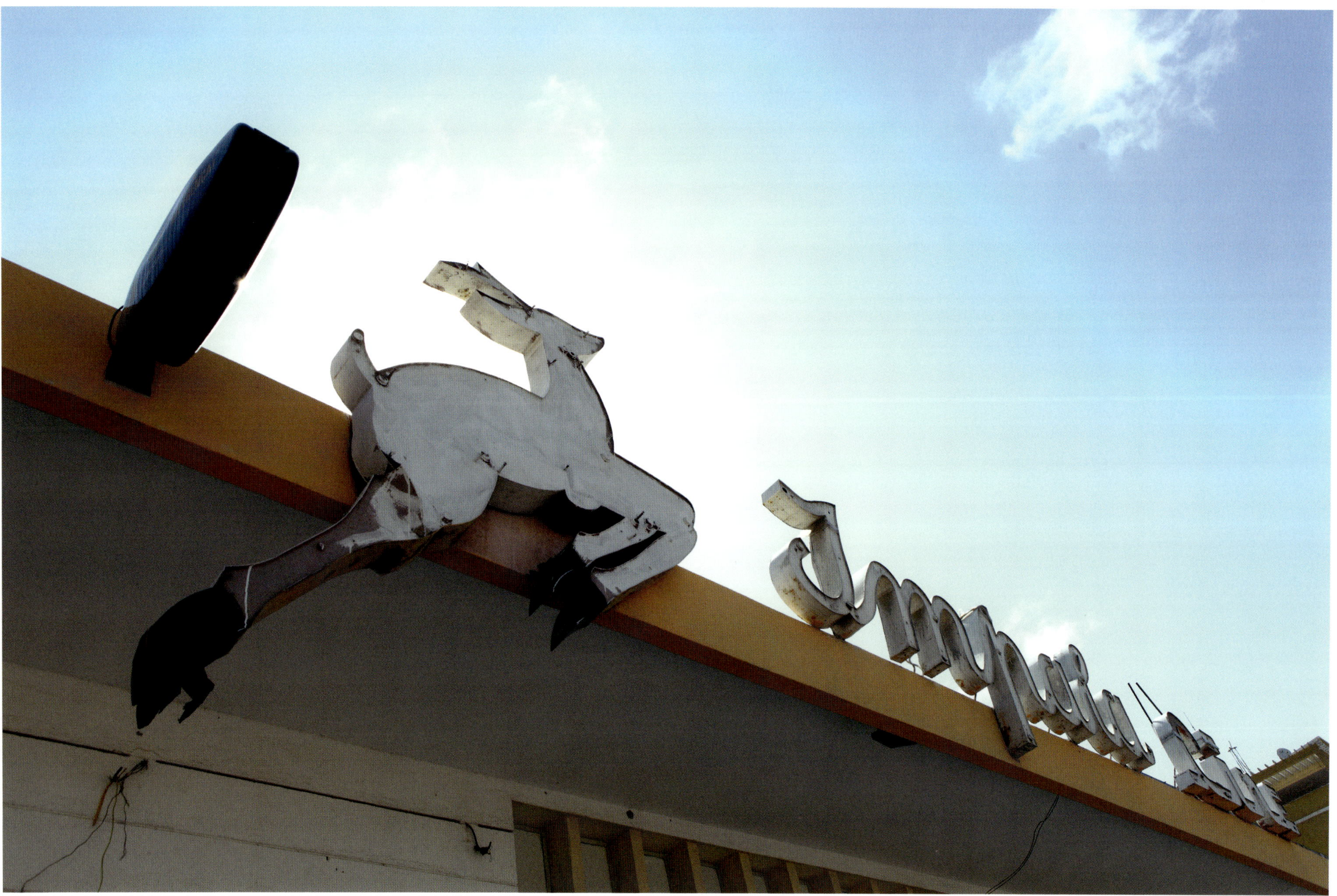

Impala

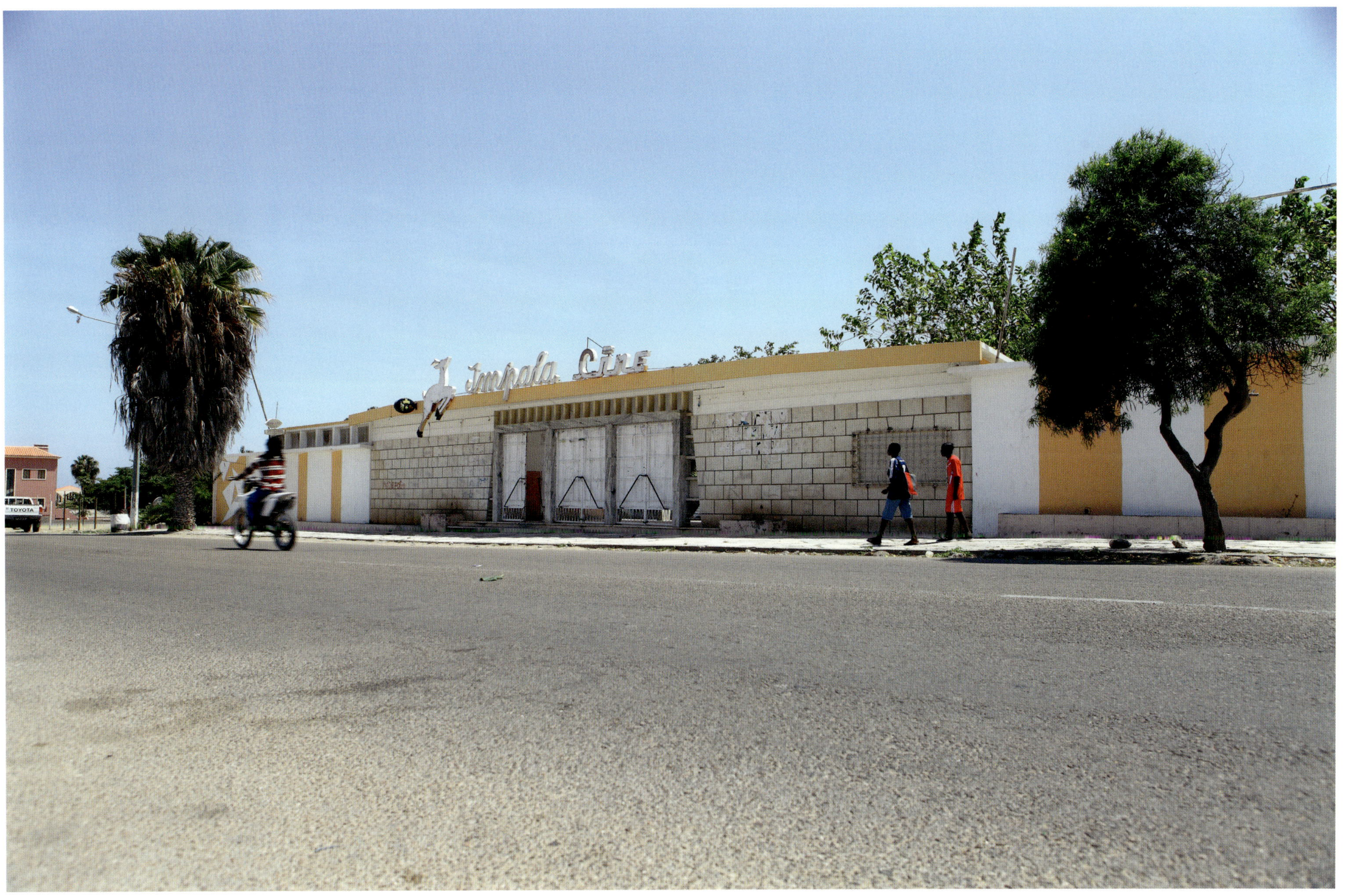

Impala Cine
TOYOTA

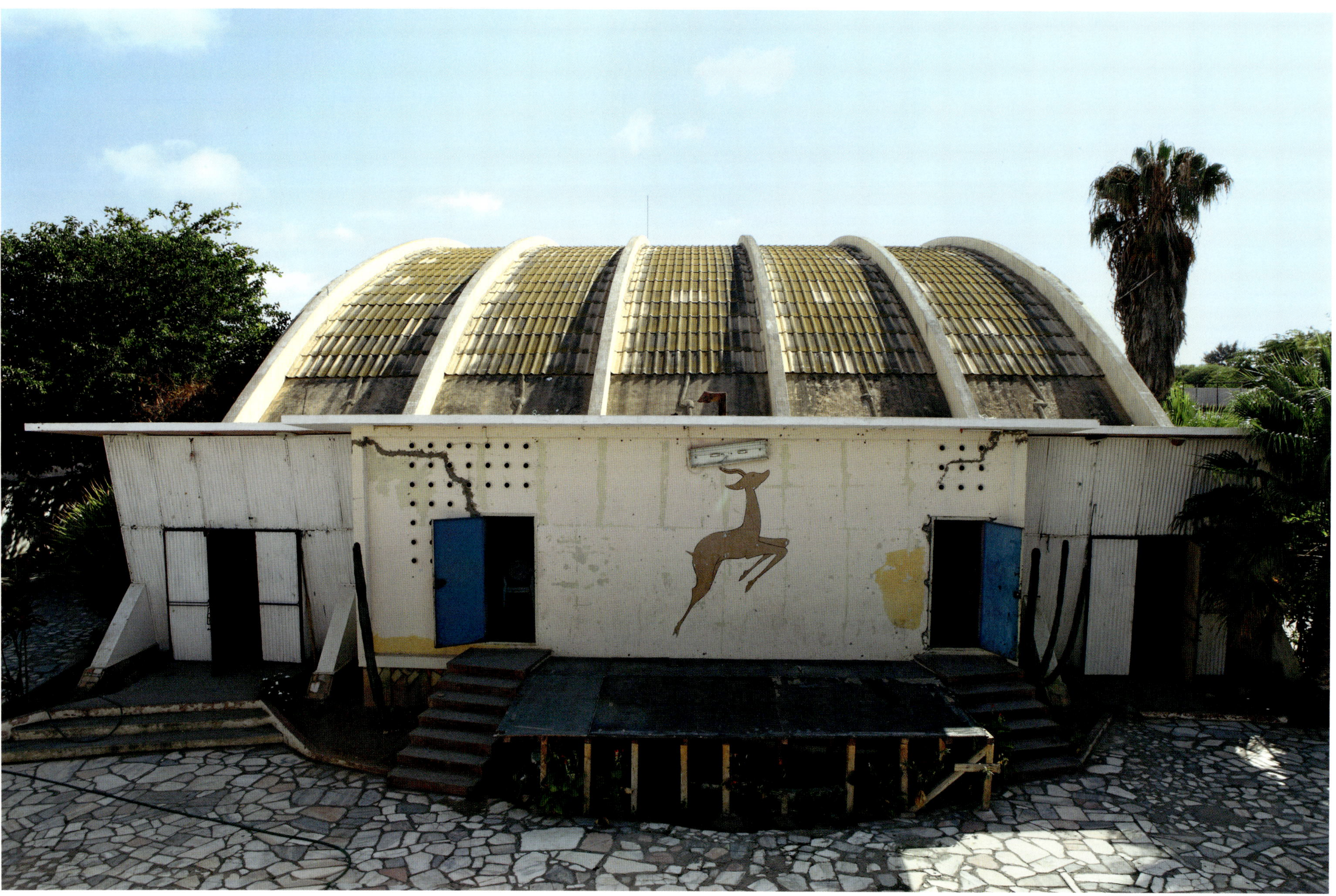

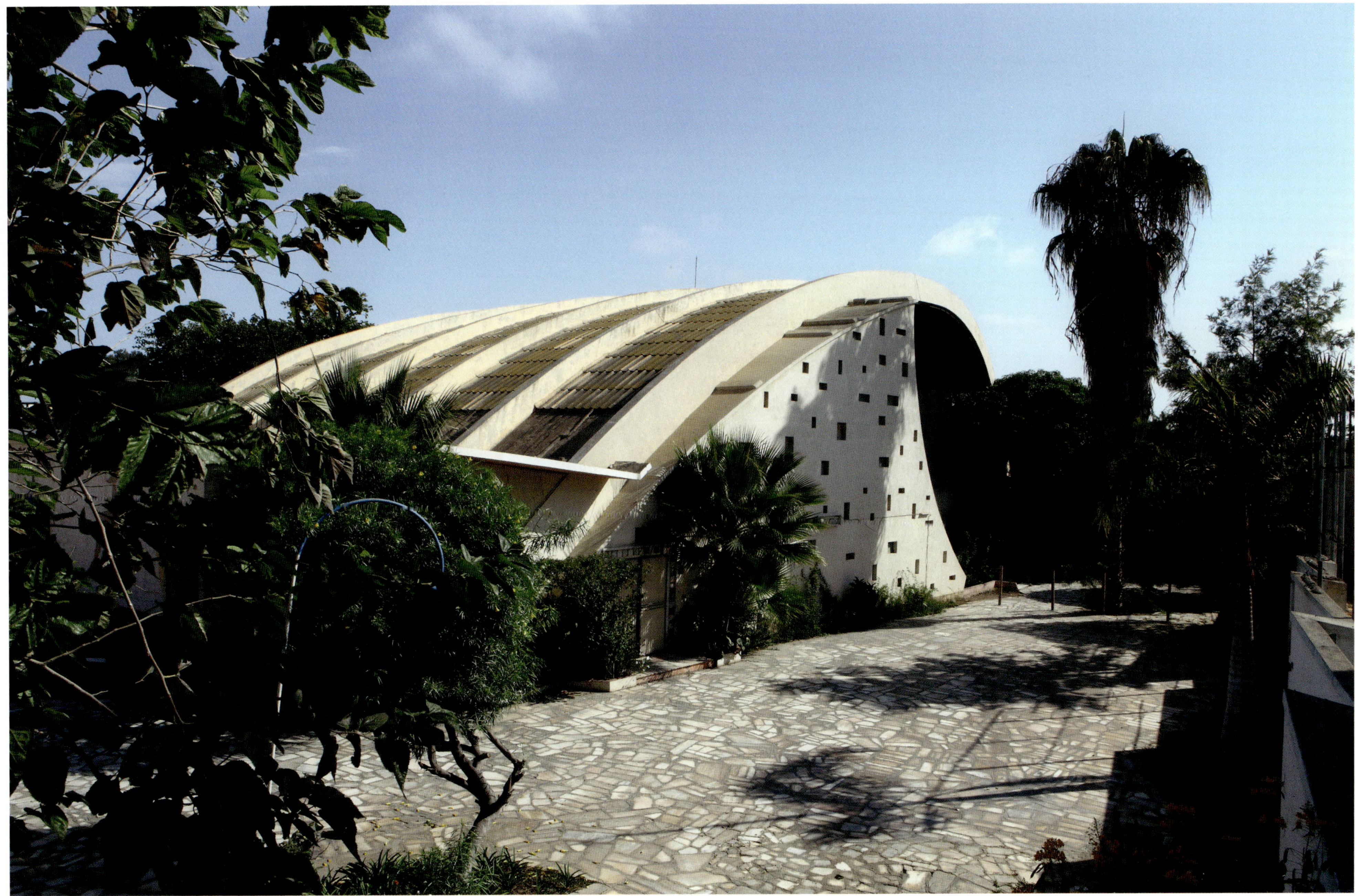

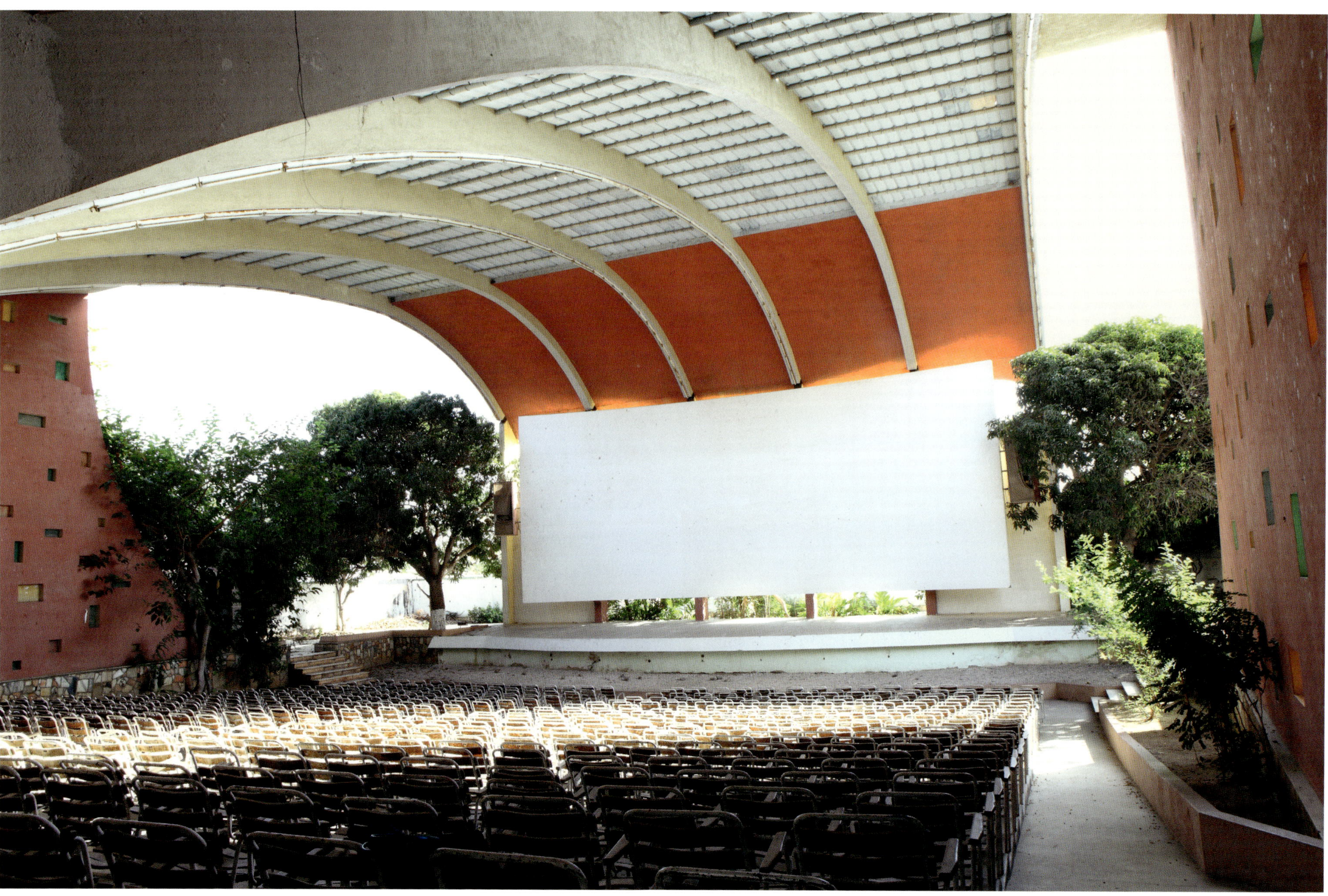

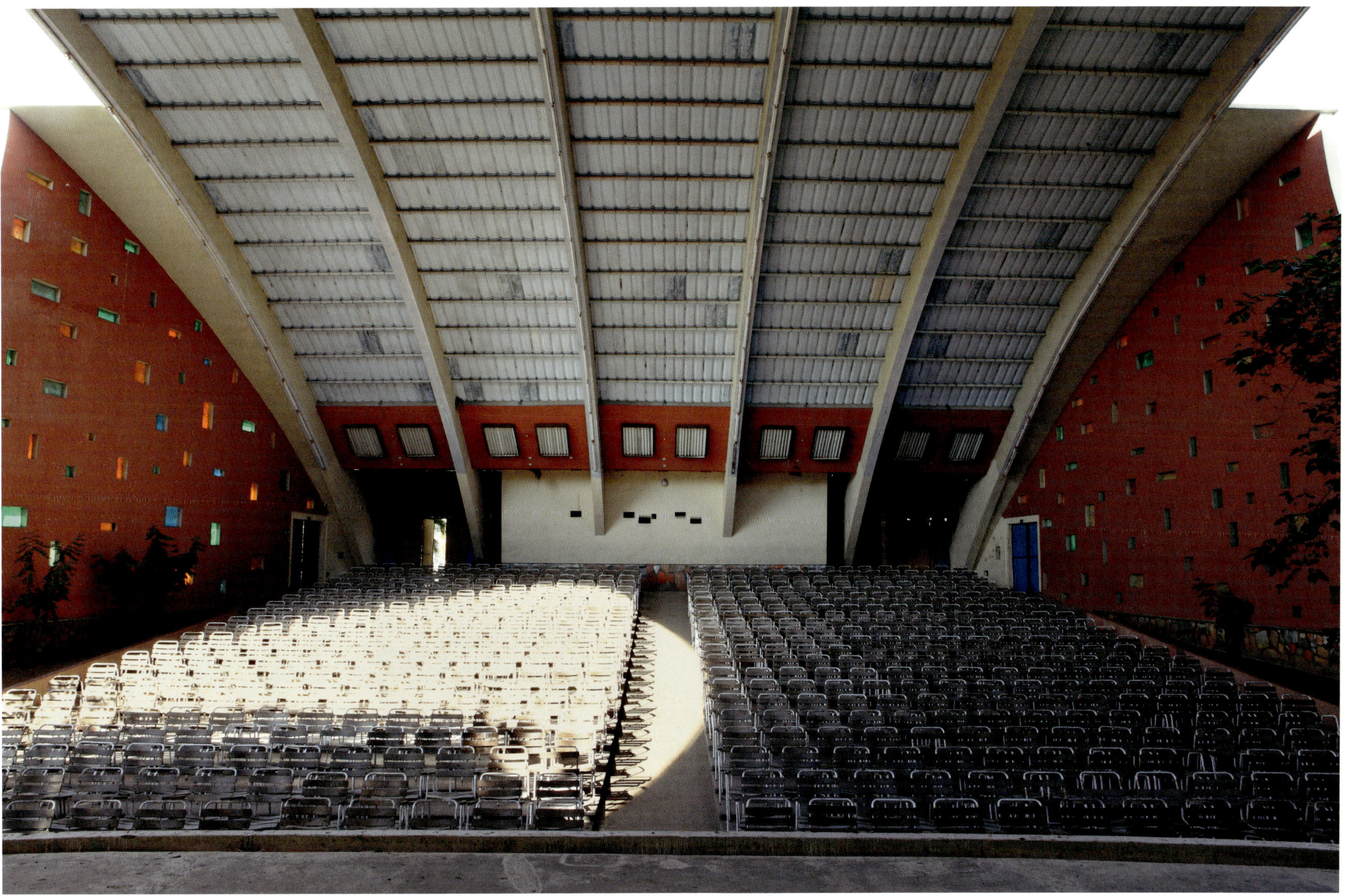

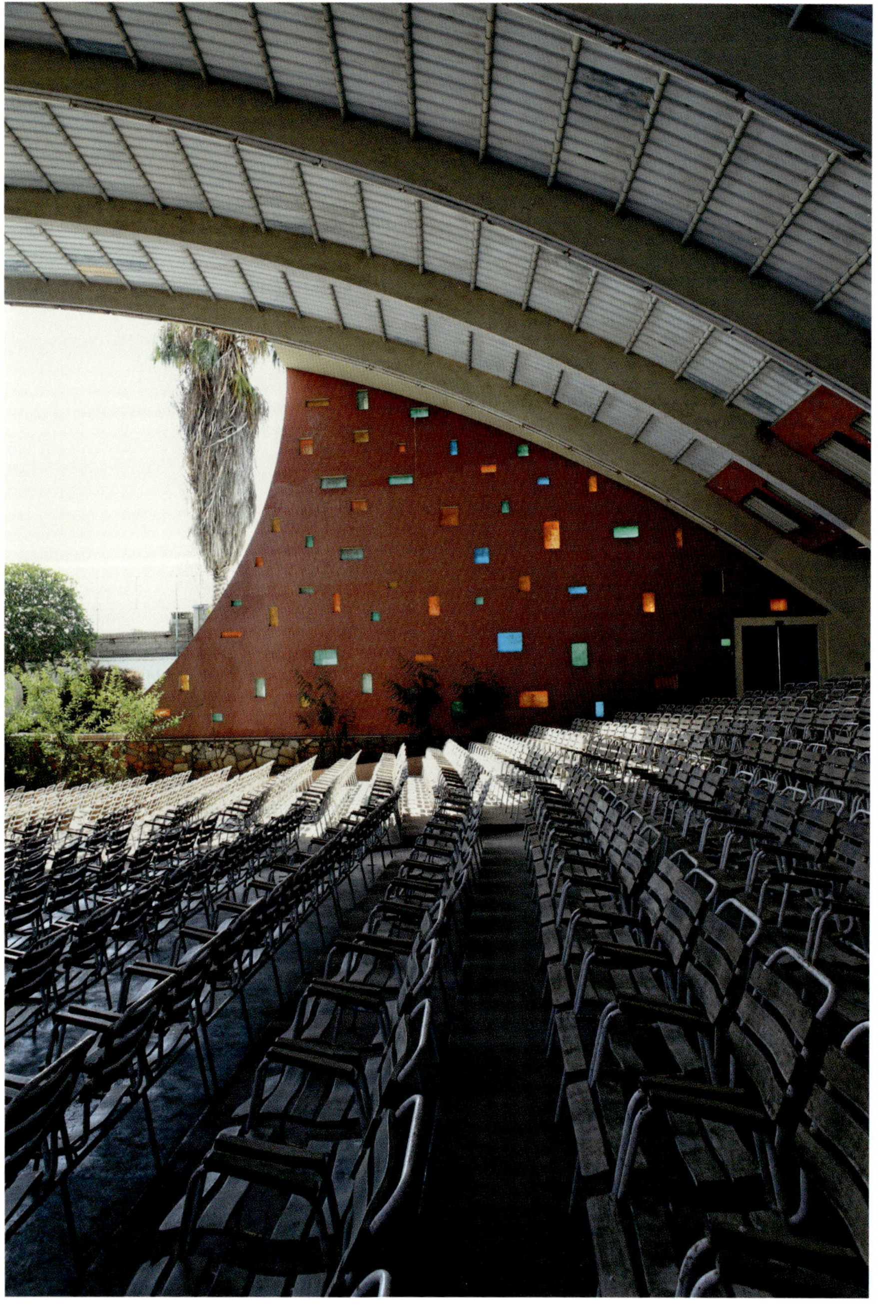

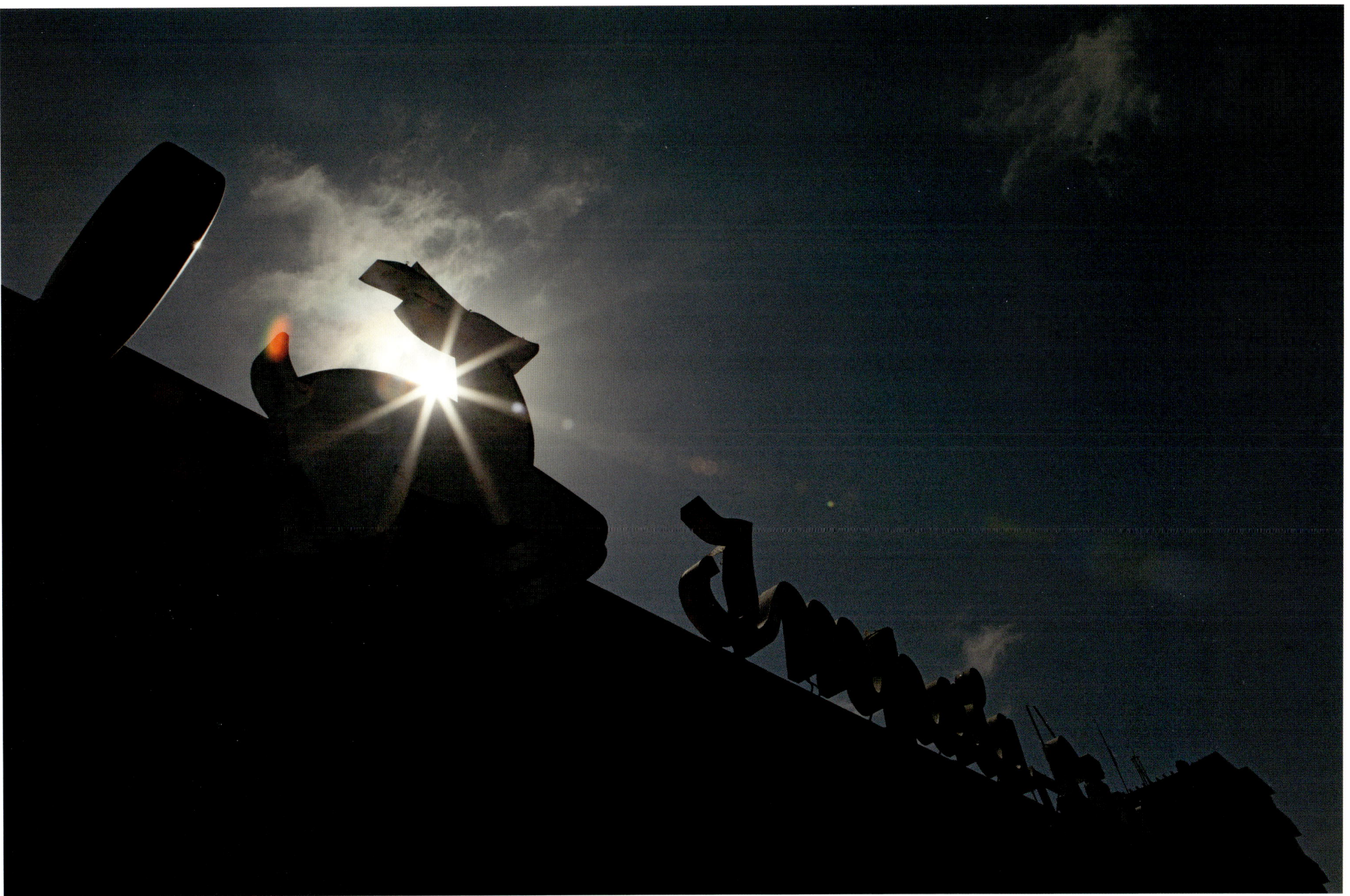

Anexo: O começo de uma pesquisa – salas de Cabinda ao Cunene

Nota prévia

O anexo não constitui um conteúdo exaustivo. Apesar de uma extensa pesquisa em arquivos em Luanda e Lisboa, ainda não nos foi possível documentar a história de todas as salas de cinema.

Gostaríamos, portanto, de pedir o seu apoio: Ficaríamos muito contentes com informações, comentários, acréscimos e correcções que possam alimentar o nosso site www.cineafrica.net, para gradualmente construirmos em conjunto uma documentação completa sobre a história das salas de cinema em Angola. Por favor, envie as suas sugestões para: info@luanda.goethe.org.

Fotos, filmes, bilhetes e outros documentos relacionados com o tema também são muito bem vindos: Goethe-Institut Angola, Rua Comandante Kwenha, 272, Caixa Postal: 16644, Luanda, Angola.

Província de Luanda

"Luanda é a rainha dessas salas: Cinemas Miramar, Avis (actual Karl Marx), Restauração (onde hoje funciona a Assembleia Nacional), Império (actual Atlântico), São Paulo, Nacional, Tivoli, Tropical, Kipaka, Ngola Cine, enfim um rol de salas que não serviam apenas para a projecção de filmes, que remontam ao tempo do preto e branco, mas também para espectáculos musicais e teatrais."[1]

Cine São João
Luanda
Data: não conhecido
Arquitectura: não conhecido
Lotação: 452

Localizado no actual bairro Neves Bendinha, o Cine São João encontra-se próximo ao Largo do Bairro Popular Nº 2. Caracterizado pelas suas famosas matinés aos Domingos, o Cine São João durante o seu funcionamento foi sendo adaptado ao longo do tempo de forma a responder às exigências dos seus visitantes. Segundo o Sr. José Antunes, outrora residente em Luanda, a sala era gerida pelo Sr. Reinaldo. De planta rectangular, o acesso era feito através de um longo portão em ferro do lado direito. As bilheteiras localizavam-se à esquerda, junto a um grande hall, exterior, mas coberto pela cobertura da sala que avança sobre o mesmo hall. Passando a zona de bilheteira e ainda no hall estaria o bar e só depois se acedia à sala, que na sua origem era plana e em bancos de madeira. A robusta cobertura que protege a sala e as zonas envolventes é suportada através de um sistema de pilares ao longo do seu comprimento e é igualmente assente nos volumes onde se inseria a sala de projecção e no lado oposto, as instalações sanitárias. Esta solução permitia que as laterais da sala permanecessem livres para efeitos de ventilação, e a grande cobertura garantia o adequado escurecimento da sala nas projecções à luz do dia.

Karl Marx (Ex-Cinema Avis)
Luanda
Data: 60's
Arquitectura: João Garcia de Castilho
Lotação: 1.302

Situado no bairro de Alvalade, o Karl Marx foi noutros tempos conhecido pelo nome de Cinema Avis. O projecto foi construído no início da década de 60 pela Castilho, Engenheiros e Arquitectos Lda., empresa do mesmo arquitecto que desenhou a sala. Inicialmente concebida para funcionar como cine-esplanada, ou seja, permitir a visualização de filmes ao ar livre,a sala possui uma cobertura metálica que compõe toda a dimensão da sala. Por se tratar de uma solução construtiva leve, a estrutura apenas assenta nos topos do edifício, garantindo que os grandes vãos laterais, ao permanecerem livres de elementos, facilitavam o arejamento do espaço em dias de maior calor. A plateia ligeiramente inclinada divide-se em três balcões, e o acesso principal é feito através do lado de maior quota, junto às bilheteiras. Na zona onde eram projectados os filmes existe um generoso palco, conferindo uma versatilidade a este equipamento, além da divulgação de filmes era possível assistir a outro tipo de espetáculos, como de teatro, dança ou canto. "O Cinema Avis fez a sua apariçión no Bairro Alvalade, com uma cerimónia de inauguração, proporcionada pela pequena a cantora espanhola Marisol se presentou. Esta casa tornar-se-ia, entretanto, mais célebre, por ser palco dos concursos de Miss Angola, a primeira das quais, a conhecida Riquita, nascida no Namibe, viria também a tornar-se em Miss Portugal, nos anos 70. Foi também nesta década que o Avis se notabilizou ao apresentar o célebre espectáculo musical Hair."[1]

Cine Miramar
Luanda
Data: 1964
Arquitectura: João e Luís Garcia de Castilho
Lotação: 1.622

A Cine Miramar encontra-se localizada a sul do porto de Luanda, no monte Miramar. Construída pela equipa responsável do projecto (Castilho, Engenheiros e Arquitectos Lda.). O cinema está integrado num complexo que conta com equipamentos de apoio, espaços ajardinados e ainda uma ampla zona de estacionamento exterior. Todo o cinema se encontra no exterior, podendo por isso ser considerado como anfiteatro. Grande parte deste espaço foi construído em betão armado, mas foram ainda incluídas outros materiais como a alvenaria em pedra ou ainda o azulejo. Todo o desenho da sala se manifesta de uma forma pura, reportando-se a uma linguagem moderna e livre. A plateia inclinada divide-se em três balcões com cerca de 540 lugares cada. Além de ser orientada para o plano de projecção, é também possível vislumbrar a baía e o horizonte à esquerda. Este é talvez um dos aspectos mais atractivos deste espaço. A tela de alvenaria e em formato curvo mede cerca de 23 metros de comprimento por nove de altura. "Mas o surgimento das cine-esplanadas foi também uma forma de trazer elegância, ainda mais elegância, ao acto de ir ao cinema. O Cine Miramar constitui um bom exemplo – situado no alto da encosta com vista para a ilha de Luanda, com a Marginal a seus pés. Paradoxalmente, hoje o seu telão está praticamente abandonado, servindo apenas o palco para acolher alguns concertos e actividades lúdicas, com serviço de restaurante-bar em esplanada."[1]

Cine-Teatro Nacional
Luanda
Data: 1932
Arquitectura: Vasco Vieira da Silva
Lotação: 896

Localizado em pleno centro histórico da cidade, o Cine-Teatro Nacional foi a primeira sala de cinema e teatro a ser construída em Luanda e é considerada, ainda hoje, uma importante referência como equipamento cultural da cidade. À escala do edifício, o Cine-Teatro Nacional apresenta-se como uma volumetria sólida que pode ser repartida em duas partes. Sucintamente, o primeiro volume contém o acesso principal e zona de plateia, e o segundo, mais saliente em altura comparativamente com o primeiro, compõe a zona do palco e bastidores. Ao nível da arquitectura, é possível observar uma linguagem de simetria tanto no desenho da fachada como na organização do interior em apontamentos de estilo Art Deco. A sala tem capacidade para aproximadamente 900 espectadores, 500 lugares na plateia e os restantes repartidos pelos camarotes. A 27 de Setembro de 1994 o Cine-Teatro Nacional foi classificado como Património Histórico-Cultural.

Cine Atlântico (Ex-Cinema Império)
Luanda
Data: 1963
Arquitectura: António Ribeiro dos Santos
Lotação: 1.489

O Cine Atlântico, anteriormente conhecido por Cinema Império, é um projecto encomendado pela empresa Angola filmes, da autoria do arquitecto António Ribeiro dos Santos e revisto pelo engenheiro Eduardo Paulino. Inaugurado em 1966, teve como primeira exibição o filme *My Fair Lady* (1964). "Este cinema ganhou grande popularidade entre os jovens com a realização, aos sábados à tarde, de festivais de rock, que atraíam milhares de espectadores."[1] Foi originalmente pensado para a Baía de Luanda, mas tal não foi autorizado e por isso foi antes construído em Vila Alice, no centro da cidade. Além do desenho arquitectónico, o projecto conta também com esculturas de António Vidigal e pinturas de Neves e Sousa. Esta sala, pensada para um contacto exterior, assume-se num corpo único, vazado dos lados e apenas guardado por uma cobertura em betão armado. Esta é suportada através de tirantes metálicos que se agarram aos pilares dispostos na lateral. No lado do acesso principal é possível visualizar este sistema estrutural, além de um painel em baixo-relevo (Neves e Sousa) que preenche quase toda a fachada. Todos estes elementos, que nos fornecem o primeiro contacto com o edifício, fazem transparecer uma linguagem linear e simples, onde facilmente se depreendem as diferentes formas que o conjunto articula: a pala, os pilares, o painel de Neves e Sousa ou o local de acesso, por exemplo. A plateia, disposta em três níveis por não ser encerrada lateralmente, permite tanto a entrada de luz e ventilação, como o vislumbre dos jardins em ambos os lados.

Cine Tivoli
Luanda
Data: 60's
Arquitectura: Manola Gonzalez Potier
Lotação: 989

O Cine Tivoli está localizado na Rua Francisco Sotto Maior em pleno Bairro Azul e foi inaugurado no final da década de 60 com o filme *Louréncio da Arábia* (1962). Inicialmente construído como cine-esplanada em parceria com o arquitecto Adalberto Gonçalves Dias (1922 - 2005), foi pensado numa linguagem moderna ajustada às características de Luanda, podendo ser descrito como um cinema ao ar livre coberto. O edifício organizava-se parcialmente em dois pisos. No piso térreo, abaixo do plano onde começava a plateia, localizava-se a bilheteira, os equipamentos de apoio, e o acesso ao primeiro piso. Neste, acedia-se à sala de cinema, onde igualmente se encontrava a cabine de projecção e um terraço que permitia vislumbrar o jardim que ocupa o espaço diante do edifício. As laterais da sala são encerradas por brises horizontais em betão pré-fabricado, que permitiam não só a ventilação natural da plateia, como o controlo da luz na própria sala. Ao nível da materialidade, além dos elementos em betão que descrevem visualmente a estrutura do edifício, também era possível encontrar revestimentos em mármore e madeira. O detalhe na aplicação destes materiais conferiu uma excelente acústica a este equipamento.

Cine África
Luanda
Data: não conhecido
Arquitectura: não conhecida
Lotação: 754

O Cine África está localizado numa área periférica de Luanda no bairro de Cazenga. Desconhecendo-se o autor do projecto e a data da sua concretização, sabe-se apenas que, além de pertencer ao período colonial, este equipamento vem responder à demanda dos cidadãos da população negra, que procurava ter acesso a actividades de entretenimento. Concebido num formato de cine-esplanada, o espaço insere-se num recinto murado que, no seu interior, é envolvido por áreas ajardinadas. O acesso à sala é feito por meio de escadas laterais, que conduzem à parte superior da plateia e a uma área técnica. Estas encontram-se rematadas por uma grelha pré-fabricada de betão com um desenho geométrico, constituindo parte do alçado principal do cinema. A primeira plateia é completamente descoberta, e a segunda plateia é parcialmente coberta por uma estrutura metálica que faz transparecer elementos volumétricos de secção hexagonal, revestidos a chapa de fibrocimento. Os *brise-soleil* móveis em betão trabalham sobre um embasamento de pedra e são accionados por perfis pivotantes em estrutura de ferro, permitindo controlar a incidência solar sobre a plateia, além de assegurarem o seu conforto térmico.

Cine Cazenga (Ex-Cinema Lis)
Luanda
Data: 1968
Arquitectura: não conhecida
Lotação: 696

Localizado no bairro do Cazenga, este cinema foi anteriormente conhecido pelo nome de Cinema Lis. Planificado em cine-esplanada, este espaço detinha uma área de restauração, além de que a plateia era parcialmente coberta. Enquanto esteve em funcionamento, transmitiu filmes como *Onde está o Oscar* (1967) e *O Exterminador* (1980), por exemplo. O actual Cine Cazenga fechou portas em 1992 por ter ficado bastante danificado durante o conflito armado, passando a servir durante 16 anos como depósito de lixo. Posteriormente foi reaberto ao público em Novembro de 2008. Isto, porque os autores do filme *Assaltos em Luanda II* (2008) insistiram que o local de estreia se realizasse neste espaço, e para o efeito sugeriram a sua recuperação. Durante as obras de reabilitação, foi equipada com cerca de 600 novas cadeiras em plástico, um novo tecto e uma nova pintura. Nos dias de hoje, este equipamento encontra-se em regime de aluguer e tem servido para actividades culturais como teatro, espectáculos musicais e de dança, além de servir como espaço de ensaio para artistas locais.

Cine Alfa 1 e 2
Luanda
Data: não conhecido
Arquitectura: não conhecida
Lotação: 639

Quanto aos cinemas Alfa 1 e 2, apenas se sabe que para além de terem servido como espaços para visualização de filmes, serviram também como estúdios para programas de televisão. Actualmente estão ao serviço do Instituto Angolano de Cinema, Audiovisual e Multimédia e da empresa Edecine (Empresa Distribuidora e Exibidora de Cinema).

Cine Colonial
Luanda
Data: 1940
Arquitectura: não conhecida
Lotação: não conhecida

O Cine Colonial foi construído em pleno bairro de São Paulo, na Rua Vereador Prazeres. Instalado num edifício em estilo moderno, curiosamente a plateia possuía uma zona em bancos corridos de madeira e outra em cimento. "Mas também se destacaram outras salas mais ao alcance dos bolsos do povo, como é o caso do Cine Colonial em Luanda. Supremamente conhecido como 'Clô Clô', no bairro de S. Paulo, quando esgotada a sua lotação, servia uma cadeira trazida de casa ou mesmo a utilização do chão como assento."[1] Nilza Massango: "O Cine Colonial era a 'segunda casa' dos moradores de São Paulo, Bairro Operário, Rangel, Marçal e Sambizanga. Tinha bancos corridos de madeira até ao meio da sala, e daí para a frente eram de cimento. Os clientes chamavam a essa área, a 'pedra fria'. Todas as sessões eram vigiadas por polícias à paisana ou agentes da PIDE (Polícia Internacional e de Defesa do Estado). A 'acção' no ecrã desencadeava o sonho de passar ao ataque contra o regime colonialista. Os clientes do 'Clo Clo' eram uma família! O edifício foi demolido e hoje é uma oficina de automóveis! Albino de Abreu nasceu no Bairro Operário. Com 76 anos, tem seis filhos, 14 netos e 16 bisnetos. Frequentou o Cine Colonial e contou que ver filmes naquela altura 'era uma coisa do outro mundo'. Os negros eram a maioria esmagadora dos espectadores. De segunda a sexta, contou Albino de Abreu, os filmes eram exibidos à noite. Aos sábados e domingos, havia duas sessões, uma à tarde e outra à noite. Por sessão de cinema, pagava-se cinco escudos nos bancos de madeira, com costas, e 2$50 no cimento, que só tinha assentos. O mais velho lamentou a demolição da sala. Trabalhador da empresa construída no terreno do Cine Colonial, Albino de Abreu disse que há informações de que o cinema vai ser construído de novo e com as mesmas estruturas."[3]

Cine-Bar Tropical
Luanda
Data: não conhecida
Arquitectura: não conhecida
Lotação: 688

O Cine-Bar Tropical no centro da cidade, hoje mais conhecido por Cine-Bar Tropical Dancing, é uma obra em estilo Art Deco e Modernista, apresenta ao nível da sua fachada um apelativo letreiro, em paralelo com um frontão recto ao centro. A varanda, no piso superior, abraça toda a fachada principal. Desenvolvido num volume encerrado, possui um jardim exterior. A sala é plana, mas com um género ecrã, visível em qualquer lugar da plateia. Além desta, desenvolve-se um balcão na parte superior que cobre parcialmente a última plateia, junto ao acesso da sala.

Cine São Paulo
Luanda
Data: 60's
Arquitectura: Vasco Vieira da Costa
Lotação: 820

Localizado no bairro de São Paulo, este cine-teatro foi inaugurado no final da década de 60. Encerrou ao público em 1997, tendo ficado inactivo durante cerca de 15 anos. Edifício imponente pelo volume da sala, que se destaca de todo o conjunto, é encerrado no topo por um plano inclinado. É neste mesmo volume que se desenvolve a sala de cinema ao longo de um declive.

Cine N'Gola

Luanda
Data: 60's
Arquitectura: não conhecida
Lotação: 1.247

Localizado no bairro do Sambizanga, o Cine N'Gola era uma sala ao ar livre, cujo arquitecto se desconhece. Frequentado pela classe popular, este equipamento era famoso pelos "espectáculos culturais semanais com artistas angolanos, muitos dos quais se tornaram internacionalmente famosos".[1] Este espaço foi considerado um ícone da cidade, e atingiu o seu apogeu por volta da década de 90. "Porém, fora dos espaços frequentados pela elite colonial portuguesa e angolana, o Cine N'gola era referência em matéria de espectáculos culturais semanais com artistas angolanos, muitos dos quais se tornaram internacionalmente famosos."[1]

Cine Kipaka

Luanda
Data: não conhecida
Arquitectura: não conhecida
Lotação: 999

Não conseguimos encontrar mais informações. Hoje em dia, o prédio não é usado como cinema.

Cine-Teatro Restauração

Luanda
Data: 1946-1952
Arquitectura: João Luís Garcia de Castilho
Lotação: não conhecida

Localizado na parte alta da cidade de Luanda, na antiga Avenida do Hospital, o Cinema Restauração foi idealizado e projectado pelos irmãos arquitectos João Garcia de Castilho e Luís Garcia de Castilho. O projecto estrutural ficou a cargo do engenheiro António Castilho e a obra foi feita pela Castilho, Engenheiros e Arquitectos Lda. No seu interior existe também um trabalho sob a forma de um painel, pintado pela artista plástica Maria Keil. O edifício assume uma volumetria à escala urbana, numa linguagem moderna e geométrica que apenas deixa sobressair numa das extremidades, uma torre que remata com a proporção longitudinal e abstracta, seguindo a linguagem referenciada à arquitectura de Frank Lloyd Wright e de Willem Dudok. A sala de cinema, inserida num volume perpendicular recuado, tinha uma plateia com cadeiras desenhadas por José Simões Miranda. Ao nível do seu programa, além desta sala, integrava também um restaurante bar dancing em dois pisos e uma esplanada na cobertura. Este edifício sofreu diversas alterações antes e depois da independência. "Luanda já contava nos anos quarenta com o Cine-Teatro Nacional, mas também com o não menos célebre Cinema Restauração, cujo público viu actuar artistas de renome internacional, como o francês Charles Aznavour, a fadista portuguesa Amália Rodrigues, o Duo Ouro Negro, de Angola, espectáculos de ópera e de bailado. Mas o Restauração também se celebrizou com o espectáculo de variedades *Chá das Seis*, apresentado por Artur Peres e Alice Cruz."[1]

Cine Kilumba

Luanda
Data: 1969
Arquitectura: não conhecida
Lotação: 805

Situado na cidade de Luanda em Viana a cerca de 40 km do centro de Luanda, o Cine Kilumba foi inaugurado em 1969. Edifício de arquitectura em estilo antigo, é um espaço concebido ao ar livre, onde apenas a plateia, instalada num plano inclinado, é coberta para proteger os espectadores. Sobre uma estrutura de pilares em betão armado, a cobertura é "suportada por uma estrutura de asnas em perfil metálico com chapa em fibrocimento e tensores metálicos".[4]

O acesso é feito por um volume rectangular que alberga a bilheteira, uma área técnica, a sala do gerador, um gabinete e uma esplanada com cozinha. Na lateral da sala estão localizadas as instalações sanitárias. A sala propriamente dita tinha, além da plateia, a sala de projecção e um palco junto ao ecrã.

Província de Benguela

Cine-Teatro Monumental

Benguela
Data: 1952
Arquitectura: Fernando Batalha
Lotação: 1.000

"O Cine-Teatro Monumental nasce no início da década de 50 fruto de uma iniciativa 'puramente benguelense', como se orgulham na altura as gentes de Benguela. Inconformadas com a inexistência de uma grandiosa casa de espectáculos na cidade, organizam-se e criam a Empresa de Turismo e Propaganda de Benguela – Probenguela. À frente estão três ilustres conterrâneos – António Augusto Durães, António Pereira Marques e Eduardo Marques Centeno, o principal impulsionador. Álvaro de Almeida, Monterroso Carneiro e José Pereira Branco são outros nomes associados à empresa que constrói o cine-teatro."[2] Era anteriormente conhecido por Cine-Teatro Imperial, tendo sido este o primeiro cinema a ser edificado nesta cidade. É um edifício influenciado pelo movimento moderno, no qual a fachada principal é materializada com cantaria regional, destacando-se a configuração ampla do seu interior. A sala é composta no primeiro piso por uma plateia para 884 lugares, palco, camarins, átrio, bilheteira, escritório, e vestiários. O segundo piso é formado por nove camarotes, balcão com mais 416 lugares, galerias e um salão nobre, e no terceiro e último andar, estão localizadas a sala de projecção e a sala de bombeiros.

Cine Kalunga
Benguela
Data: 60s
Arquitectura: não conhecida
Lotação: 1.146

Este cinema foi mandado construir pela família Centelho. A ideia do projecto e a sua organização em planta teve como base a imagem de uma antiga máquina de projecção. A sua construção foi feita por autogestão. Não há uma coerência projectual na linguagem formal dos seus corpos. Basicamente este cinema é um jardim luxuriante de proporções generosas, onde estão disseminados e organizados vários corpos em função das várias actividades neste espaço plural: dois bares, esplanadas, restaurante, sala de projecção de filmes, plateia para 1.146 pessoas, um ecrã de tela de 70mm e palco ladeado por dois corpos de instalações sanitárias de apoio. Tem um pórtico modernista, onde se situam as bilheteiras e lojas que dão as costas à entrada principal, barrando visualmente a vista do exterior para a grande esplanada. Há uma profusão de formas livres e plásticas marcadas pela predominância dos volumes curvos, rodeado de um jardim, por coberturas e terraço, por onde corre uma brisa fresca através de recortes circulares feitos nas paredes, de pérgulas, muros que não tocam os pavimentos, deixando correr o ar ao nível do chão.

Cine Benguela
Benguela
Data: 60's
Arquitectura: não conhecida
Lotação: 762

Construído nos anos 60, este cinema está desactivado desde a independência. Foi bastante alterado em relação ao desenho original. Encerramento de vãos e de espaços de transição compostos por caixas abertas que caracterizam a arquitectura do movimento moderno e que foram reduzidos a um jogo mais elementar de volumes puros e

encerrados. É ainda possível perceber a composição e articulação volumétrica entre os corpos com uma face urbana: o corpo de entrada principal e o corpo do palco, num jogo claramente modernista. Miguel Gomes adiciona: "Mas na altura o separatismo era imagem de marca, havendo como exemplo o que se passava no Cine Benguela, onde chegou a haver uma zona reservada a indígenas, que não podiam assistir a todos os filmes. Nos cartazes de muitos filmes vinha explícito: 'Interdito a Indígenas' – uma situação só viria a desaparecer depois de 1961."[1]

Nimas 500
Lobito
Data: 70's
Arquitectura: não conhecida
Lotação: não conhecida

Esta sala de cinema data dos finais dos anos 70 e é nos dias de hoje um símbolo de degradação. Foi já invadida por águas putrefactas e está muito perto de ruir. A sua implantação tem a forma rectangular, e está assente num sistema de pilotis, quer lateralmente, quer nos topos, permitindo uma galeria de circulação em toda a sua área.

Cine Flamingo
Lobito
Data: 1963
Arquitectura: Francisco Castro Rodrigues
Lotação: 1.167

O seu nome provém da sua localização numa zona antigamente cheia de flamingos e foi escolhido através de um concurso público na rádio. Esta peça de arquitectura, encomendada por Ribeiro Belga foi desenhada por um dos mais conceituados arquitectos do Movimento Moderno em Angola, e o projecto de estruturas ficou a cargo do engenheiro Bernardino Machado. O princípio conceptual subjacente a este cinema está presente em quase todas as cine-esplanadas construídas nos anos 60: uma estrutura em betão armado com duas palas projectadas, cobrindo um

enorme vão livre, e suportadas por tirantes de aço que as amarram à estrutura de pilares e vigas inclinados. Caracteriza-se por ser um recinto murado de forma rectangular e escultural, onde são alternadas as formas entre curvas e rectas, com revestimento em marmorite. Um exercício de limites dos momentos tensores, em forma de asas de borboleta. Palas de ensombramento revestidas de chapas de alumínio na sua entrada, uma tela/palco autónoma de 70mm, um jardim circundante, com vista sobre a cidade e equipamentos de apoio como bar, sanitários, montras de produtos comerciais, resumem os elementos compositivos destes espaços de ver cinema, de passear, de encontrar amigos, debaixo de um céu de estrelas: poético, plástico e profundamente adaptado ao clima tropical. "Ou ainda, no caso do Miramar ou do Flamingo, o significado dado á dimensão e plasticidade do ecrã. Essa plasticidade, tal como a combinação de texturas e cores constituem uma directa referência à livre forma moderna usada pelos arquitectos brasileiros a partir dos anos 40. A exploração das potencialidades estruturais e plásticas do betão armado potenciou esta surpreendente inovação estrutural e liberdade formal, usando uma compilação de formas que, pouco a pouco, nos levam aos sólidos puros e ao 'Poema do ângulo recto' dos trabalhos iniciais de Le Corbusier."[5]

Cine Baía
Lobito
Data: não conhecida
Arquitectura: não conhecida
Lotação: 500

O Cine Baía inicialmente caracteriza-se por ser um anfiteatro aberto, mais tarde Francisco Castro Rodrigues mandou fazer a cobertura do mesmo.

Cine-Teatro Império

Lobito
Data: não conhecida
Arquitectura: não conhecida
Lotação: não conhecida

Após estar encerrado durante alguns anos, voltou a abrir ao publico a funcionar com diversas actividades culturais. O Império encontra-se na Avenida da Independência, Restinga do Lobito, e foi construído nos anos 50, no estilo Art-Deco. O Império era propriedade da Associação dos Trabalhadores do Caminho de Ferro de Benguela. "A empresa era proprietária de muita coisa em Angola – na zona do Lobito tinham uma importância grande no próprio desenvolvimento", segundo Francisco Castro Rodrigues.[6]

Cine Beneficente

Catumbela
Data: não conhecida
Arquitectura: não conhecida
Lotação: não conhecida

Não conseguimos encontrar informações.

Província de Bengo

Cine Africampos

Caxito
Data: não conhecida
Arquitectura: não conhecida
Lotação: não conhecida

Com o estado de degradação do Cine Africampos, o governo de Angola mostrou interesse no ano de 2012 em reabilitar o edifício, sugerindo também a abertura de cursos de teatro, literatura, dança, música e produção festivais.

Província de Huíla

Cinema Infante Sagres

Lubango
Data: 1975
Arquitectura: Luís Taquelim
Lotação: 800

Situada no gaveto da Avenida Gabriel Galoh e a Praça da Revolução de Outubro, este cinema nunca chegou a ser inaugurado. Praticamente pronto e equipado em 1975, este cinema, considerado na época o maior e melhor cinema em África, é organizado em dois pisos. Sendo as salas de cinema em Angola lugares privilegiados de encontro, relações sociais, actividade cultural diversa para além de uma forte cultura cinematográfica, este cinema desdobra-se em sucessivos espaços de estar, bar e esplanada, autónomos da cinema. Composta por plateia e balcão, um ecrã de 70mm, a sala coberta e encerrada era apoiada por um terraço virado para a Serra de Chela, cordilheira que envolve a planície onde se desenvolve a cidade. Era decorado com cerâmicas e mármores do Namibe formando desenhos geométricos. A sala principal era trabalhada por um riscado dinâmico em betão a preto e branco com um efeito muito gráfico. Com forma de concha aberta sobre pilotis, as duas fachadas denotam influência do arquitecto brasileiro do Movimento Moderno cuja plasticidade influenciou bastante a arquitetura produzida em Angola.

Cine-Teatro Arco-Íris

Lubango
Data: 1974
Arquitectura: Aarão Pinto
Lotação: 1.200

Inaugurado em Setembro de 1974, este cinema está localizado na Rua Deolinda Rodrigues e o seu nome deve-se ao bairro Arco-Íris. Foi mandado construir pela cooperativa do Namibe e está fechado desde meados dos anos 80. Este corpo definido por um grande vão desenhado por um arco abatido suportado por pilotis e ladeado por galerias laterais e simétricas em relação à entrada principal, que ocupa o gaveto. Espaços autónomos do cinema, estas galerias são espaços comerciais. A transição é feita por dois corpos de escadas de acesso ao balcão com uma grelha de betão e elementos decorativos de inspiração "corbusiana". Com 957 lugares, esta sala de proporções generosas está decorada por madeiras e moldes de betão que desenham linhas ritmadas, num jogo de riscados com um efeito muito plástico, com uma sugestão simbólica de raios de sol e cores quentes. Com um ecrã de 70mm e um palco amplo, foi lugar dos ciclos de cinema de autor mais interessantes de programação de cinema depois da Independência.

Cine-Teatro Odeon

Lubango
Data: 1955
Arquitectura: não conhecida
Lotação: não conhecida

A 28 de Maio de 1955 o Cine Odeon foi inaugurado por Alfredo Fernandes de Almeida. Infelizmente não conseguímos obter mais informações.

Província de Huambo

Cine Estúdio 404

Huambo
Data: não conhecida
Arquitectura: não conhecida
Lotação: 404

O Cine Estúdio 404 fazia parte de um complexo desportivo do Sporting Clube do Huambo, que era composto por campo de futebol relvado e piscina. O nome deste deve-se à exacta lotação máxima de espectadores que permitia.

Cine São João

Huambo
Data: não conhecida
Arquitectura: não conhecida
Lotação: não conhecida

O nome deste cinema deve-se à sua localização no bairro de São João, e tem como prevista a sua recuperação em 2015. Infelizmente não conseguimos encontrar mais informações.

Cine Ruacaná

Huambo
Data: 40's/50's
Arquitectura: Raúl Rodrigues Lima
Lotação: 837

Construído nos finais dos anos 30, localizado numa das artérias fundamentais que liga ao centro administrativo da cidade, está encerrado há cerca de 20 anos. É constituído por plateia e balcão. Pós-independência, nunca teve obras de recuperação. O seu nome é uma referência às quedas de água do Ruacaná, na província do Cunene. O seu corpo é uma grande nave com uma cobertura em chapa de zinco, interior com acabamentos de madeira e um foyer de acesso ao balcão que dava para uma varanda exterior virada para a fachada principal. Uma torre, marco urbano, distingue esta fachada com qualquer particularidade arquitectónica.

Cine Gimno Desportivo

Huambo
Data: não conhecida
Arquitectura: não conhecida
Lotação: não conhecida

Infelizmente não conseguimos obter mais informações.

Cine Ferrovia

Huambo
Data: 1930
Arquitectura: não conhecida
Lotação: não conhecida

Esta sala, de nome "Ferrovia", poderá ter recebido este nome por estar associada aos caminhos-de-ferro de Benguela. Pertence ao Clube Ferroviário do Huambo, que possui um vasto património social e desportivo, pois além da sala de cinema, existem também em seu poder o estádio dos Kurikutelas, piscina, restaurante e centro de estágio.

Cine 11 de Janeiro

Catchiungo
Data: não conhecida
Arquitectura: não conhecida
Lotação: não conhecida

No Fevereiro 2014, o director da Cultura na província do Huambo, Pedro Nambongue Chissanga, adiantou à imprensa a previsão da reabilitação desta sala para 2015.

Província de Cabinda

Cine Chiloango

Cabinda
Data: 1970
Arquitectura: não conhecida
Lotação: não conhecida

Este cinema apresenta uma viga horizontal que marca todo o piso térreo deste, cruzada com um pilar isolado marcando a entrada. O elemento que cobre a sala de espectáculos apresenta volumes de secção hexagonal representativos da arquitectura a holandesa do século XVIII (muito presente na enclave de Cabinda) e da arquitectura moderna da época.

Província de Namibe

Cine-Teatro Namibe (ex-Cinema Moçâmedes)

Namibe
Data: 40's
Arquitectura: não conhecida
Lotação: 655

Este cinema situado onde anteriormente se localizava o Jardim da Colónia, veio substituir o Cine-Teatro Garrett. Este era conhecido como cinema do Eurico, antigo proprietário. É o primeiro exemplo de arquitectura Art-Deco na cidade de Namibe (antigamente Moçâmedes). A sua implantação tem 2500m^2 de área, 25x50m, sendo um corpo em volumes geométricos bem definidos, de planta rectangular contínua e uniforme. A sua fachada de ritmos horizontais faz sobressair as dimensões imponentes do volume. A sua estética exterior exprime uma simplicidade de linhas, contrariando a excessiva decoração. A sala tem proporções generosas entre a plateia e o balcão, sendo que o acesso ao balcão faz-se por uma escada lateral à direita, com pormenorização Art-Deco. O foyer principal e os espaços de distribuição central e lateral esquerdo, de grande dimensão, têm chão e lambris em belíssimos mármores da região do Namibe. As fachadas têm uma composição simétrica. Três grandes vãos marcam o acesso principal que são coroados por um pórtico fechado. Os corpos arredondados que balizam este corpo central são rasgados verticalmente para iluminarem as escadas de acesso ao foyer do 2º piso.

Cine Impala

Namibe
Data: 1972
Arquitectura: Botelho Pereira
Lotação: 660

Impala é um nome que faz referência à mascote da cidade de Namibe. Este assenta numa expressão construtiva do Movimento Moderno, de planta circular, constituindo um volume isolado em betão armado. É composto por dois pisos, onde a cobertura é feita por vigas que desenham um arco que vai da base anterior da plateia à parte posterior da tela de projecção, sem qualquer apoio intermédio, numa referência ao movimento descrito pelo salto de uma impala. Este movimento materializado pelas "nervuras" delicadas que suportam uma cobertura simples de chapa de zinco é balizado por duas orelhas laterais, planos recortados, perfurados de vidros multicolores que protegem a plateia, sem a fechar completamente, garantindo ainda a ventilação transversal do cinema e criando pontos de fuga com a paisagem e jardim envolvente. No exterior, um plano de cobertura que trabalha em consola, apoiado nas vigas, cobre a área de projecção e de serviços. A entrada é feita lateralmente, permitindo ler o desenho do cinema em perfil. O desenho da cobertura exemplifica o movimento do salto de uma impala.

Cine Estúdio
Namibe
Data: não conhecida
Arquitectura: Botelho Pereira
Lotação: não conhecida

Visionado pelo arquitecto Botelho Vasconcelos no Atelier Boper, este edifício futurista nunca foi concluído encontrando-se abandonado e muito degradado. Uma sala começada a ser construída antes da independência. Não foi terminada, nunca foi utilizada como equipamento cultural. O projecto de reabilitação do espaço está em curso.

Cine Tômbwa (Ex-Cinema Alexandrense)
Tômbwa
Data: 50's
Arquitectura: Pancho Guedes
Lotação: 394

Esta sala de cinema, anteriormente conhecida como Cinema Alexandrense, é uma obra de gosto Art-Deco, com uma grande simplicidade de desenho e proporções delicadas. De composição simétrica, e estilo eminentemente gráfico, onde se explora o lettering nas fachadas e desenho elementar. Acede-se ao edifício por três portas rasgadas no corpo da fachada, e que dão para um foyer generoso que distribui lateralmente para a plateia, com um corpo de escadas de acesso ao hall do balcão largamente iluminado. É uma peça delicada nos acabamentos e estuques trabalhados no seu interior. Como muitas das salas encerradas dos anos 40 e 50, é uma caixa encerrada com uma cobertura simples de duas águas e telha cerâmica encoberta pelo desenho das platibandas que desenham a sua frente urbana e rematam lateralmente o beiral.

Província de Lunda Sul

Cine Chicapa
Saurimo
Data: não conhecida
Arquitectura: não conhecida
Lotação: 729

Esta sala de cinema é a maior estrutura de projecções de Lunda Sul, que após ter estado encerrado durante treze anos, foi reinaugurada em 2008. Actualmente é integrada num mini-centro comercial, com 6 lojas comerciais, zonas de escritório e um amplo salão multiusos. Além da sala de cinema, presta serviços de bar/restaurante e discoteca.

Província de Lunda Norte

Cine Uhenha
Dundo
Data: não conhecida
Arquitectura: não conhecida
Lotação: 188

Não foi possível encontrar informações.

Província de Uíge

Cine Moreno
Uíge
Data: 1965
Arquitectura: não conhecida
Lotação: 734

Esta sala de cinema é um exemplo de um espaço híbrido, entre um cinema semi-aberto, implantado no centro de um jardim simultaneamente articulado com uma distribuição de espaços de transição e de estar, características das cine-esplanadas do Movimento Moderno. A sua frente urbana é marcada por um muro ritmado feito de pilares, e um pórtico modernista pelo qual se acede ao cinema. Num generoso foyer coberto por palas e jardins existe um bar e esplanada. O acesso à sala de cinema faz-se por passadiços em degraus cobertos por palas, num jogo ritmado e policromático. As entradas para a plateia são laterais e fazem-se pela base do palco. As entradas para o balcão fazem-se a partir do foyer, também lateralmente. Uma sala generosa que se distribui entre a plateia e um balcão. A simplicidade volumétrica deste edifício é trabalhada num jogo de painéis, vãos, cujo jogo de planos salientes e recuados, acentuados pela policromia dos pavimentos e degraus do balcão, criam uma vibração que enriquece este espaço.

Cine Ginásio
Uíge
Data: não conhecida
Arquitectura: Ferreira Lima
Lotação: 636

Situado na capital da província de Uíge, o Cine Ginásio ocupou o antigo pavilhão CRU, Clube Recreativo do Uíge. Por volta da década de 70, serviu de espaço de entretenimento aos militares Portugueses. Este equipamento funciona hoje como sala de espectáculos.

Cine Teatro Negage

Negage
Data: não conhecida
Arquitectura: não conhecida
Lotação: 374

Infelizmente não conseguimos encontrar informações.

Província de Kuando Kubango

Cine Luiana

Menongue
Data: não conhecida
Arquitectura: não conhecida
Lotação: não conhecida

Não conseguimos encontrar informações.

Província de Cunene

Cine Pedro Pais

Castanheira de Pera
Data: não conhecida
Arquitectura: não conhecida
Lotação: 304

Não conseguimos encontrar informações.

Província de Malange

Cine Malange

Malange
Data: não conhecida
Arquitectura: não conhecida
Lotação: não conhecida

Não conseguimos encontrar informações.

Cine Teatro Turismo

Malange
Data: não conhecida
Arquitectura: não conhecida
Lotação: 707

Não conseguimos encontrar informações.

Província de Bié

Cine-Teatro Sporting Club (Ex-Cinema Silva Porto)

Kuito
Data: 1930
Arquitectura: não conhecida
Lotação: 728

Edifício dos anos 30 em estilo Art-Deco em Kuito (antigamente Silva Porto) que contrasta com os restantes do mesmo quarteirão. Ao nível da sua arquitectura é semelhante ao Cine-Teatro Namibe (antigamente Cinema Moçâmedes) em Namibe.

Cine Kamakupa

Kamakupa
Data: não conhecida
Arquitectura: não conhecida
Lotação: 400

Não conseguimos encontrar informações.

Província de Moxico

Cine-Teatro Luena

Luena
Data: 1956
Arquitectura: não conhecida
Lotação: 735

Situado em Luena (antigamente Vila Luso), cidade de edificações qualificadas com uma arquitetura moderna, ou seguindo o chamado estilo Estado Novo o Cine-Teatro foi construído por altura da grande ascensão da ex-Vila em 1950. Esta sala encontrava-se rodeada do Jardim público de Luena, tornando a visita ao cinema um passeio agradável e prazeroso. Este equipamento pode ser, no seu conjunto, repartido em duas grandes áreas: o edifício do cinema e o espaço exterior e ajardinado da esplanada. A sala desenvolve-se ao longo de um plano inclinado e possui capacidade para mais de 700 espectadores. A zona do palco contém um fosso de orquestra, e permite não só a projecção de filmes, como também outro tipo de espectáculos.

Província de Kuanza Norte

Cine N'Dalatando

N'Dalatando
Data: 1956
Arquitectura: não conhecida
Lotação: 653

Não conseguimos encontrar informações.

Cine Sange

Golungo Alto
Data: não conhecida
Arquitectura: não conhecida
Lotação: 444

Situado na rua principal que atravessa toda esta vila, encontra-se actualmente deixado ao abandono desde a independência e em avançado estado de degradação. Ao nível da sua arquitectura, apresenta uma composição típica dos anos 40 apresentando já alguns traços da linguagem Modernista. Os diferentes volumes relacionam-se por meio de uma hierarquia que se organiza num formato horizontal ao estilo da influência Wrightiana.

Província de Kuanza Sul

Cine Sporting
Sumbe
Data: 50's
Arquitectura: não conhecida
Lotação: 352

Construído na década de 50, o Cine Sporting apresenta uma fachada ao estilo revivalista Art-Deco. Composta num desenho simétrico de dois pisos, a fachada é ritmada no desdobramento dos seus vãos com janelas e portas tradicionais. A frente urbana, cuja platibanda esconde uma cobertura tradicional de duas águas em chapa zincada, demonstra uma volumetria paralelepipédica. No interior, um pequeno foyer dá acesso à sala de cinema e à sala de projeção. A sala de generosas dimensões e com uma capacidade para 352 lugares tem um duplo pé-direito.

Cine Waku Kungo
Waku Kungo
Data: não conhecida
Arquitectura: não conhecida
Lotação: 534

"Complementado com cine-teatro, salão de festas, bar, restaurante e, no exterior, piscinas, campo de patinagem e court de ténis, destaca se das restantes construções pelo seu desenho moderno, de um piso, utilizando um discurso formal adaptado à função e ao clima, privilegiando as relações interior/exterior, e pelas funções, antagónicas do carácter ruralizante implementado em todo o colonato. É interessante lembrar que Cela era um núcleo de recepção de população rural, com hábitos de sociabilização muito associados às práticas de trabalho, de que este tipo de equipamento não fazia parte."[7]

Cine Calulo
Calulo
Data: não conhecida
Arquitectura: não conhecida
Lotação: 300

Não conseguimos encontrar informações.

Cine Amboim
Gabela
Data: não conhecida
Arquitectura: não conhecida
Lotação: 300

Edifício de dois pisos em estilo neobarroco com uma fachada composta por três grandes vãos em arco, por onde se acedia, seguidos por três vãos no piso superior. Esta possuía também no seu topo um frontão curvo centrado entre dois pináculos.

Província do Zaire

Cine Clube Comandante Bula
M'Banza Congo
Data: não conhecida
Arquitectura: não conhecida
Lotação: 444

Não conseguimos encontrar informações.

1 Miguel Gomes, Cinema dos tempos que já lá vão ..., 2010, www.buala.org/pt/cidade/cinema-dos-tempos-que-ja-la-vao
2 Miguel Gomes, Cine-Teatro Monumental - Palco de memórias, November 2010, www.buala.org/pt/afroscreen/cine-teatro-monumental-palco-de-memorias
3 Nilza Massango, Luanda: Demolida a sala de cinema mais popular, 2013, www.portaldeangola.com/2013/12/luanda-demolida-a-sala-de-cinema-mais-popular
4 Patrick Mulaza, Blog, Arquitectura e Urbanismo, 2011, www.ebah.com.br/content/ABAAAelGoAD/cinema-arte-projectar-filmes-doc1
5 Ana Tostões e Ana Magalhães, A Boa Vida Moderna: Lazer, Comunidade e Cidade, 2011, http://cargocollective.com/arquitecturamodernaluanda/Texto-80
6 Ana Vaz Milheiro, Entrevista com Francisco Castro Rodrigues, 2014, www.cineafrica.net
7 Maria Manuela Fonte, Centro Recrativo Waku Kungo [Colonato da Cela], Kwanza Sul, Angola. Equipamentos e infraestruturas, 2012, http://www.hpip.org/Default/pt/Homepage/Obra?a=2082

Appendix: The start of a research – cinemas from Cabinda to Cunene

Introductory note:

The contents of this appendix are not exhaustive. Despite extensive research in the archives of Luanda and Lisbon, it has still not been possible for us to document the history of all the movie theaters.

Therefore, we would like to appeal for your help: We would be very happy to receive any information, comments, additions and corrections that you can supply to our site www.cineafrica.net in order to gradually and collaboratively construct a complete document on the history of movie theaters in Angola. Please send your suggestions to: info@luanda.goethe.org.

Photos, films, tickets and other items related to the theme are also welcome: Goethe-Institut Angola, Rua Comandante Kwenha, 272, Caixa Postal: 16644, Luanda, Angola.

Province of Luanda

"Luanda is the queen of these auditoria: The Cinemas Miramar, Avis (currently Karl Marx), Restauração (which nowadays houses the National Assembly), Império (currently Atlântico), São Paulo, Nacional, Tivoli, Tropical, and the Kipaka, Ngola Cine, In other words, a roll call of auditoria that not only hosted the projection of films dating back to the time of black and white, but also musical and theatrical shows."[1]

Cine São João
Luanda
Date: not known
Architecture: not known
Capacity: 452

Located in what is now the Neves Bendinha neighborhood, the Cine São João was close to the Largo do Bairro Popular no. 2. Characterized by its famous Sunday matinees, the Cine São João, while it was in operation, was adapted over time to meet the demands of its visitors. According to José Antunes, a former resident of Luanda, a man called Reinaldo managed the cinema. Rectangular in plan, it was entered through a wide iron gate on the right hand side. The box office was located on the left next to a large foyer that was open air, but covered by the auditorium's roof, which extended over it. Passing the box office, but still in the foyer, was the bar, and only after this, the entrance to the cinema auditorium, which was originally flat with wooden benches. The sturdy roof that protected the auditorium and the surrounding areas, was supported by a system of columns along its length, and was also mounted on the volumes that housed the projection room and, on the opposite side, the restrooms. This solution allowed the sides of the auditorium to remain open for ventilation purposes, and the generous roof ensured that daylight was sufficiently obscured from the auditorium for daytime film projection.

Karl Marx (Ex-Cinema Avis)
Luanda
Date: 1960s
Architecture: João Garcia do Castilho
Capacity: 1,302

Situated in the Alvalade neighborhood, the Karl Marx was formerly known as the Cinema Avis. The project was constructed at the beginning of the 1960s by Castilho, Engenheiros e Arquitectos Lda., the company belonging to the architect who designed the movie theater. Initially conceived to function as a *cine-esplanada*, that is a place where films could be seen in the open air, the cinema auditorium had a metal roof that extended the full length of the auditorium. As it was a lightweight constructional solution, the structure was merely mounted on top of the buildings, ensuring that the wide lateral openings remained uninterrupted, which helped the ventilation of the space on the hottest days. The slightly inclined stalls were divided into three balconies and the main entrance was through the most elevated side, adjacent to the box office. In the area of the projection screen, there was a generous stage, conferring the facility with great versatility so that, apart from showing films, it could also put on other types of shows such as theater, dance and singing. "The Cinema Avis made its debut in the Bairro Alvalade, with an inaugural ceremony featuring the presentation of the little Spanish singer Marisol. Later, this establishment became more famous for hosting the competitions for Miss Angola, the first of whom, the well known Riquita, born in Namibe, also became Miss Portugal in the 1970s. In the same decade the Avis became notorious for staging the celebrated musical Hair."[1]

Cine Miramar
Luanda
Date: 1964
Architecture: João and Luís Garcia de Castilho
Capacity: 1,622

The Cine Miramar is located south of the port of Luanda, on the Miramar hill. It was built by the team that designed it (Castilho, Engenheiros e Arquitectos Lda,). The cinema is part of a complex that includes support facilities, gardens and also a large area for outdoor parking. The whole cinema is located outside and can thus be considered an amphitheater. The greater part of this space was built in reinforced concrete but other materials were also used such as: stone masonry or even ceramic tile. The whole design of the auditorium demonstrates a pureness of form, drawing on a modern and open language. The inclined stalls are divided into three balconies, each with around 540 seats. Although oriented towards the projection screen, it is also possible to appreciate a view of the bay and the horizon to the left. This is perhaps one of the most attractive features of the space. The screen in aluminum and curved in form, measures approximately 23 meters in length by 9 meters in height. "But the emergence of *cine-esplanadas* was also a way of bringing elegance, even more elegance, to the act of cinema going to the cinema. The Cine Miramar provides a good example - situated high on the hillside with a view towards the island of Luanda, and the seafront at its feet below. Paradoxically, today its big screen is practically abandoned, acting only to host a few concerts and leisure activities, served by a restaurant-bar with an esplanade.[1]

Cine Teatro Nacional
Luanda
Date: 1932
Architecture: Vasco Vieira da Silva
Capacity: 896

Located right in the historic center of the city, the Cine-Teatro Nacional was the first cinema and theater auditorium to be built in Luanda, and is still today considered an important reference amongst the city's cultural amenities. As a building, the appearance of the Cine-Teatro Nacional is that of solid volume that can be divided into two parts. Essentially, the first volume contains the main access and the stalls, and the second, more prominent in height than the first, contains the stage and backstage areas. In terms of its architecture, it is possible to discern a language of symmetry both in the design of the façade and in its internal organization and Art Deco details. The auditorium has an audience capacity of approximately 900; 500 in the stalls and the rest distributed in the boxes. On September 27, 1994 the Cine-Teatro Nacional was classified as Historical and Cultural Heritage.

Cine Atlântico (Ex-Cinema Império)
Luanda
Date: 1963
Architecture: António Ribeiro dos Santos
Capacity: 1,489

The Cinema Atlântico, previously known as the Cinema Im-
pério, was a project commissioned by the company Angola Filmes, designed by the architect António Ribeiro dos Santos and revised by the engineer Eduardo Paulino. Inaugurated in 1966, its first screening was the film *My Fair Lady* (1964). "This cinema became extremely popular with young people with the holding of rock festivals on Saturday afternoons, which attracted thousands of spectators."[1] It was originally conceived for Luanda Bay, but this was not approved and so instead, it was built in Vila Alice in the center of the city. Apart from its architectural design, the project also contains sculptures by António Vidigal and paintings by Neves e Sousa. This cinema auditorium, devised to connect with the outdoors, is achieved with a single element, open at the sides and only protected by a roof in reinforced concrete. This is supported by steel suspension cables that are attached to the columns arrayed along either side. On the main access side, it is possible to make out the structural system, as well as a panel in bas-relief (by Neves e Sousa) that fills almost the entire façade. All these elements, which provide the first impression of the building, clearly reveal a linear and simple language in which it is easy to distinguish the different forms that are articulated within the whole. Such as the overhanging canopy, the columns, the panel by Neves e Sousa or the location of the entrance. Because the stalls, set out on three levels, are not laterally enclosed, they let in both light and ventilation as well as providing views of the gardens on both sides.

Cine Tivoli
Luanda
Date: 1960s
Architecture: Manola Gonzalez Potier
Capacity: 989

The Cine Tivoli is located on the Rua Francisco Sotto Maior in the center of the Bairro Azul neighborhood and was inaugurated at the end of the 1960s with the film *Lawrence of Arabia* (1962). Originally built as a *cine-esplanada* in partnership with the architect Adalberto
Gonçalves Dias (1922 - 2005), it was conceived in a modern language adapted to the characteristics of Luanda and could be described as a covered, open-air cinema. The building was partially organized on two levels. On the ground floor, below the level at which the stalls began, the box office, ancillary spaces and access to the upper floor were located. The cinema auditorium was accessible from this upper floor, as was the projection room and a terrace that provided a view of the gardens which occupied the space in front of the building. The sides of the auditorium were enclosed by horizontal louvers in prefabricated concrete, which enabled not only the natural ventilation of the auditorium seating, but also controlled the light entering the auditorium itself. In terms of materials, as well as the concrete elements that visually articulated the structure of the building, cladding in marble and wood can also be found. The detailing of the application of these materials conferred excellent acoustic properties to the building.

Cine África
Luanda
Date: not known
Architecture: not known
Capacity: 754

The Cine África is located on the outskirts of Luanda, in the Cazenga neighborhood. Neither the building's designer nor its date of completion is known, only that in addition to being from the colonial period, this building was a response to demand from lower class citizens, specifically the black population, who wanted access to means of entertainment. Conceived in a *cine-esplanada* format, the space was located in a walled enclosure, and inside this, was surrounded by garden areas. Access to the cinema auditorium was by means of lateral stairs that led to the upper section of the stalls and a technical area. These terminated in a prefabricated concrete grill with a geometric design, which formed part of the main façade of the cinema. The first level of stalls was completely open and the second level was partially covered by a metal structure that revealed volumetric elements, hexagonal in section, and clad in fiber cement sheeting. The moveable concrete *brise-soleil* operated above a base in stone and were activated by pivoting structural steel sections, allowing control over the sunlight falling on the stalls, as well as ensuring their thermal comfort.

Cine Cazenga (Ex-Cinema Lis)
Luanda
Date: 1968
Architecture: not known
Capacity: 696

Located in the Cazenga neighborhood, this cinema was formerly known by the name of Cinema Lis. Laid out as a *cine-esplanada*, this space contained a dining area, as well as having a partially covered auditorium. When it was in operation, it showed films such as *Oscar* (1967) and *The Exterminator* (1980). The current Cine Cazenga closed its doors in 1992 because it was heavily damaged during the armed conflict, and for 16 years became used as a garbage dump. Subsequently, it was reopened to the public in November of 2008. This was because the makers of the film *Assault in Luanda II* (2008) insisted that the premier of the film was held in this space, and for this purpose suggested that it be renovated. During the renovation work it was equipped with around 600 new plastic seats, a new ceiling and new paintwork. Nowadays, this facility operates on a rental basis and has served as a place for cultural activities such as theater, musical and dance shows, as well as serving as a rehearsal space for local artists.

Cine Alfa 1 and 2
Luanda
Date: not known
Architecture: not known
Capacity: 639

With regard to the Cinemas Alfa 1 and 2, all that is known beyond them having served as places to watch films, is that they also served as studios for making television programs. Currently they are being used by the Angolan Institute for Film, Audio-visual and Multimedia and by the company Edecine (the ministry of culture's film distribution and screening company).

Cine Colonial
Luanda
Date: 1940
Architecture: not known
Capacity: not known

The Cine Colonial was built in the middle of the São Paulo neighborhood, on the Rua Vereador Prazeres. Installed in a modern style building, the stalls curiously possessed one zone of continuous benches in wood and another in cement. "But other cinemas also stood out which were more affordable for the public, such as the Cine Colonial in Luanda. Widely known as 'Clô Clô', in the neighborhood of S. Paulo, when all the seats were sold out, a chair brought from home, or even sitting on the floor, would do."[1] Nilza Massango: "The Cine Colonial was the 'second home' of the inhabitants of São Paulo, Bairro Operário, Rangel, Marçal and Sambizanga. It had wooden bench seating until the middle of the stalls, and from there to the front they were in cement. Customers called to this area, the 'cold stone'. All sessions were watched by plainclothes police or agents of the PIDE (International and State Security Police). The 'action' on the screen triggered the dream to go on the attack against the colonial regime. The customers of 'Clô Clô' were a family! The building was demolished and is now an auto repair shop! Albino de Abreu was born in Bairro Operário. 76 years old, he has six children, 14 grandchildren and 16 great-grandchildren. He often went to the Cine Colonial and explained that seeing films at that time 'was something out of this world'. Blacks made up the overwhelming majority of the audience. Monday through Friday, said Albino de Abreu, the films were shown at night. On Saturdays and Sundays, there were two sessions, one in the afternoon and another in the evening. For each film screening, you paid five Escudos for the wooden benches with backs, and two and a half Escudos for the cement, which only had seats. The older people regretted the demolition of the cinema. An employee of the company built on the Cine Colonial land, Albino de Abreu said there are reports that the cinema will be rebuilt with the same structure."[3]

Cine-Bar Tropical
Luanda
Date: not known
Architecture: not known
Capacity: 688

The Cine-Bar Tropical in the center of the city, today better known as the Cine-Bar Tropical Dancing, is an Art Deco and Modernist style work, and in terms of its facade, features an attractive sign, alongside a rectangular frontage in the center. The veranda on the upper floor runs along the entire main façade. Developed as an enclosed volume, it contains an outdoor garden. The auditorium is flat, but had a generous screen which was visible from anywhere in the stalls. In addition to this, a balcony emerges from the upper level that partially covered the last level of the stalls adjacent to the entrance to the auditorium.

Cine São Paulo
Luanda
Date: 1960s
Architecture: Vasco Vieira da Costa
Capacity: 820

Located in the São Paulo neighborhood, this cinema was inaugurated at the end of the 1960s. It was closed to the public in 1997, having been inactive for around 15 years. It is an impressive building due to the volume of its auditorium that projects above the whole assemblage, and is closed at the top by an inclined plane. It is in this same volume that the cinema auditorium is laid out along a downward slope.

Cine N'Gola

Luanda

Date: 1960s
Architecture: not known
Capacity: 1,247
Located in the Sambizanga neighborhood, the Cine N'Gola was an open-air cinema whose architect is unknown. Frequented by the working class, this building was famed for its "weekly cultural shows featuring Angolan artists, many of whom became internationally famous."[1] This space was considered iconic in the city, reaching its peak around the 1990's. "Although not one of the spaces patronized by the colonial Portuguese and Angolan elite, the Cine N'Gola was a reference when it came to weekly cultural shows featuring Angolan artists, many of whom became internationally renowned."[1]

Cine Kipaka

Luanda
Date: not known
Architecture: not known
Capacity: 999

No further information discovered. The building is no longer used as a cinema.

Cine-Teatro Restauração

Luanda
Date: 1946-1952
Architecture: João Luís Garcia de Castilho
Capacity: not known

Located in the higher part of the city of Luanda on the old Avenida do Hospital, the Cinema Restauração was conceived and designed by the architect brothers João Garcia de Castilho and Luís Garcia de Castilho. The structural design was entrusted to the engineer António Castilho and it was built by Castilho, Engenheiros e Arquitectos Lda. Inside there is also an artwork in the form of a panel, painted by the fine artist Maria Keil. The massing of the building takes is at an urban scale, in a modern and geometrical language with references to the architecture of Frank Lloyd Wright and Willem Dudok. The cinema auditorium inserted in a perpendicularly retracted volume, had stalls with chairs designed by José Simões Miranda. In terms of its program, in addition to this auditorium, it also included a restaurant bar with a dance floor on two levels and a terrace on the roof. This building underwent numerous alterations after independence. "In the forties, Luanda already had the Cine-Teatro Nacional, but also the no less-famous Cinema Restauração, whose audiences saw the performances of internationally renowned artists such as the French singer Charles Aznavour, the Portuguese Fado singer Amália Rodrigues, the Duo Ouro Negro from Angola, and performances of opera and dance. Moreover the Restauração was also famed for the variety show *Tea at Six*, presented by Artur Peres and Alice Cruz."[1]

Cine Kilumba

Luanda
Date: 1969
Architecture: not known
Capacity: 805

Situated in the city of Luanda in Viana around 40 Km from the center of Luanda, the Cine Kilumba was inaugurated in 1969. Built in an older style of architecture, it was a space conceived for the open air with only the stalls, installed on an inclined plane, are covered to protect the audience. Sitting on a structure of reinforced concrete columns, the roof is "supported by a superstructure of trellised steel beams with fiber-cement sheeting and steel tensile members"[4]
It is entered through a rectangular volume that houses the box office, a technical area, the generator room, an office and an esplanade with a kitchen. The restrooms are located at the side of the auditorium. In addition to the stalls, the auditorium itself has a projection room and a stage next to the screen.

Province of Benguela

Cine-Teatro Monumental

Benguela
Date: 1952
Architecture: Fernando Batalha
Capacity: 1,000

"The Cine-Teatro Monumental was created at the beginning of the 1950s, arising from a "purely Benguelan' initiative, as the people of Benguela were proud to claim at the time. Dissatisfied with the lack of a grandiose showcase theater in the city, they got together and created the Company for Tourism and Promotion of Benguela – Probenguela. It was led by three illustrious contemporaries – António Augusto Durães, António Pereira Marques and Eduardo Marques Centeno, its principal driving force. Álvaro de Almeida, Monterroso Carneiro and José Pereira Branco are other names associated with the company that built the cinema-theater."[2] It was formerly known as the Cine-Teatro Imperial, as this had been the first cinema built in this city. This building, whose main façade was built from local stone, was influenced by the modern movement and is notable for its generous interior configuration. The auditorium is composed, on the first floor, by stalls for 884 people, a stage, dressing rooms, foyer, box office, office and restrooms. The second floor is composed of nine boxes, a balcony with more than 416 seats, hallways and a formal event room, while the projection room and the fire officers' room are located on the third and final floor.

Cine Kalunga

Benguela
Date: 1960s
Architecture: not known
Capacity: 1,146

This cinema was commissioned by the Centelho family. The concept for the design and its organization in plan were based on the form of an old-fashioned projection machine. The owners themselves supervised the construction. There is no design coherence in the formal language of its buildings. Basically this cinema is a luxuriant garden of generous proportions in which various built forms are distributed and arranged in accordance with the diverse activities housed in this multi-faceted space: two bars, terraces, a restaurant, film projection room, stalls for 1,146 people, a 70 mm cinema screen flanked by two buildings for ancillary restrooms. It has a modernist portico in which the box office and shops are located, backing onto the main entrance and visually blocking the view from the outside onto the main terrace. There is a profusion of sculptural and free forms marked by a predominance of curved volumes, surrounded by a garden and by roofs and terraces, where a cooling breeze runs through the circular openings cut out of the walls. There are pergolas and walls that do not reach the pavement, allowing the air to flow at ground level.

Cine Benguela
Benguela
Date: 1960s
Architecture: not known
Capacity: 762

Constructed in the 1960s, this cinema has been inactive since independence. It was significantly altered with respect to the original design. The closure of openings and of transitional spaces that were composed of open boxes, typical of the architecture of the modern movement, has reduced them to a more elementary play of pure and closed volumes. It is still possible to perceive the compositional and volumetric articulation between the elements with an urban façade: The body of the main entrance and that of the stage, in a clearly modernist play of volumes. Miguel Gomes adds: "But at the time, segregation was the order of the day, as exemplified by what happened in the Cine Benguela, where an area was set up reserved for natives, who were not allowed to see all the films. On the

posters for many films it was explicitly stated: 'Forbidden to Natives' – a situation which only disappeared after 1961."[1]

Nimas 500
Lobito
Date: 1970s
Architecture: not known
Capacity: not known

This cinema auditorium from the end of the 1970s is today a symbol of degradation. It has already been infiltrated by stagnant water and is close to collapse. Its layout is rectangular in form, and this is set upon a set of *pilotis*, both laterally and at each end, creating a circulation gallery around its entire area.

Cine Flamingo
Lobito
Date: 1963
Architecture: Francisco Castro Rodrigues
Capacity: 1,167

Its name is derived from its location, an area teeming with flamingos that come there to feed on mollusks and it was chosen by a public competition on the radio. This work of architecture, commissioned by Ribeiro Belga, was designed by one of the most celebrated architects of the modern movement in Angola, and its structural design was entrusted to the engineer Bernardino Machado. The underlying conceptual basis of this cinema is evident in nearly all the *cine-esplandas* built in the 1960s: a structure in reinforced concrete with two projecting canopies, covering an enormous span and supported by steel tensile elements that anchor them to the structure of columns and inclined beams. It can be characterized as a rectangular and sculptural walled enclosure, in which curved and rectilinear forms alternate, finished in artificial stone. It is an exercise in taking tensile strain to its limits, in the form of butterfly wings. Shading canopies clad in aluminum sheet at its en-

trance, an autonomous 70 mm screen/stage, a surrounding garden with a view over the city and ancillary buildings such as a bar, restrooms, and display windows for commercial products, make up the compositional elements of these spaces for seeing films, strolling, and meeting friends beneath a starry sky; poetic, sculptural and totally adapted to the tropical climate. "Or, in the case of the Miramar or the Flamingo, the meaning given by size and plasticity of the screen. This plasticity, along with the combination of textures and colors are a direct reference to the free modern forms used by Brazilian architects from the 1940's onward. The exploitation of the structural and plastic potential of reinforced concrete enabled this remarkable structural innovation and formal freedom, using a compilation of forms that gradually led to the pure solids and the 'Poem of the right angle' in Le Corbusier's early works."[5]

Cine Baía
Lobito
Date: not known
Architecture: not known
Capacity: 500

Initially the Cine Baía was essentially an open-air amphitheater, which Francisco Castro Rodrigues later ordered to be covered. This cinema belonged to the father of António Vieira Silva.

Cine-Teatro Império
Lobito
Date: not known
Architecture: not known
Capacity: not known

After being closed for some years, it has reopened to host various cultural activities. The Império stands on the Avenida da Independência, Restinga do Lobito, and was built in the 1950s in an Art Deco style. The Império was owned by the Benguela Railroad Workers Association (Associação dos Trabalhadores do Caminho de Ferro de Benguela). "The company owned a great deal of property in Angola – in the area of Lobito, they had considerable influence in its development", according to Francisco Castro Rodrigues.[6]

Cine Beneficente
Catumbela
Date: not known
Architecture: not known
Capacity: not known

No further information discovered.

Province of Bengo

Cine Africampos
Caxito
Date: not known
Architecture: not known
Capacity: not known

In 2012, given the state of disrepair of the Cine Africampos, the government of Angola showed interest in rehabilitating the building and also suggested the introduction of theater, literature, dance, music and festivals.

Province of Huíla

Cinema Infante Sagres
Lubango
Date: 1975
Architecture: Luís Taquelim
Capacity: 800

Situated on the corner of Avenida Gabriel Galoh and the Praça da Revolução de Outubro, this cinema was never inaugurated. Almost completely finished and fitted out in 1975, this cinema, considered the biggest and best in Africa at the time, was laid out on two floors. As movie theaters in Angola were the preferred place for meeting, socializing and various other cultural activities, in addition to having a strong film culture, this cinema is divided into successive living, bar and terrace spaces that function autonomously from the cinema auditorium. Composed of stalls, a balcony and a 70 mm screen, the covered auditorium was served by a terrace facing the Serra de Chela, the mountain range surrounding the plain on which the city is located. It was heavily decorated with ceramic tile and marble from Namibe arranged in geometric designs. The principal auditorium was modeled with dynamic striping in black and white concrete to great graphic effect. With an open, conch-like form set upon *pilotis*, the two facades reveal the influence of the Brazilian architect of the Modern Movement whose sculptural tendency greatly influenced architecture produced in Angola.

Cine-Teatro Arco-Íris
Lubango
Date: 1974
Architecture: Aarão Pinto
Capacity: 1,200

Inaugurated in September of 1974, this cinema was located on the Rua Deolinda Rodrigues and its name derives from the Arco-Íris neighborhood. It was commissioned to be built by the Namibe cooperative and has been closed since the mid 1980s. This building was defined by a wide span described by a truncated arch supported on *pilotis* and flanked by lateral galleries, placed symmetrically about the main entrance, which stood on the corner. These galleries were commercial spaces, independent of the cinema. The transition was made by two blocks of stairs giving access to the balcony with concrete louvers and decorative elements of "Corbusian" inspiration. With 957 seats, this generously proportioned auditorium was decorated with wood and concrete moldings that describe rhythmical lines, in a striped pattern with a very sculptural effect, and symbolic suggestion of rays of sun and warm colors. With a 70 mm screen and a spacious stage, it hosted the most interesting *cinema auteur* film series since independence.

Cine-Teatro Odeon
Lubango
Date: 1955
Architecture: not known
Capacity: not known

On May 28, 1955 the Cine Odeon was inaugurated by Alfredo Fernandes de Almeida. Nowadays, the cinema belongs to the businessman Fernando Almeida. Unfortunately, we were unable to discover any further information.

Province of Huambo

Cine Estúdio 404
Huambo
Date: not known
Architecture: not known
Capacity: 404

The Cine Estúdio 404 is part of the sports complex of the Sporting Club do Huambo, which is composed of a grass soccer field and a swimming pool. Its name is derived from the exact number of audience members permitted.

Cine São João
Huambo
Date: not known
Architecture: not known
Capacity: not known

This cinema's name is due to its location in the neighborhood of São João, and it is expected to be renovated in 2015. Unfortunately, we were unable to discover any further information.

Cine Ruacaná
Huambo
Date: 1940s/1950s
Architecture: Raul Rodrigues Lima
Capacity: 837

Built at the end of the 1930s, and located on one of the principal thoroughfares that link it to the city's administrative centre, it has been closed for about 20 years. It is composed of stalls and a balcony. It has had no renovation work since independence. Its name is a reference to the waterfalls of Ruacaná, in the province of Cunene. Its main body is a large hall with a roof in zinc sheet, an interior with wood finishes and an entrance foyer for the balcony that lets out onto an exterior veranda facing the main façade. A tower, an urban landmark, distinguishes this otherwise architecturally unremarkable facade.

Cine Gimno Desportivo
Huambo
Date: not known
Architecture: not known
Capacity: not known

Unfortunately, we were unable to discover any further information.

Cine Ferrovia
Huambo
Date: 1930
Architecture: not known
Capacity: not known

This cinema named "Ferrovia" (Railway), may have received its name for being associated with the railways of Benguela. It belonged to the Clube Ferroviário do Huambo that had an enormous number of properties, because, in addition to this cinema, it also owned the Kurikutelas stadium, swimming pool, restaurant and training center.

Cine 11 de Janeiro
Catchiungo
Date: not known
Architecture: not known
Capacity: not known

In February 2014, the Director of Culture for the Province of Huambo, Pedro Nambongue Chissanga, announced to the press the projected rehabilitation of this cinema in 2015.

Province of Cabinda

Cine Chiloango
Cabinda
Date: 1970
Architecture: not known
Capacity: not known

This cinema features a horizontal beam that delineates its entire ground floor, intersecting with an isolated column marking the entrance. The element that covers the auditorium features volumes that are hexagonal in section and typical of the modern architecture of the era.

Province of Namibe

Cine-Teatro Namibe (ex-Cinema Moçâmedes)
Namibe
Date: 1940s
Architecture: not known
Capacity: 655

This cinema, located where the Jardim da Colónia (Colonial Garden) previously stood, replaced the Cine-Teatro Garret. It was known as Eurico's cinema, after its former owner. It is the earliest example of Art Deco architecture in the city of Namibe (formerly Moçâmedes). With a 25 x 25 m layout and 2,500 m2 of area, this building, composed of well-defined geometric volumes, is rectangular, continuous and uniform in plan. Its façade with its horizontal rhythms amplifies the imposing dimensions of the building's volume. Its exterior aesthetics express simplicity of line, in contrast to the excessive decoration. The auditorium is generously proportioned between the stalls and the balcony, with access to the balcony being made by a staircase on the right-hand side, with Art Deco detailing. The main foyer and the large-scale central and left-hand side circulation spaces, have floors and wainscoting in beautiful marble from the Namibe region. The façades are symmetrical in composition. Three great openings mark the main access and are crowned by a closed portico. The rounded building volumes that terminate this central volume are split vertically to illuminate the access stairs to the 2nd level foyer.

Cine Impala
Namibe
Date: 1972
Architecture: Botelho Pereira
Capacity: 660

The name Impala refers to the symbol of the city of Namibe. It is based on a constructional expression of the Modern Movement, circular in plan, and constituting a freestanding volume in reinforced concrete. It is composed of two levels, in which the roof is formed by beams that describe an arch springing from the front base of the stalls to the rear part of the projection screen. There is no intermediate support, in an evocation of the movement described by the leap of an impala. This movement is materialized by the delicate "ribs" that support a simple roof in zinc sheeting and is balanced by two flat and truncated lateral walls, perforated with multi-colored glazing that protect the stalls without completely enclosing them, thus also ensuring the cross ventilation of the cinema and creating lines of view out onto the surrounding garden and landscape. On the exterior, a cantilevered roof plane, supported by the beams, covers the projection and service area. It is entered from the side, allowing the design of the cinema to be read in profile. The design of the roof symbolizes the leaping movement of an impala.

Cine Estúdio

Namibe
Date: not known
Architecture: Botelho Pereira
Capacity: not known

Envisioned by the architect Botelho Vasconcelos of Atelier Boper, this futuristic building was never completed and is now abandoned and in very poor condition. Construction was started on one auditorium before independence. It was not completed and was never used as a cultural building. A rehabilitation project for the space is now underway.

Cine Tômbwa (ex-Cinema Alexandrense)

Tômbwa
Date: 1950s
Architecture: Pancho Guedes
Capacity: 394

This cinema, formerly known as Cinema Alexandrense, is a work in the Art Deco style, with design of great simplicity and delicate proportions. Symmetrical in composition and eminently graphic in style, the elemental design and the lettering of the facades is explored. The building is entered via three doors cut into the body of the façade, which open onto a generous foyer from which circulation is distributed laterally to the stalls, with a set of stairs leading to the well-illuminated balcony hall. It is a delicate piece in the modeling of the finishes and plasterwork in its interior. As with many of the cinemas closed in the 1940s and 50s, it is an enclosed box with a simple double pitch, ceramic tile roof, hidden by the parapet design that delineates its urban face and laterally terminates the eaves.

Province of Lunda Sul

Cine Chicapa

Saurimo
Date: not known
Architecture: not known
Capacity: 729

This cinema auditorium is the biggest film projection structure in Lunda Sul, which after being closed for thirteen years, was re-inaugurated in 2008. It is currently part of a mini shopping center, with 6 commercial stores, zones for offices and a large multi-use room. In addition to the cinema, it also provides services as a bar/restaurant and discotheque.

Province of Lunda Norte

Cine Uhenha

Dundo
Date: not known
Architecture: not known
Capacity: 188

It was not possible to discover any information.

Uíge Province

Cine Moreno

Uíge
Date: 1965
Architecture: not known
Capacity: 734

This cinema auditorium is an example of a hybrid between an enclosed cinema, sited in the center of a garden, simultaneously articulated with a series of transitional living spaces, characteristic of the *cine-esplanadas* of the Modern Movement. Its urban front is marked by a rhythmic wall built of columns, and a modernist portico through which the cinema is entered. In a generous foyer covered by canopies and gardens there is a bar and terrace. The approach to the cinema auditorium is made along walkways covered by canopies, in a play of rhythms and colors. The entrances to the stalls are on the sides through the base of the stage. The entrances to the balcony are also made laterally from the foyer. A generous auditorium is shared by the stalls and a balcony. The volumetric simplicity of this building is animated by the play of panels and openings whose projecting and receding planes are accentuated by the polychromatic nature of the paving and the balcony steps, creating a vibrancy that enriches this space.

Cine Ginásio

Uíge
Date: not known
Architecture: Ferreira Lima
Capacity: 636

Situated in the capital of Uíge province, the Cine Ginásio occupies the former hall of the CRU, Clube Recreativo do Uíge. Around the 1970s, it served as a space for entertaining Portuguese soldiers. This facility now functions as a theater.

Cine Teatro Negage

Negage
Date: not known
Architecture: not known
Capacity: 374

Unfortunately, we were unable to discover any further information.

Province of Kuando Kubango

Cine Luiana
Menongue
Date: not known
Architecture: not known
Capacity: not known

No further information discovered.

Province of Cunene

Cine Pedro Pais
Castanheira de Pera
Date: not known
Architecture: not known
Capacity: 304

No further information discovered.

Province of Malange

Cine Malange
Malange
Date: not known
Architecture: not known
Capacity: not known

No further information discovered.

Cine Teatro Turismo
Malange
Date: not known
Architecture: not known
Capacity: 707

No further information discovered.

Province of Bié

Cine-Teatro Sporting Club (Ex-Cinema Silva Porto)
Kuito
Date: 1930
Architecture: not known
Capacity: 728

From the 1930s in Art Deco style, this building in Kuito (formerly Silva Porto), contrasts with the others on the same block. In terms of its architecture, it is very similar to the Cine-Teatro Namibe (formerly Moçâmedes) in Namibe.

Cine Kamakupa
Kamakupa
Date: not known
Architecture: not known
Capacity: 400

No further information discovered.

Province of Moxico

Cine-Teatro Luena
Luena
Date: 1956
Architecture: not known
Capacity: 735

Located in Luena (formerly Vila Luso) a city of better-quality buildings, with a modern architecture, following the so-called *Estado Novo* style, the Cine-Teatro was constructed in 1950 at a time when Vila was in the ascendant. This cinema is surrounded by the Luena public gardens, making a visit to the cinema an agreeable and pleasurable stroll. Overall, this building can be divided into two large areas: the cinema building and the exterior garden space of the esplanade. The auditorium extends along an inclined plane and has an audience capacity of more than 700. The stage area contains an orchestra pit, and enables not only the projection of films, but also other types of shows.

Province of Kuanza Norte

Cine N'Dalatando
N'Dalatando
Date: 1956
Architecture: not known
Capacity: 653

No further information discovered.

Cine Sange
Golungo Alto
Date: not known
Architecture: not known
Capacity: 444

Situated on the main road that traverses the whole town, it has been abandoned since independence and is in an advanced state of disrepair. In terms of its architecture, it features a composition typical of the 1940s and already displays some traces of Modernist language. The different volumes are related by means of a hierarchy that is organized in a horizontal format in a style influenced by Wright.

Province of Kuanza Sul

Cine Sporting
Sumbe
Date: 1950s
Architecture: not known
Capacity: 352

Constructed in the 1950s, the Cine Sporting features a façade in the Art Deco revival style. Consisting of a symmetrical design on two floors, the façade is rhythmical in the distribution of its openings with traditional windows and doors. The street façade, whose parapet hides a traditional double-pitched roof in galvanized sheeting, reveals a rectilinear composition. Inside, a small foyer provides access to the cinema auditorium and the projection room. The auditorium of generous proportions and an audience capacity of 352, has a double height ceiling.

Cine Waku Kungo
Waku Kungo
Date: not known
Architecture: not known
Capacity: 534

"Equipped with a cine-theater, event room, bar, restaurant, swimming pools, roller-skating rink, and tennis court, it stands-out from the other building because of its modern, single-storey design, using a formal rationale adapted in accordance with the climate, and favoring interior/exterior relationships, and because of its function, antithetical to the rural character implemented throughout the colony. It is interesting to remember that Cela was a nucleus for receiving rural people, accustomed to social activities strongly associated with working practices, in which this type of facility played no part."[7]

Cine Calulo
Calulo
Date: not known
Architecture: not known
Capacity: 300

No further information discovered.

Cine Amboim
Gabela
Date: not known
Architecture: not known
Capacity: 300

A two storey building in neo baroque style with a façade composed of three large arched openings, providing access, surmounted by three openings on the upper floor. It is also topped by a curved gable centered between two pinnacles.

Province of Zaire

Cine Clube Comandante Bula
M'Banza Congo
Date: not known
Architecture: not known
Capacity: 444

No further information discovered.

1 Miguel Gomes, Cinema in bygone times…, 2010, www.buala.org/pt/cidade/cinema-dos-tempos-que-ja-la-vao
2 Miguel Gomes, Cine-Teatro Monumental – Stage of memories, 2010, www.buala.org/pt/afroscreen/cine-teatro-monumental-palco-de-memorias
3 Nilza Massango, Luanda: Demolished the most popular, 2013, www. portaldeangola.com/2013/12/luanda-demolida-a-sala-de-cinema-mais-popular
4 Patrick Mulaza, Blog, Architecture and Urbanism, 2011, www.ebah.com.br/content/ABAAAelGoAD/cinema-arte-projectar-filmes-doc1
5 Ana Tostões and Ana Magalhães, The Modern Good Life: Leisure, City and Community, 2011, http://cargocollective.com/arquitecturamodernaluanda/Texto-80
6 Ana Vaz Milheiro, Interview with Francisco Castro Rodrigues, 2014, www.cineafrica.net
7 Maria Manuela Fonte, Waku Kungo Recreational Center [Cela Resort], Kwanza Sul, Angola.
Facilities and infrastructures, 2012, http://www.hpip.org/Default/pt/Homepage/Obra?a=2082

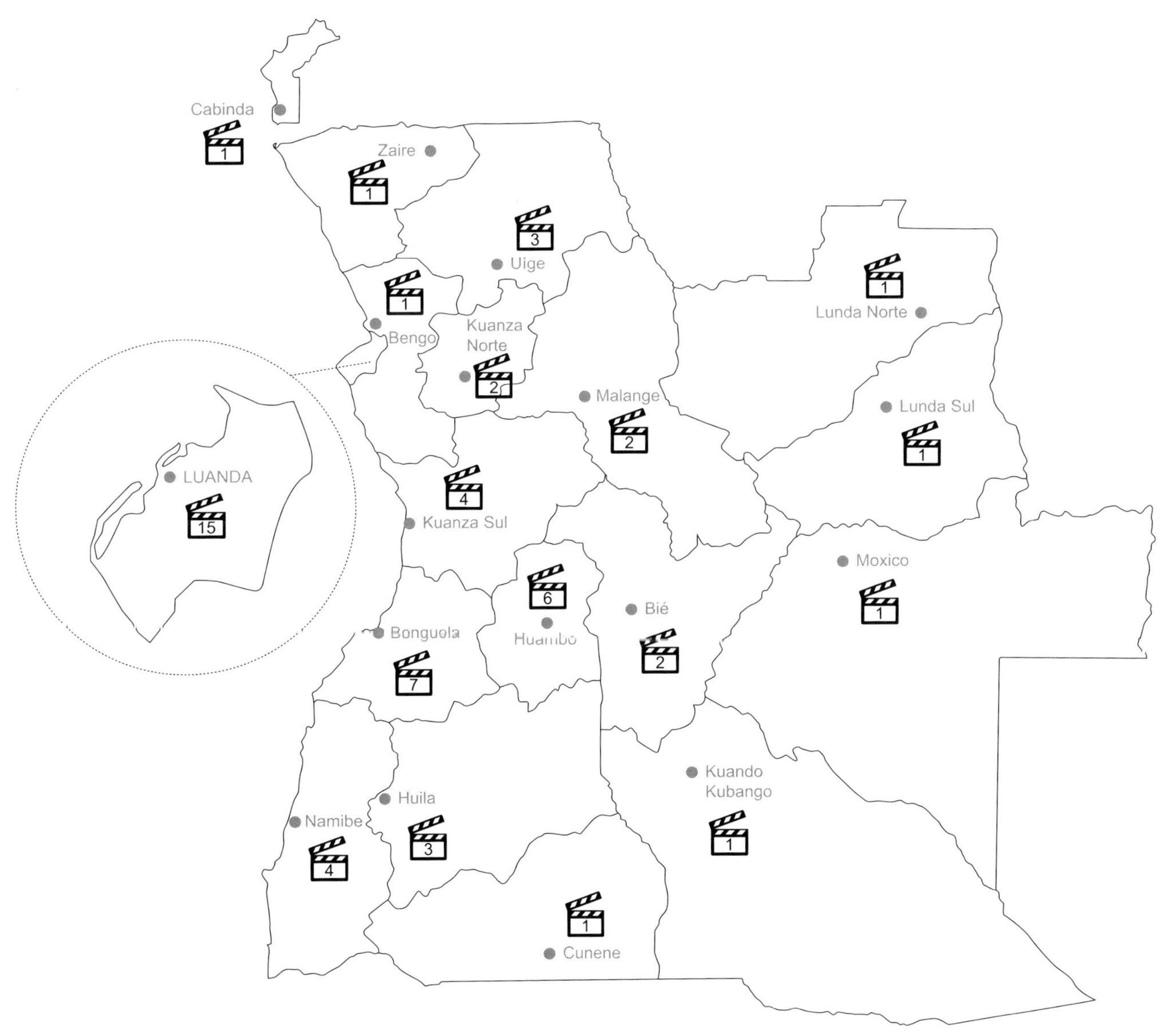

Cabinda
1
Zaire
1
3
Uige
1
Bengo
Kuanza
Norte
2
Malange
2
Lunda Norte
1
Lunda Sul
1
4
LUANDA
15
Kuanza Sul
Moxico
1
6
Bié
2
Bonguela
Huambo
7
Kuando
Kubango
1
Huila
Namibe
3
4
1
Cunene

Bibliografia seleccionada / Selected Bibliography

Decreto Executivo Nº 94/05 – Lei Nº 14/05 de 7 de Outubro 2005, Diário da Republica, Luanda

Maria Manuela Fonte, *Centro Recreativo Waku Kungo [Colonato da Cela], Kuanza Sul, Angola. Equipamentos e infraestruturas*, 2012, www.hpip.org/Default/pt/Homepage/Obra?a=2082

Miguel Gomes, *Cinema dos tempos que já lá vão ...*, 2010, www.buala.org/pt/cidade/cinema-dos-tempos-que-ja-la-vao

Miguel Gomes, *Cine-Teatro Monumental – Palco de memórias*, 2010, www.buala.org/pt/afroscreen/cine-teatro-monumental-palco-de-memorias

Ana Magalhães, *Moderno Tropical*, Tinta de China, Lisboa 2009

Nilza Massango, *Luanda: Demolida a sala de cinema mais popular*, 2013, www. portaldeangola.com/2013/12/luanda-demolida-a-sala-de-cinema-mais-popular

Ana Vaz Milheiro, *Entrevista com Francisco Castro Rodrigues*, 2014, www.cineafrica.net

Ana Vaz Milheiro, *Nos Trópicos Sem Le Corbusier*, Relógio d'Agua, Lisboa 2012

Patrick Mulaza, Blog, *Arquitectura e Urbanismo*, 2011, www.ebah.com.br/content/ABAAAelGoAD/cinema-arte-projectar-filmes-doc1

Roberto Goycoolea Prado, *la modernidad ignorada: arquitectura moderna de luanda*, Universidade de Alcalá, Alcalá 2011

Margarida Quintã, *Arquitectura e Clima, Geografia de um Lugar: Luanda e a Obra de Vasco Vieira da Costa*, FAUP, Porto 2007

Aldo Rossi, *A Arquitectura da Cidade*, Edições Cosmos, Lisboa 2001

Ana Tostões e Ana Magalhães, *A Boa Vida Moderna: Lazer, Comunidade e Cidade*, 2011, http://cargocollective.com/arquitecturamodernaluanda/Texto-80

Biografías

Maria Alice Correia
Nasceu em 1966 na província de Malange. Mestrado na área de História e Fundamentos da Arquitectura e do Urbanismo, tem estado envolvida com a pesquisa sobre a história da arquitectura e do urbanismo da cidade de Luanda sob a gestão do Instituto de Planeamento e Gestão Urbana de Luanda. Actualmente ela é aluna de doutoramento, matriculada na Pós-Graduação da Faculdade de Arquitectura e Urbanismo da Universidade de São Paulo.

Walter Fernandes
Walter Fernandes nasceu em 1979 em Luanda. Vive e trabalha em Luanda. Estudou Ciências Sociais. Desde 2002, trabalha em Audiovisuais onde participou em diversas campanhas publicitárias premiadas, como produtor e como fotógrafo. Ganhou o Prémio Nacional de Fotojornalismo em 2010, e trabalha actualmente por conta própria no seu Atelier Fotografia Digital - Estúdio PHOTO ATELIER em Luanda.

F. João Guimarães,
É natural de Negreiros em Portugal, onde nasceu em 1978. Mestrado em "Urban Development and Reconstruction" pela Universidade de Veneza, tem estado envolvido agências públicas de desenvolvimento e empresas integradas de desenvolvimento, requalificação e renovação urbana e ambiental. Desde 2008 divide a sua actividade entre a Europa e África.

Miguel Hurst
Nasceu em 1967 na Alemanha. Formou-se na Escola Superior de Teatro e Cinema em Lisboa. Foi fundador do Grupo de Teatro Pau Preto em Lisboa. Desde 2003 mora em Luanda. Foi director do Instituto Angolano de Cinema Audiovisual e Multimédia. Sendo actor e encenador participou numa grande quantidade de telenovelas, filmes e peças de teatro em Angola e Portugal.

Paula Nascimento
Nasceu em 1981 em Luanda. Formou-se na Architectural Association School of Architecture e na London Southbank University. Trabalhou em diversos projectos na área da conservação do património em Cabo Verde, Portugal e Inglaterra. Co-fundadora de Beyond Entropy África. Envolvida em vários projectos de investigação, curadoria, vencedora do Leão de Ouro para melhor participação nacional na Bienal de Artes de Veneza 2013.

Christiane Schulte
Nasceu em 1962 em Dortmund, ela estudou Filologia Românica, História Moderna e Antiga em Münster e Bordeaux. Depois de uma formação complementar como redactora, trabalhou por muitos anos como jornalista para jornais, revistas e empresas. Em 2007 começou as suas funções no Goethe-Institut. Durante três anos, geriu o Goethe-Zentrum na Namíbia, antes de assumir a direcção do Goethe-Institut Angola em 2010.

Gabriele Stiller-Kern
Nasceu em 1958 em Hamburg. Desde 2011, está no Departamento de Comunicação do Goethe-Institut. De 2013 a 2014 coordenou o programa cultural e educacional do Ano da Alemanha no Brasil. Anteriormente, foi directora executiva da Iniciativa da Língua Alemã e pesquisadora na Casa das Culturas do Mundo e no Departamento de Ciência Política da Universidade Livre de Berlim.

Biographies

Maria Alice Correia

Born in 1966 in the Province of Malange. With a Masters in the area of History and Foundations of Architecture and Urbanism, she has been involved in research on the history of architecture and urbanism in the city of Luanda, under the direction of the Institute for Urban Planning and Management of Luanda. She is currently a doctoral student enrolled as a postgraduate at the Faculty of Architecture and Urbanism of the University of São Paulo.

Walter Fernandes

Walter Fernandes was born in 1979 in Luanda. He lives and works in Luanda and studied Social Sciences. Since 2002, he has worked in audiovisual media and has participated in various prize-winning advertising campaigns as a producer and photographer. He won the National Photojournalism Award in 2010, and currently works freelance from his digital photography studio - Estúdio PHOTO ATELIER, in Luanda.

F. João Guimarães

From Negreiros in Portugal, where he was born in 1978. With a Masters in Urban Development and Reconstruction from the University of Venice, he has been involved through public development agencies and associated companies in urban and environmental development, improvement and renovation. Since 2008, he has divided his professional activity between Europe and Africa.

Miguel Hurst

Born in 1967 in Germany. He studied at the Lisbon Theater and Film School. He was a founder of the Pau Preto Theater Group in Lisbon. Since 2003 he has lived in Luanda. He was director of the Angolan Institute of Cinema, Audiovisual and Multimedia. As an actor and director he has participated in a great many TV drama series, films and theater pieces in Angola and Portugal.

Paula Nascimento

Born in 1981 in Luanda. She studied at the Architectural Association School of Architecture and at London Southbank University. She has worked on various projects in the area of heritage conservation in Cape Verde, Portugal and England. Co-founder of Beyond Entropy Africa. Involved in various research and curatorship projects, winner of the Golden Lion for best national participation in the Venice Biennale of 2013.

Christiane Schulte

Born in 1962 in Dortmund, she studied Romance Philology and Ancient and Modern History at Münster and Bordeaux. After supplementary training as an editor, she has worked for many years as a journalist for newspapers, periodicals and businesses. In 2007 she took up her position at the Goethe-Institut. For three years she managed the Goethe-Zentrum in Namibia, before becoming director of the Goethe-Institut Angola in 2010.

Gabriele Stiller-Kern

Born in 1958 in Hamburg. She has been in the Goethe-Institut's Communication Department since 2011. From 2013 to 2014, she coordinated the cultural and educational program for Germany Year in Brazil. Previously she was executive director of the German Language Initiative and a researcher for the Center for Cultures of the World and for the Department of Political Science at the Free University of Berlin.

Agradecimentos / Acknowledgements

Rita Soares
José Quarenta

Hilla Poma

Ministério da Cultura de Angola – EDECINE (Empresa Distribuidora e Exibidora de Cinema)

Ministério da Cultura de Angola – IACAM (Instituto Angolano de Cinema Audiovisual e Multimédia)

Governo Provincial de Luanda – Departamento de Cultura

Governo Provincial de Benguela
Governo Provincial de Bié
Governo Provincial de Cabinda
Governo Provincial de Cunene
Governo Provincial de Huambo
Governo Provincial de Huila
Governo Provincial de Kuando Kubango
Governo Provincial de Kuanza Norte
Governo Provincial de Kuanza Sul
Governo Provincial de Luanda
Governo Provincial de Lunda Norte
Governo Provincial de Lunda Sul
Governo Provincial de Malange
Governo Provincial de Moxico
Governo Provincial de Namibe
Governo Provincial de Uíge
Governo Provincial do Zaire

Ângela Mingas

Maria João Teles Grilo

Raiana Laguna
Joana Pereira
Diogo Guerra Tavares
Friederike Jansen

Bernard Fischer
Maren Mittentzwey

Arquivo Histórico Ultramarino, Lisboa
Cinemateca Portuguesa, Lisboa
Fundação Calouste Gulbenkian, Lisboa
Instituto de Investigação Científico Tropical, Lisboa
Instituto de Planeamento e Gestão Urbana de Luanda (IPGUL)
Universidade Lusíada de Angola, Luanda